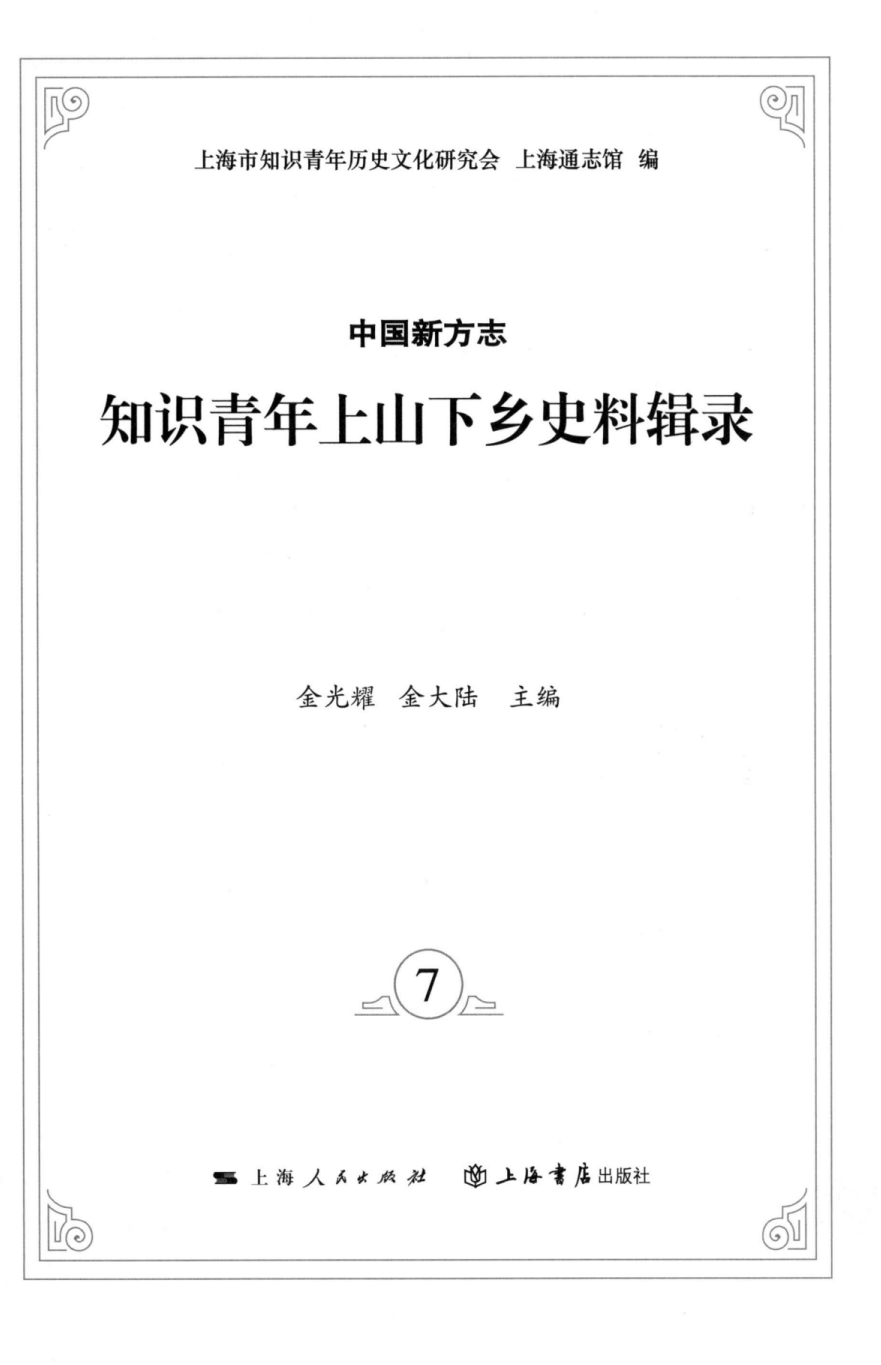

上海市知识青年历史文化研究会 上海通志馆 编

中国新方志

知识青年上山下乡史料辑录

金光耀 金大陆 主编

 上海人民出版社 上海书店出版社

索引卷目录

简明主题索引

"文革"前上山下乡…………………… 4833	生产劳动………………………………… 4871
政策与文件…………………………… 4833	生活………………………………………… 4872
机构………………………………………… 4834	婚姻………………………………………… 4875
动员………………………………………… 4836	党团工作……………………………… 4876
安置………………………………………… 4837	业余教育……………………………… 4878
生产劳动…………………………… 4841	慰问知青……………………………… 4880
垦荒队……………………………… 4842	文体活动……………………………… 4882
"文革"期间上山下乡…………… 4843	知青文学艺术创作(作品)………… 4883
政策与文件…………………………… 4843	医疗与疾病…………………………… 4884
全国性文件………………………… 4844	事故………………………………………… 4885
省及以下文件……………………… 4846	事件(含政治性和刑事性事件)、案件
政治运动……………………………… 4848	……………………………………………… 4887
会议………………………………………… 4848	城乡经济往来…………………………… 4889
全国性会议………………………… 4849	株洲经验……………………………… 4890
省及以下会议……………………… 4850	回城………………………………………… 4891
机构(知青办)………………………… 4853	招工………………………………………… 4892
动员………………………………………… 4856	招生………………………………………… 4896
下乡安置……………………………… 4859	征兵………………………………………… 4899
人口………………………………………… 4859	病退困退…………………………… 4902
经费与物资………………………… 4863	返城风………………………………… 4903
住房………………………………………… 4867	回城安置……………………………… 4904
回乡知青……………………………… 4869	

人名分省索引

北京市………………………………………… 4909	内蒙古自治区…………………………… 4913
天津市………………………………………… 4910	辽宁省………………………………………… 4915
河北省………………………………………… 4911	吉林省………………………………………… 4917
山西省………………………………………… 4912	黑龙江省……………………………………… 4919

陕西省…………………………………… 4926　　江西省…………………………………… 4944

甘肃省…………………………………… 4927　　福建省…………………………………… 4945

宁夏回族自治区……………………… 4927　　河南省…………………………………… 4945

青海省…………………………………… 4927　　湖北省…………………………………… 4946

新疆维吾尔自治区…………………… 4928　　湖南省…………………………………… 4947

上海市…………………………………… 4938　　广东省…………………………………… 4948

山东省…………………………………… 4940　　广西壮族自治区……………………… 4949

江苏省…………………………………… 4940　　四川省…………………………………… 4950

浙江省…………………………………… 4942　　贵州省…………………………………… 4951

安徽省…………………………………… 4943　　云南省…………………………………… 4954

人名笔画索引

二画…………………………………… 4956　　天津…………………………………… 4999

三画…………………………………… 4956　　乌鲁木齐………………………………… 5000

四画…………………………………… 4957　　双鸭山…………………………………… 5000

五画…………………………………… 4961　　北京…………………………………… 5000

六画…………………………………… 4963　　石河子…………………………………… 5000

七画…………………………………… 4969　　宁波…………………………………… 5000

八画…………………………………… 4981　　辽宁…………………………………… 5000

九画…………………………………… 4984　　台州…………………………………… 5000

十画…………………………………… 4987　　江苏…………………………………… 5000

十一画………………………………… 4990　　武汉…………………………………… 5001

十二画………………………………… 4993　　杭州…………………………………… 5001

十三画………………………………… 4995　　佳木斯………………………………… 5001

十四画………………………………… 4995　　南京…………………………………… 5001

十五画………………………………… 4996　　哈尔滨………………………………… 5001

十六画………………………………… 4996　　常州…………………………………… 5002

十七画及以上………………………… 4997　　崇明…………………………………… 5002

上海…………………………………… 4997　　温州…………………………………… 5002

广东…………………………………… 4999

人名拼音索引

A …………………………………… 5003　　D …………………………………… 5006

B …………………………………… 5003　　F …………………………………… 5008

C …………………………………… 5004　　G …………………………………… 5009

H	5011	Chongming	5048
J	5014	Guangdong	5048
K	5015	Haerbin	5048
L	5016	Hangzhou	5049
M	5023	Jiamusi	5049
N	5024	Jiangsu	5049
O	5025	Liaoning	5049
P	5025	Nanjing	5049
Q	5026	Ningbo	5049
R	5027	Shanghai	5049
S	5027	Shihezi	5051
T	5030	Shuangyashan	5051
W	5031	Taizhou	5051
X	5036	Tianjin	5051
Y	5038	Wenzhou	5052
Z	5041	Wulumuqi	5052
Beijing	5048	Wuhan	5052
Changzhou	5048		

简明主题索引

说明：本索引根据知识青年上山下乡期间所涉及的政府政策、动员安置、知青劳动与生活、返城等各个方面确定主题词，以方便读者使用、查阅本资料集。确定主题词的原则是方便查询、含义明确。时间上分为"文革"前与"文革"期间，前者的主题词简明些，后者的主题词则更细化些。

"文革"前上山下乡

辽宁省

591，619

上海市

2199，2210—2214，2223—2234，2238，2242，2244，2275，2293

政策与文件

天津市

130

河北省

147，148，152，157，176，219，239，240，260，284，289

辽宁省

604，608，611，736，791

黑龙江省

1169

陕西省

1379—1381

甘肃省

1535，1551，1552，1555，1643

宁夏回族自治区

1665

新疆维吾尔自治区

1757，1759，1761，1815，1907，1908，1910—1912，1915—1923，1927，1928，1932，1984，1991，2036，2106，2115

上海市

2199—2201，2203，2214，2223，2238

山东省

2331，2338，2342，2399，2420

江苏省

2439，2440，2442，2448，2449，2451，2453，2462，2464，2465，2477，2485，2491，2492，2542，2549，2552，2553，2555，2560，2563，2575，2578，2586，2590，2599

浙江省

2669，2671，2704

安徽省

2946

江西省

2983，2989，3022，3110

湖北省

3517，3521，3522，3560，3580

广东省

3800

四川省

4165，4318，4322，4429，4433，4435

贵州省

4587，4649

机　构

天津市

129，135

河北省

209，242，301

山西省

314，363，364

内蒙古自治区

411，413，484，554，561，581，587，585

辽宁省

607，698，720，757，767

吉林省

874，907

黑龙江省

1050，1082，1093，1105，1106，1135，1142，1153，1155，1175，1181，1187

甘肃省

1543，1544

宁夏回族自治区

1662，1693

新疆维吾尔自治区

1791，1792，1812，1825

上海市

2202，2207，2238，2323

山东省

2346，2380，2385，2391，2399，2422，2426

江苏省

2555，2578，2608

江西省

2979，3002，3019，3039，3068，3072，3090，3110，3112，3114，3116，3120

福建省

3177，3224

河南省

3296，3338，3363，3369，3373，3413，3445，3446，3457，3458，3467，3472，3511

湖北省

3517，3523，3539，3546，3552，3559，3560，3566—3568，3571，3572，3577，3591，3593—3595

湖南省

3612，3625，3634，3635，3637，3649，3672，3673，3675，3680，3684，3688，3690，3692，3695，3697，3698，3709，3713，3718，3719，3721，3722，3724，3731，3733，3735，3740，3744，3748，3754，3755，3758，3761，3762，3764，3766，3772，3774

四川省

4280，4281，4283，4287—4290，4293，4294，4298，4299，4304，4305，4311，4314—4316，4320，4321，4333，4336，4338，4384，4393，4395，4400，4401，4415，4419，4420，4427，4443，4446，4447

贵州省

4479，4587，4617，4639

云南省

4679，4690，4697，4698，4702，4704，4718，4719，4723，4737，4740

动　员

北京市

5，14，16，26，43，51，59，60—62，76

天津市

83，86，109，115，116，119，121，123，125，126，131，137

河北省

148，217，222，230，242，245，246，258，260，281，282

山西省

308，325，345

内蒙古自治区

411，418，435，436，520，542，546，573

辽宁省

591，607，608，639

吉林省

811，812，822，859

黑龙江省

990，1012，1017，1024，1053，1054，1087，1142，1189，1201

陕西省

1385，1387，1389，1390，1400，1401，1403，1404，1407，1408，1414—1416，1418—1420，1422—1426，1375，1376，1378，1427—1432，1435—1438，1440—1442，1444—1449，1452，1453，1455，1456，1465，1467，1471，1473—1475，1478—1481，1483—1489，1493—1497，1499，1500，1506—1509，1511—1516，1518，1519，1521—1524，1526

甘肃省

1535，1542—1545，1551，1554，1581

新疆维吾尔自治区

1776，1778，1783，1790，1829，1908，1915，2043

上海市

2206，2210—2212，2218，2223—2225，2229，2231，2237，2238，2243，2283，2292，2293，2295，2296，2298，2303，2306，2308，2309，2318，2321—2326

山东省

2332，2339，2346，2348，2351—2354，2360，2386，2397

江苏省

2439，2440，2522，2542，2556，2567，2609，2611，2631，2645，2653

浙江省

2668，2669，2672—2674，2696，2702，2764

安徽省

2795—2797，2799，2801—2803，2902—2904，2909，2920

江西省

2979，2992，3013，3018，3021，3037，3039

河南省

3289，3296，3298，3305，3306，3359，3360，3373，3380，3398

湖北省

3517，3518，3521，3526，3527，3531，3536—3538，3541，3542，3567，3575

湖南省

3607，3608，3665，3670，3679，3692，3744，3751，3758，3769，3776，3779，3784，3785，3791

广东省

3795，3799，3800，3803，3814，3818，3827，3830，3831，3838，3899，3922

广西壮族自治区

3994，4026，4031，4038，4042，4039

四川省

4111，4114，4116，4122—4124，4126，4129，4134—4136，4138，4139，4210，4211，4214，4216，4217，4223，4225，4226，4230，4237，4238，4242，4244，4247—4252，4258，4280，4282，4287，4300，4307，4313，4322，4364，4373，4414

贵州省

4479，4491，4617，4630，4649

云南省

4741，4743，4750，4762，4763，4771

安　　置

北京市

9，16—19，33，42—52，54，55，57，64—67，69，70，72，73，75，76

天津市

83，84，99，111，115，117，124—129，133，135，136，138

河北省

147—149，151，157，158，174，177，178，180，190，191，195，196，198，199，201，202，204，209，213—217，219，222，228—230，239，240，245，246，248，250，253，258，260，269，275，277，281，282，295，300

山西省

305，308，310，325，329，330，340，348，354，360—364，366—368，379，388—390，394—396，398，405

内蒙古自治区

411，414，420，484，485，501，531，536，540，562，564，567，574，576，583，586

辽宁省

591，594，608，638，639，641—644，655，659，665，666，668，670，673，674，680，681，685，686，688，692，696，697，714，719，723，724，727—729，730，736，747，749，751，752，754，757，760，771，777，779，780，781，784，787，788，790，791

吉林省

811，812，816，821，822，859，873，879，881，882，884，895，896，902—904，908—910，913，915，916，921，923，927，932—934，936，937，940，941，948—953，955，957，967，972

黑龙江省

989，992，993，1011，1024，1040，1043，1046，1048，1050，1077，1079，1081，1087，1090，1091，1094，1099，1103，1105，1106，1109，1117，1118，1120，1121，1124，1133，1135—1137，1143，1144，1146，1153，1157，1163，1167，1169，1172，1177，1183，1196，1201，1240，1244，1265，1272，1275，1278，1288，1289，1292，1302，1304，1305，1313，1327，1337，1339，1346—1348，1356

陕西省

1376—1381，1386，1391，1395，1396，1398，1403，1410，1412—1414，1418，1421，1422，1425，1427，1430，1431，1433，1434，1437—1441，1444，1446—1448，1450，1452—1454，1456，1465，1466，1468—1473，1475—1479，1482—1485，1488—1491，1495，1506—1510，1512，1513，1516—1526

甘肃省

1532，1533，1537，1540，1542，1543，1545，1546—1549，1556，1560，1563，1565，1566，1568，1570，1571，1574—1583，1585，1588，1589，1591，1592，1595—1597，1599，1600—1605，1609，1610，1618，1638，1639

宁夏回族自治区

1658，1660，1662—1664，1674，1675，1677，1681，1686，1687

青海省

1707—1709，1716—1719，1722—1724，1744

新疆维吾尔自治区

1753，1786—1788，1791，1795—1797，1799，1805，1811，1812，1819，1821，1825—1829，1831—1833，1835，1836，1839，1854，1864，1872，1873，1876，1889，1896，

1898—1906, 1913, 1916, 1924—1926, 1934, 1939, 1941—1944, 1950, 1953, 1962, 1966, 1983, 1987, 1990—1992, 2006—2008, 2010—2014, 2017, 2018, 2020, 2022, 2024, 2027, 2028, 2032—2036, 2041, 2043—2047, 2051—2054, 2056—2064, 2066—2073, 2083, 2084, 2086—2091, 2094, 2095, 2099, 2101—2104, 2107, 2109—2112, 2114, 2115, 2117, 2119—2123, 2133—2142, 2144—2147, 2150, 2151, 2155—2175, 2178, 2179, 2183, 2184, 2190, 2194—2196

上海市

2199, 2201, 2204, 2205, 2211—2215, 2219, 2223, 2224, 2226—2228, 2230—2233, 2240, 2244, 2245, 2255, 2264, 2266, 2284, 2287, 2288, 2293, 2295—2298, 2300, 2301, 2303, 2304, 2306—2308, 2310—2314, 2316—2320, 2322, 2323, 2326

山东省

2331—2333, 2335, 2337, 2342, 2346, 2353, 2348, 2354, 2357, 2358, 2360, 2361, 2363, 2366, 2376, 2380, 2386, 2391, 2396, 2399, 2407, 2409, 2414, 2416, 2426, 2427, 2430, 2432

江苏省

2439, 2441, 2443, 2444, 2450, 2451, 2464, 2465, 2491—2493, 2505—2510, 2512, 2514, 2516, 2521—2523, 2528, 2530, 2534, 2535, 2553, 2557, 2565, 2566, 2575, 2577, 2585, 2594, 2606, 2610, 2613, 2614, 2616, 2618, 2622, 2623, 2626, 2627, 2630, 2631, 2644—2647, 2651, 2655, 2659—2662

浙江省

2668, 2672, 2673, 2675—2677, 2688, 2692, 2698, 2705, 2706, 2708, 2712, 2714, 2718, 2721, 2722, 2724, 2725, 2727—2730, 2735, 2738—2740, 2742, 2743, 2745—2747, 2756, 2759, 2760, 2762, 2764, 2765, 2767—2769, 2777, 2778, 2780, 2783, 2784, 2786—2788, 2791, 2792

安徽省

2795—2797, 2799, 2801—2803, 2822, 2833, 2837, 2839, 2855, 2860, 2869, 2873, 2876, 2877, 2889—2892, 2907, 2908, 2914, 2923, 2927, 2928, 2938, 2949, 2960

江西省

2965, 2966, 2968, 2969, 2971, 2974, 2975, 2980—2982, 2984—2986, 2989, 2990, 2996, 2997, 3001—3003, 3012, 3014, 3016, 3018, 3019, 3021, 3024, 3028, 3030—3032, 3046, 3050, 3062, 3067, 3068, 3072, 3074, 3083, 3090, 3094, 3097, 3099, 3107, 3109, 3110, 3113, 3114, 3116, 3117, 3119, 3120, 3125, 3130, 3132

福建省

3139, 3140, 3143, 3150, 3159, 3162, 3163, 3165, 3167, 3169, 3173—3175, 3177—

3180，3182，3183，3189，3191，3194，3197，3198，3200，3203，3205，3207，3208，3210—3213，3215，3217，3222—3224，3227，3229，3231—3233，3237，3245，3247—3249，3253，3255，3260—3263，3265—3269，3271，3275—3277，3280—3284

河南省

3289，3296，3305，3315，3316，3318—3322，3324，3325，3328，3329，3331—3333，3337，3339—3341，3346，3353，3354，3356，3360，3361，3363，3365，3366，3368，3369，3374，3375，3377，3379—3381，3385，3389，3392，3393，3396，3398—3400，3411—3414，3417—3421，3423—3425，3427，3432，3434—3436，3443，3446，3454，3456—3458，3466，3467，3469—3471，3478，3480，3482，3483，3485，3493，3510

湖北省

3517，3522，3525，3536—3539，3542，3545—3548，3550—3553，3555，3560，3564，3566—3569，3571，3572，3574—3582，3584，3586，3590，3592，3595，3596，3599，3602—3604

湖南省

3608，3612，3615，3616，3618，3620，3623，3625—3629，3635—3640，3643，3644，3647，3648，3659，3660，3664—3667，3672，3676—3680，3682—3686，3690—3694，3697，3699，3702，3703，3707，3709，3710，3712—3723，3728，3731—3733，3735，3737，3738，3740—3745，3747—3750，3754—3758，3760，3762，3765，3766，3768，3770—3772，3774，3777，3778，3780—3782，3784—3791

广东省

3800，3803，3804，3806—3808，3818，3826，3831，3832，3834，3837，3841，3850，3857，3860，3866，3875，3881，3898，3899，3904，3907，3908，3911，3915，3928，3933，3939，3953，3968

广西壮族自治区

3976，3984，4015，4016，4020，4025，4030，4038，4039，4040，4045—4047，4050，4051，4053，4056，4058—4060，4062，4066，4068，4072，4073，4076，4077，4079，4080，4082，4083，4089，4092，4096，4101

四川省

4112，4115—4117，4121，4123—4125，4127，4128，4135，4136，4139—4142，4144—4148，4152—4158，4161，4163，4170，4173，4175，4176，4179—4188，4190，4194，4196，4198—4200，4202—4204，4206，4208—4210，4213—4219，4222—4234，4236—4240，4242—4245，4248—4254，4256，4258，4261，4262，4264，4265，4267，4268，4270—4273，4275—4278，4281，4284—4286，4288，4290，4291，4293—4296，4299，4305，4307—4309，4311，4312，4314，4317，4318，4320—4322，4326，4331—4333，

4335，4336，4339，4342，4344，4350—4352，4355，4381，4390，4392，4393，4395，4400，4401，4404，4406，4412—4414，4416，4418，4420，4423，4425，4427—4429

贵州省

4475，4478，4491，4493，4494，4510，4512，4514，4515，4527，4529，4533，4560，4575，4577，4584，4587，4617，4621，4632，4633，4639，4646，4649，4653

云南省

4682，4690，4691，4696，4702，4704，4718，4719，4723，4729，4762，4781，4783，4784，4786，4788，4789，4808，4809

生 产 劳 动

北京市

42，46

天津市

83

山西省

306，320，368，406

辽宁省

607，608，760

吉林省

821

黑龙江省

992—994，1015，1016，1146

陕西省

1401，1508，1519

甘肃省

1541—1543，1593，1599，1601—1603，1605，1606，1627

新疆维吾尔自治区

1835，2013，2017，2021，2052，2091，2118，2151

上海市

2211，2224，2225，2229，2231—2233，2264

浙江省

2668

江西省

2986，3021

河南省

3382

湖北省

3541，3602

湖南省

3626，3643，3648，3649，3660，3666，3667，3669，3671，3678，3724，3739，3740

广西壮族自治区

4101

四川省

4138，4158，4195，4291，4313，4318，4322，4429

贵州省

4479，4510，4512

云南省

4691

垦 荒 队

北京

62，65

河北省

250，269

山西省

340，355，362

辽宁省

607，608，680

吉林省

877，884，886，889，890，923，967

黑龙江省

977，989，992，993，1013—1018，1024，1033，1039，1237，1238，1245，1247—1249，1251，1252，1255，1262，1319，1320

陕西省

1408，1412

甘肃省

1537

青海省

1708

上海市

2200，2204，2210，2224

山东省

2332，2339，2348，2351，2358，2360，2385，2397，2408，2416

江苏省

2443，2450，2465

浙江省

2667，2668，2672，2673，2762，2767

安徽省

2837

江西省

2965，2968，2969，2978，2985，2986，2989，3001，3014，3019——3021，3024，3031，3035，3036，3076，3091，3092，3102，3110，3116，3124，3125

福建省

3277

河南省

3470，3510

湖南省

3626，3716，3739，3741

广东省

3832

广西壮族自治区

3975

四川省

4114，4165，4173

云南省

4690，4697，4682，4702，4740，4783，4786，4787，4808，4809

"文革"期间上山下乡

政策与文件

辽宁省

591，592，602，611，617，630，755，769，770，778，781，792，795，798

黑龙江省

1105，1155，1172

甘肃省

1537，1539，1549—1552，1558，1578，1587，1590，1595，1604，1607，1626

宁夏回族自治区

1664，1673

青海省

1711，1712，1714，1720

上海市

2200，2203，2206—2209，2215，2219，2222，2235，2238，2240—2242，2248，2259，2280

山东省

2331，2390

江西省

2965，2976，2994—2996，2999，3000，3023，3025，3027，3039，3040，3065，3068，3077，3080，3115

福建省

3135，3136，3138—3141，3150，3151

贵州省

4583，4588，4596，4599，4648—4650，4666，4668

云南省

4680，4719

全国性文件

北京市

26，72

天津市

94，96，97，114，117

河北省

151，156，170，174，175，220，223，224，253，260，268，278

内蒙古自治区

419，428，436—438，441，450，458

辽宁省

599，600，617，624，639，677

吉林省

818，887，939，940，943，946，948，951

黑龙江省

988，989，994，1000，1006，1013，1023，1037，1054，1062，1063，1066，1076，1081，1116，1126，1134，1142，1185，1206，1215，1288

甘肃省

1538，1552，1558

宁夏回族自治区

1664，1673

新疆维吾尔自治区

1756，1885，1923，2189

上海市

2240，2241，2248，2250，2251，2278

山东省

2334，2353，2420

江苏省

2457，2476，2543，2568，2576，2596，2610

浙江省

2669，2675，2704，2755

安徽省

2802，2803，2824，2846，2848，2849，2851，2857，2925

江西省

3080，3121

福建省

3148，3157

河南省

3290，3292，3310，3320，3335，3336，3354，3355，3381，3449

湖北省

3517，3519，3523，3525，3530，3555，3587

湖南省

3610，3660，3664，3665，3670，3697—3701，3706，3716，3722，3723，3741，3745

广东省

3890，3952

四川省

4118，4217，4223，4245，4246，4288，4322，4391，4417，4418，4423，4429，4432

贵州省

4480，4481，4485，4487—4489，4495，4502，4504，4524，4558，4587，4588，4602，4614，4621

云南省

4694，4756，4814

西藏自治区

4823

省及以下文件

北京市

20，21，26，32，34，41，50，64，72

天津市

84—91，95，96，100，101，108

河北省

151，155，170—172，176，221

内蒙古自治区

415—417，419，424，428，429，432，434，439，442，448，451，453，466，467，471，489，581

辽宁省

591—593，595，597，599—603，611，612，617，618，621，624，628，632，639，701—703，746，748

吉林省

928，947，948，955

黑龙江省

989，996，997，1000—1002，1004，1005，1007—1010，1022—1026，1034，1052，1059，1063，1064，1086，1097，1098，1114，1116，1192，1197，1207，1214，1305

陕西省

1384—1390，1400，1498

甘肃省

1547，1552，1556—1558，1587

宁夏回族自治区

1662—1673

新疆维吾尔自治区

1755，1756，1758—1760，1775，1781，1783—1785，1792，1813，1844，1887，1925，

1926，2118

上海市

2206，2207，2220，2222，2238，2239，2241，2245，2249，2251，2252，2269

山东省

2334，2339，2347，2348，2390，2396

江苏省

2439—2441，2447，2448，2452，2456，2462，2479，2480，2483，2493，2495，2498，2500—2502，2543，2564，2568，2577，2583，2586，2591

浙江省

2666，2669—2671，2675，2687，2751

安徽省

2795，2803，2814，2815，2818，2821，2823，2827，2828，2849，2852，2853，2856

江西省

2965，2970，2975—2977，2979，2982，2983，3040，3080，3129

福建省

3135，3136，3138，3141，3148，3154，3158，3164，3166，3173

河南省

3290，3292—3294，3302，3303，3305，3312，3313，3321，3323，3340，3345，3353，3362，3407，3412，3499

湖北省

3517，3523，3530，3551，3560，3570，3587

湖南省

3607—3609，3611，3613，3614，3618，3624，3630—3633，3645，3649，3650，3653—3655，3661，3664—3666，3681，3693，3701，3703，3706，3710，3723，3736，3776，3781

广东省

3800，3814，3849，3909

四川省

4114，4127，4134，4150，4165，4166，4214，4223—4225，4232，4252，4259，4391，4471

贵州省

4480，4483，4484，4487，4499，4502，4504，4506，4507，4516，4533，4541，4553，4555，4562，4566，4567，4568，4627，4629，4649，4650

云南省

4677，4680，4689，4690，4694，4724，4755，4792，4813

西藏自治区

4824，4827，4820

政 治 运 动

天津市

112

内蒙古自治区

466，467

辽宁省

592，593，595，597，598，605，606，614，615，634—636

陕西省

1412，1446，1455

甘肃省

1612

浙江省

2748

安徽省

2900

江西省

3079

河南省

3289，3290，3336，3442，3444

四川省

4285

云南省

4692，4751

会 议

山西省

306，310，316，317，320，321，335，339，341，349，351，368，369，372，400，407

内蒙古自治区

464，475

辽宁省

592，604，624，632，633，636，645，647，656，700，705，721，735，742

甘肃省

1531，1532，1535，1573，1579，1607

上海市

2206，2212，2238，2248

山东省

2331，2333，2348，2396，2412

福建省

3137，3140，3141

广东省

3796

广西壮族自治区

4010，4011

四川省

4201

贵州省

4618，4641，4642

云南省

4677，4734，4736

全国性会议

北京市

23，49

天津市

114

河北省

150，160

山西省

310

内蒙古自治区

457，464

辽宁省

671

吉林省

952

甘肃省

1559

宁夏回族自治区

1664，1673

新疆维吾尔自治区

1910，1923

上海市

2254

山东省

2337

江苏省

2450，2457，2466，2635

河南省

3305，3318—3320，3324，3449

湖南省

3684

四川省

4144，4146，4173

贵州省

4483

省及以下会议

北京市

3，21，50，64，66，68，77

天津市

99，100，111，127

河北省

143，145，146，152—155，160，161，175，179，193，202，206，215，231，265，266，274，288，289，297

山西省

306，310，316，317，320，321，335，339，341，349，351，355，368，369，372，400，407

内蒙古自治区

411，412，414，415，433，442，443，445，449—452，456，458，460，461，464，469，

470, 472, 473, 476, 485—489, 513, 517, 519, 523, 524, 535, 536, 538, 540, 563, 564, 570, 576, 577, 581, 586

辽宁省

591—593, 612, 635, 660, 693, 700, 712, 717, 718, 720, 722, 729—733, 740, 742—744, 746—749, 755, 759, 771, 772, 774, 775, 777, 785, 789, 790

吉林省

814, 815, 818, 839, 850, 855, 856, 885—887, 929

黑龙江省

1012, 1021, 1049—1052, 1055, 1058, 1064, 1068, 1069, 1079, 1080, 1088, 1098, 1101—1103, 1105, 1112, 1114, 1123, 1129, 1141, 1145, 1146, 1148, 1151, 1156, 1163, 1169, 1171, 1176, 1177, 1180, 1181, 1186, 1203, 1215, 1227, 1233, 1262, 1270

陕西省

1375, 1376, 1384, 1387, 1403, 1407, 1408, 1415, 1421, 1424, 1435, 1446, 1448, 1452, 1453, 1465, 1472, 1480, 1487, 1496, 1510, 1514

甘肃省

1563, 1569, 1577, 1608, 1619, 1641, 1649, 1651

宁夏回族自治区

1655, 1656, 1698, 1701

青海省

1731

新疆维吾尔自治区

1755, 1759, 1772, 1777—1779, 1782, 1783, 1797, 1799, 1801, 1803, 1810, 1812, 1813, 1816, 1820, 1821, 1823, 1827, 1833, 1838—1840, 1851, 1855, 1859, 1863, 1864, 1866, 1870, 1872, 1876, 1880, 1881, 1883, 1884, 1890, 1893, 1896, 1900, 1901, 1905, 1907, 1911, 1924, 1934, 1941, 1943, 1991, 2007, 2012, 2017, 2019, 2020, 2026, 2034, 2044, 2051, 2064, 2069, 2070, 2087, 2100, 2103, 2112, 2115, 2117, 2138, 2139, 2144, 2145, 2148, 2160, 2170—2172, 2179, 2189, 2091, 2194

上海市

2206, 2212, 2217, 2306

山东省

2332, 2334, 2337, 2344, 2351, 2359

江苏省

2439, 2453, 2459, 2466, 2467, 2485, 2497, 2501, 2519, 2536, 2537, 2546, 2549, 2552, 2563, 2566, 2577, 2578, 2583, 2585, 2586, 2597—2599, 2601, 2603, 2604, 2612,

2614，2618，2619，2627，2630

浙江省

2665，2670，2671，2674，2713，2714，2772

安徽省

2805，2806，2828，2837，2851，2877，2883，2884，2894，2905，2908，2938

江西省

2965—2967，2970，2971，2976，2977，2979，2983，2985，2987—2989，3004，3013，3014，3034，3038，3052，3058，3060，3066，3067，3070，3071，3084，3095，3099，3118，3121

福建省

3136—3138，3140，3150，3151，3155，3168，3177，3181，3184，3242，3284

河南省

3289—3292，3305，3317，3319，3328—3331，3334，3344，3345，3353，3355，3362，3380，3382，3385，3386，3393，3412，3422，3437，3440，3448，3449，3452，3463，3478，3481，3484，3491，3503

湖北省

3575

湖南省

3607，3609，3612，3614，3619，3625，3640，3644，3650，3652，3654，3657，3659，3660，3665，3670，3671，3679，3686，3693，3699，3700，3702，3718，3720，3729，3732，3739，3741，3754，3763，3765，3770，3780，3785

广东省

3795，3796，3799，3815

广西壮族自治区

3975，3983，4010，4011，4031，4055，4058，4073，4082，4100，4103

四川省

4126，4135，4145，4150，4156，4157，4160，4161，4164，4176，4186，4201，4204，4213—4215，4221，4228，4230，4237，4239，4264，4272，4289，4291，4296，4304，4313，4315，4324，4337，4353，4377，4381，4384，4385，4391，4403，4423，4425，4436，4437，4424，4425，4434，4436，4468，4469，4402，4407，4427，4428

贵州省

4476，4477，4480，4483—4485，4491，4498，4500，4515，4532，4544，4555，4557，4570，4580—4582，4584，4588，4589，4605，4649，4650，4651，4669，4673

云南省

4688—4690，4692，4693，4702，4707，4733，4739，4744，4753—4755，4757，4786，

4788，4792，4809，4814

机构（知青办）

北京市

7，8，11，17，29，37，52，54—57，59，60，62，65，66，68，70，73，75，78

天津市

84，86，87，89，90，111—113，116，119，121，123，126，129，133，135，137，138

河北省

155，157，162，166，169，172，175，177，178，181，182，186，189，190，192，196，197，199，203，204，206，207，211，213，214，216—218，226—228，231，234，235，237，239，242，246—252，255—258，260，266，269，272，275，277，280，281，283，284，288，290—294，296，298，299

山西省

305，314—317，319，322，323，327，334，335，337，340，344，346，347，349，353—357，359，363，364，367—370，372，376，378，379，388—391，396，404，406

内蒙古自治区

413—417，422，432—434，436，440，452，458，464，465，468，470，473，474，482，484，485，487，489—493，498，500—503，505，506，512，514，515，518—520，522—528，530，534，535，537，540，541，545，546，554，558，560—562，569，570，571，574，577，580—583，587

辽宁省

591—593，598，602，609，623，632—634，648—652，656，658，659，663，666，668，671，677，684，685，689，693，699，705—709，714，715，718—721，723，724，730，735—738，742，749，751，756，757，763，766，767，774，776，777，785，788，789，792，794，795，799

吉林省

814，838，839，852，857，872，874，877，879，896，901，902，906，908，915，918，920，921—923，926，927，932，933，935，937，940，942，943，945—947，951，955，956，959，960，962

黑龙江省

978，985—987，1021，1022，1026，1037，1040，1042，1043，1046，1049—1051，1053，1056，1057，1059，1060，1067，1072，1074，1076，1078—1080，1083，1086，1090，1096，1098，1102，1103，1105，1106，1108，1110—1115，117—1120，1127，1130，1131，1134，1141，1148，1150，1152，1153，1155，1158，1161，1164，1168，1171，1173，1174，

1180, 1181, 1202, 1205, 1209, 1210, 1213, 1215, 1217, 1218, 1221, 1223—1225, 1228, 1229, 1231, 1233, 1234, 1239

陕西省

1375, 1384, 1388, 1389, 1397, 1399, 1409, 1411, 1421, 1428—1430, 1432, 1438, 1440, 1441, 1443, 1445, 1447, 1450, 1452, 1454—1457, 1465—1469, 1471, 1475—1478, 1480—1483, 1485, 1486, 1488—1492, 1495, 1497, 1499, 1500, 1503, 1506, 1509, 1510—1513, 1517, 1519, 1521—1524, 1526

甘肃省

1544, 1567—1570, 1574, 1577, 1584, 1591, 1597, 1602, 1607—1609, 1611, 1614, 1615, 1617, 1619, 1620, 1625, 1627, 1628, 1631, 1633, 1634, 1636, 1638, 1640, 1641, 1647, 1650

宁夏回族自治区

1656, 1658, 1663, 1681, 1682, 1689, 1691

青海省

1718, 1719, 1723, 1724, 1726, 1727, 1730, 1732—1734, 1738, 1744, 1749

新疆维吾尔自治区

1754—1756, 1758, 1760, 1766, 1775, 1776, 1783, 1784, 1796—1801, 1803—1805, 1807, 1812, 1815—1817, 1820, 1822, 1823, 1825—1827, 1829, 1831, 1833, 1835, 1837—1839, 1841—1844, 1846—1852, 1855, 1858—1861, 1863—1866, 1868—1872, 1874—1876, 1878—1881, 1883, 1885, 1889, 1890, 1892—1894, 1896, 1899, 1901—1903, 1941, 1962, 2019, 2022, 2117, 2120, 2137, 2145, 2166

上海市

2199, 2202, 2207, 2221, 2238, 2239, 2241, 2253, 2255, 2264, 2283, 2286, 2298, 2299, 2306, 2315, 2321, 2323

山东省

2331, 2338, 2346, 2347, 2349—2351, 2353, 2356, 2357, 2359, 2360, 2363, 2365, 2369—2376, 2378—2386, 2389, 2390, 2397, 2399, 2400, 2404—2411, 2413, 2414, 2416, 2418, 2421, 2424, 2425, 2427, 2429—2436

江苏省

2440, 2476, 2480, 2483, 2486, 2487, 2490, 2491, 2496, 2499, 2502, 2507, 2512, 2518—2521, 2527, 2529, 2534, 2539, 2544, 2548, 2550, 2555, 2558—2560, 2564—2567, 2571, 2573, 2578—2580, 2582, 2585, 2588, 2591, 2592, 2597, 2600, 2601, 2604, 2605, 2607—2609, 2612, 2620, 2650, 2658

浙江省

2665, 2668, 2670, 2695, 2702, 2703, 2718, 2721, 2729, 2742, 2749—2751, 2763,

2772，2774，2775，2779，2782，2786，2788

安徽省

2795，2799—2801，2805，2814，2822，2825，2830，2831，2832，2836—2838，2842，2843，2845，2848，2859，2860，2871，2874，2876，2878，2880，2884，2887，2888，2891，2894，2897—2899，2902，2905，2906，2908，2910—2917，2919，2922，2925，2927，2930，2934，2935，2938，2939，2942，2943，2945，2948，2956，2958，2960

江西省

2974，2978，2979，2980，2988，3001，3002，3005，3007，3009，3012，3015，3017，3019，3021，3022，3030，3031，3034—3037，3039，3044，3045，3047，3050，3054，3058，3059，3064，3068，3072，3074，3076—3081，3083，3084，3086，3088，3090，3094，3096—3098，3101—3104，3107—3110，3112—3116，3118，3120，3121，3123，3125，3127

福建省

3135，3136，3140，3151，3152，3154，3162，3163，3165，3169，3172，3175—3178，3182—3184，3186，3188，3192，3196，3197，3203，3205—3207，3210—3213，3225，3227—3229，3231，3232，3234—3236，3245，3247，3249，3252，3255，3256，3260，3261，3263，3264，3266，3271，3275，3277，2782

河南省

3293—3295，3297，3304，3305，3310，3311，3315，3317—3319，3321，3329，3331，3333，3334，3336—3341，3343，3344，3346，3349—3352，3354，3358，3361，3363—3365，3368，3373，3375，3376，3378，3383—3387，3389—3393，3395，3396，3398，3399，3402—3405，3408，3413，3414，3417—3422，3424，3428—3431，3433—3435，3438，3439，3443—3445，3447，3453，3457，3465—3469，3472—3474，3476—3479，3483，3484，3487，3492，3497—3500，3503，3505，3509—3511，3513

湖北省

3519，3527，3531，3539，3540，3542—3544，3547，3549，3552—3554，3560，3561，3563，3564，3566，3568—3570，3576，3577，3582—3585，3588，3594—3598，3602，3603

湖南省

3607，3608，3610，3613，3620，3625，3628，3630，3633—3635，3637—3639，3642，3646，3649，3651，3655，3658，3665，3672，3673，3675，3677，3678，3680，3683，3687，3688，3690，3691，3695，3698，3699，3708，3709，3711—3714，3716，3719—3721，3723，3727—3730，3732，3733，3735，3737，3741—3746，3753，3755，3756，3758，3760，3761，3764，3766，3767，3772，3773，3776，3777，3782，3783，3786—3788，3790，3791

广东省

3800—3802，3815，3820，3826，3829，3835，3845，3847，3852，3855，3856，3876，

3907, 3909, 3914, 3917, 3918, 3922, 3925, 3939, 3942, 3943, 3952, 3965

广西壮族自治区

4002, 4014, 4017, 4021, 4022, 4025, 4029, 4035, 4040, 4044, 4048, 4049, 4052, 4054, 4062, 4070, 4072, 4076, 4077, 4081, 4085, 4088, 4089, 4094, 4098, 4099, 4101, 4104—4107

四川省

4111, 4123, 4124, 4139, 4143—4146, 4152, 4155, 4156, 4158, 4165—4167, 4169, 4173, 4175—4178, 4182, 4185, 4187, 4189, 4190, 4194, 4197, 4198, 4200—4202, 4205, 4207, 4211—4218, 4226, 4228, 4229, 4235, 4236, 4238—4241, 4244, 4246—4248, 4250, 4251, 4257, 4260, 4263, 4271, 4274—4276, 4283, 4287, 4289—4291, 4294—4297, 4299, 4302, 4304, 4307, 4309—4311, 4314, 4316, 4319—4321, 4324, 4325, 4327, 4331—4336, 4338, 4342, 4347, 4349—4351, 4353, 4368, 4372, 4381, 4384, 4388, 4392, 4394, 4399, 4405, 4406, 4409, 4410, 4415, 4419, 4421, 4422, 4426, 4431, 4433, 4434, 4450, 4452, 4453, 4457, 4459, 4461, 4462, 4464, 4465, 4471, 4476

贵州省

4477—4479, 4484, 4491, 4492, 4499, 4500, 4503, 4508, 4513, 4514, 4520, 4528, 4533, 4534—4536, 4538—4540, 4544, 4547, 4548, 4550, 4559, 4561, 4567, 4570, 4571, 4581, 4585, 4587, 4588, 4590, 4595, 4596, 4598—4601, 4603—4605, 4607, 4609—4611, 4613—4615, 4617, 4618, 4622, 4628, 4630, 4632, 4635, 4637—4639, 4641, 4642, 4645—4649, 4671—4673

云南省

4677, 4692, 4705, 4706, 4708—4710, 4713, 4714, 4718, 4719, 4721, 4723, 4724, 4726—4728, 4731, 4735, 4740—4744, 4746, 4747, 4749, 4751—4753, 4758, 4672, 4763, 4766, 4771, 4772, 4774, 4776, 4778, 4779, 4787, 4791, 4794, 4796—4798, 4082, 4804, 4805, 4809, 4812, 4814, 4815

西藏自治区

4821, 4824, 4826, 4827

动　员

北京市

4, 14, 15, 17, 43, 49, 50, 51, 57, 60, 61, 76

天津市

83, 98, 99, 100, 111, 113, 115, 116, 119, 121, 124, 126, 136

河北省

145, 146, 149, 177, 193, 195, 198, 210, 213, 220, 243, 245, 260, 261

山西省

305，306，308，309，315，318，320—323，325，328，330，333—335，337—339，341，342，345，348，349，355，362

内蒙古自治区

414，417，418，437，441—443，445，448，451，453—455，458，459，461，467，469，482，486，492，495，497，500，502，503，512—517，542，547，548，560，562，567，570，571，573，576，583

辽宁省

591—593，616，619，650，730，731，736，737，741—747，750，752—755，766，776，777，783，788

吉林省

811，812，814，816，822，848，854

黑龙江省

991，994—996，1000，1010，1011，1021，1022，1025，1033，1041，1053，1055，1058，1062—1065，1068，1070，1077，1088，1099，1103，1112，1121，1123，1125，1131，1151，1169，1175，1201，1281

陕西省

1375，1399，1404，1496

甘肃省

1531

宁夏回族自治区

1655，1685—1687，1690，1696

青海省

1705，1710，1715，1717，1719—1722，1731，1733，1746

新疆维吾尔自治区

1758，1760，1761，1776，1777，1788，1789，1791，1800，1802，1804，1812，1816，1821，1829，1861，1862，1869，1878，1882，1885—1887，1889，1891，1896，1902，1915，1924，2047，2121，2124，2125

上海市

2199，2200，2203，2204，2206，2209，2212，2213，2217，2218，2240，2243，2265，2296，2298，2311，2319，2321，2324—2326

山东省

2331，2334，2337，2339，2346—2350，2353，2357，2359，2369，2390，2399，2436

江苏省

2439，2447，2501，2513，2530，2538，2541—2543，2546，2548，2556，2592，

2602，2609

浙江省

2665，2668，2673，2674，2697，2715，2717，2722，2725，2726，2745

安徽省

2819，2827，2835，2845，2849，2852—2854，2883，2894，2897，2901，2925，2946

江西省

2992，2993，3002，3004，3005，3013，3022，3048，3067，3105，3107，3111，3112，3116，3120

福建省

3135，3140，3154，3164，3166，3173，3177，3247，3251

河南省

3289，3293，3294，3297，3298，3305，3318，3328，3330，3331，3338，3342，3343，3354，3359，3378

湖北省

3521，3526，3527，3531，3535，3536，3552，3553，3567，3575，3579

湖南省

3608，3623，3643，3650，3698，3700

广东省

3795，3800，3803，3815，3818，3828，3831，3837，3853，3856—3858，3860，3861，3863，3865—3869，3871—3873，3875，3876，3878，3880，3881，3886—3889，3891—3893，3898，3902，3904，3905，3907—3909，3911，3915，3916，3921，3924，3931，3932，3934—3937，3942，3944，3946—3952，3954，3956—3959，3961—3964，3966，3967，3969，3970

广西壮族自治区

3994，3995，4006，4007，4016，4026，4034—4037，4042，4049

四川省

4129，4130，4138，4141—4146，4150—4163，4165，4166，4168，4169，4172，4174—4182，4184—4187，4189，4193，4195，4198—4202，4204—4206，4208—4211，4213，4216—4218，4223，4226—4230，4233，4234，4236—4244，4246—4251，4255，4258，4272，4284，4304，4315，4318，4328，4343，4352，4357，4358，4359，4362，4364—4368，4370—4372，4374，4379，4380，4382—4384，4387，4388，4390—4392，4394—4401，4403—4406，4409，4410，4412—4414，4416，4418，4420—4422，4425—4429，4431—4437，4439，4443，4444，4446，4448，4450—4466，4468—4472

贵州省

4479，4485，4525，4529，4546，4551，4568，4577，4582，4583，4588，4595，4596，

4601, 4605, 4609, 4621, 4622, 4627, 4628, 4632, 4642, 4646, 4647, 4650, 4666

云南省

4677—4679, 4702, 4703, 4706, 4707, 4709, 4718, 4719, 4721, 4724—4728, 4730, 4731, 4735—4741, 4743, 4745, 4746, 4749, 4751, 4752, 4756, 4759—4764, 4766, 4768, 4772, 4776—4778, 4783, 4790, 4791, 4806, 4811

西藏自治区

4822

下 乡 安 置

天津市

85, 86, 91, 98, 99, 113, 115, 118, 123, 124, 129, 136, 138

甘肃省

1544, 1559, 1569, 1593, 1608—1610, 1615, 1617—1621, 1623, 1624, 1628, 1632, 1641, 1642, 1643, 1647—1650

上海市

2199, 2207, 2208, 2267, 2284

山东省

2333—2335, 2337, 2339—2342, 2346, 2349, 2350, 2353, 2354, 2357—2389, 2391—2394, 2396—2400, 2402—2404, 2407—2414, 2416—2430, 2432—2436

河南省

3289—3292, 3294, 3296, 3297, 3300, 3301, 3322, 3326, 3337, 3350, 3355, 3362, 3374, 3394

湖南省

3612, 3647, 3667, 3668, 3684, 3713

广西壮族自治区

4088, 4106

人 口

北京市

3, 5, 11, 13—15, 17—20, 25, 34, 36, 51, 53—60, 62, 64—67, 69—73, 75, 76

天津市

83—88, 90, 96—101, 108, 109, 111—119, 121, 123, 124, 126, 127, 129, 131, 134, 136—139

河北省

143—146, 150, 154, 155, 159—162, 166, 168, 174—176, 178—188, 190, 191,

193—196，198—210，212—219，221—242，247—262，265—286，288—302

山西省

305，308，309，315，318，320—327，329，330—333，335—353，355，356，358—375，377，379—383，388—395，397—399，401—407

内蒙古自治区

411，412，414，415，418—420，422，436，437，440，442，444—447，451—453，455，457，467—469，471，472，474，475，482—484，487—489，491，492，495—497，500，501，505，506，509，512，513，515，516，518—520，522—524，526—531，533，534，536，537，540，543—546，559，561—563，567—569，571—577，581—587

辽宁省

591—594，598—601，603，604，607，609，611，612，615—619，620—622，635，637，638，640，641，643，644，646，647，650，652，653，656—664，666，667，669—674，676，678—681，683，684，686—693，695，697，699，701，704，706，710，713—718，721—724，726—729，731，734—739，741—744，746—752，754，757—772，774—780，782—806

吉林省

813—816，820—828，838，844，845，847—850，856，858—862，871—873，874，876，877，879—887，892，897，899，901，902，904，905，908，909，912—921，923—927，930—937，940—943，945—953，955—963，967，968，971，972

黑龙江省

977，978，982—984，988，991，995—998，1002，1003，1011，1023，1025—1027，1034，1040—1048，1051，1052，1055，1057—1060，1064，1065，1067—1073，1075—1079，1081—1083，1086，1087，1089—1097，1099，1101，1104，1106—1109，1111，1115，1116，1119—1121，1124，1125，1129，1130，1132，1133，1135—1143，1145，1147，1151—1153，1155，1156，1158—1160，1162，1165—1171，1174，1175，1177，1178，1181—1183，1185—1188，1190，1217—1219，1222，1227，1228，1230，1231，1234—1236，1191—1193，1196，1198，1200，1202—1204，1206，1207，1209，1210，1212—1215，1237，1239，1240，1242，1244—1246，1250—1252，1262—1265，1270，1272，1274—1278，1282—1284，1286—1290，1292—1302，1305，1307，1309—1312，1314—1316，1319，1321—1324，1326—1330，1332—1338，1340—1344，1346—1348，1352，1354—1360，1362—1364

陕西省

1375，1385，1389，1404，1415，1418，1419，1425，1429，1435，1449，1458，1469—1471，1479，1481，1488，1490，1493—1495，1498，1500，1507，1509，1510，1514

甘肃省

1535，1559，1568—1570，1574，1577，1584，1589，1591，1593，1597，1602，1607，1608，1614，1615，1617—1621，1628，1632，1636，1638—1643，1647—1650

宁夏回族自治区

1655—1657，1659—1661，1665，1666，1671，1672，1674—1679，1682—1686，1688，1690，1695—1702

青海省

1705，1710，1712，1715—1717，1720，1722，1724—1726，1729—1731，1733—1735，1738，1739，1741，1746，1747—1749

新疆维吾尔自治区

1753，1762，1778，1787，1792—1796，1800，1803，1806—1808，1810—1814，1816，1818，1820，1823—1825，1827，1829，1830，1832，1835，1841，1843，1844，1847，1848，1850，1851，1855，1856，1865，1867，1869，1871—1873，1875—1880，1882，1884，1886—1888，1890，1892，1896，1899，1902，1904，1914，2021，2022，2025，2042，2061，2062，2064，2066—2068，2070—2072，2087，2089，2091，2099，2101，2102，2104，2108，2109，2111，2112，2115—2117，2119—2124，2126，2136，2147，2148，2151，2155—2160，2163—2166，2169，2172，2174，2189—2091，2195

上海市

2200—2209，2213，2214，2217，2218，2234，2235，2237，2239，2240，2242—2245，2252，2254—2256，2262—2267，2270，2272，2275，2277，2283—2288，2291—2294，2296，2297，2299—2301，2303—2305，2307—2314，2316—2328

山东省

2331，2333—2335，2337—2342，2344，2347—2354，2357—2362，2365—2384，2386—2389，2391—2394，2396—2400，2402—2404，2406—2413，2414，2416—2430，2432—2436

江苏省

2440—2443，2445，2446，2448—2450，2454，2455，2460，2463，2466，2469—2472，2475—2477，2485—2488，2493，2496，2499，2506—2512，2514—2517，2519，2521—2523，2526—2529，2532，2533，2535—2543，2545，2547—2552，2554—2557，2560—2563，2565，2567，2569，2570，2572—2580，2582—2589，2591，2594，2596，2597，2599—2601，2603—2607，2610，2613—2616，2618，2619，2621，2623，2624，2626，2627，2629—2632，2646—2652，2655—2661

浙江省

2665，2669，2670，2672—2674，2676，2677，2679，2680，2683—2693，2695，2698，

2699，2703，2705—2720，2722—2732，2734—2737，2739—2746，2748，2749，2752，2757—2782，2784—2792

安徽省

2795—2797，2801，2803，2804，2814，2821，2822，2824—2828，2830—2840，2842，2843，2845—2847，2849—2852，2856—2862，2864—2866，2868—2881，2885—2892，2895—2897，2899—2904，2906—2928，2930—2940，2942—2946，2948，2949，2951，2953，2955—2958，2960，2961

江西省

2965，2966，2968—2971，2973—2976，2979，2980，2985—2990，2992，2997，3001，3002，3004，3006—3009，3012，3016，3017，3019，3020，3024，3028，3030—3065，3067，3068，3070—3121，3123—3130

福建省

3135，3136，3139，3140—3144，3150—3155，3157—3161，3163—3170，3172—3185，3187—3192，3194—3196，3198—3200，3202—3218，3220，3222—3225，3227—3238，3241—3243，3245，3247—3255，3257—3267，3269—3277，3280—3282，3284，3285

河南省

3289—3292，3294，3296—3298，3300，3301，3305，3306，3315，3317，3319，3320，3325，3327—3330，3333，3334，3338—3344，3346，3349—3357，3360，3361，3363—3365，3367，3368，3373—3387，3389，3390，3392—3398，3400，3402，3404，3406，3408，3409，3410—3412，3414，3422—3425，3427—3432，3435—3441，3443，3444，3448，3449，3451—3458，3463—3476，3478，3479，3482—3485，3491—3494，3497—3500，3502，3504—3508，3510，3512，3513

湖北省

3517—3522，3526，3527，3531—3556，3560—3572，3574—3585，3588，3589，3591—3600，3602，3604

湖南省

3607—3609，3611，3613，3615—3617，3619，3623—3626，3628，3629，3631，3634—3641，3643—3647，3649—3651，3653—3669，3675—3697，3699，3700—3702，3705，3707，3709—3721，3723，3727—3733，3735—3745，3747—3772，3774—3792

广东省

3795，3796—3798，3800，3801，3803，3804，3811—3813，3826，3828—3833，3835，3836，3838，3839，3841，3842，3844，3846，3849，3850，3851，3853，3856，3858，3859，3862—3865，3867，3868，3870，3871，3873—3875，3877，3888—3893，3898，3900，3902，3903，3905—3908，3910—3914，3917，3919，3920，3924，3925，3932—3934，

3938—3942，3944，3946，3950—3954，3957，3958，3960—3964，3967，3968

广西壮族自治区

3975，3978—3985，3990—3993，3995—3997，3999，4007，4008，4013，4014，4016，4019—4021，4023，4025—4028，4031—4033，4035，4036，4039，4040，4043—4046，4050—4053，4055，4056，4058，4060，4062，4064—4072，4075—4084，4086，4087，4089，4091，4092，4094，4101，4104，4105，4107

四川省

4111，4118，4122，4124，4126，4129，4130，4138—4142，4144，4145，4148，4152—4156，4158—4162，4172，4173，4175，4178，4182，4184—4186，4188，4193，4195，4196，4198，4199，4235，4240，4254，4258，4261，4262，4267，4269，4272—4275，4277—4280，4284，4287—4295，4298—4300，4302，4305—4309，4311—4322，4324，4325，4327，4329—4331，4333—4345，4349—4353，4355，4356，4363，4365，4369，4370，4372，4374，4379，4381—4383，4386，4387，4389，4390，4392，4394—4401，4403—4407，4409，4412，4414，4420，4422，4424，4426—4428，4432，4434—4437，4439，4443—4446，4449，4454，4458，4468，4469，4471，4472，4474，4476，4478

贵州省

4475，4477，4478，4480，4481，4483，4484，4488，4490—4496，4498—4502，4504，4505，4507，4510，4511，4514，4516，4517，4519，4521，4523—4527，4530—4535，4538—4542，4544，4546—4552，4554—4563，4564，4566，4567，4569，4571—4580，4583—4585，4587—4591，4595—4597，4600—4602，4604—4609，4613—4618，4621，4622，4627，4630—4642，4644—4647，4650，4651，4653—4665，4671—4674

云南省

4677，4678，4680，4682—4688，4691—4693，4696，4698，4699，4702—4704，4706，4708—4710，4712—4714，4716—4721，4723—4728，4730—4734，4736—4746，4748—4769，4772，4773，4775—4784，4786—4790，4792，4794—4800，4802—4816

西藏自治区

4824，4825，4827，4828

经费与物资

北京市

21，22，25，35，61，64，65，68，69，71，72

天津市

84，92—95，118，120，123—125，127，136

河北省

156，159，163—166，169，173，174，180，183—185，187，195，199，200，205，207，

210，220—224，227，229，230，235，236，239，243，244，251，254，258，262，266，274，277，279，282，283，286，294，299

山西省

307，310，323，325，329，339，346，352，353，374，376，400

内蒙古自治区

411，414，415，426，432，434，448，466，470，472，481，494，495，498，499，503，507—509，511，512，523—525，529，531，544，547，554，559，560，564，565，568，570，573—578，584，585，587，588

辽宁省

601，602，610—612，628—630，654，666，668—671，678，680，688，690—692，695—697，706，707，711，712，719，725—727，732—734，738，741，749，751，752，756，758，766，769，770，773，776，779，781，783，785，787，789，794，798—801，805

吉林省

814，832，833，841，852，853，858，869，870，878，879，897，898，903，905，908，909，911，913，919，920，928，933，935，938，943—945，949，951—955，959，962，964—967，969，973

黑龙江省

978—980，1003—1007，1030，1044，1047，1049，1055，1058，1061，1063，1065，1068，1069，1071，1072，1075，1076，1078，1082，1084，1085，1088，1093，1094，1096，1110，1116，1122，1131，1133，1136，1137，1139，1149，1152—1154，1156，1157，1160，1165，1171，1173，1174，1177，1184，1186，1188，1189，1194，1195，1202，1207，1209，1211，1220，1228，1229，1235，1239，1241，1244，1245，1270，1304，1349，1355

陕西省

1379，1380—1382，1386，1396，1403，1416，1423，1426，1428，1431，1433，1437，1439，1442，1443，1445，1446，1451，1468，1469，1476，1482，1484—1486，1491，1495，1500—1503，1506，1509，1515，1518，1520，1524，1525，1527

甘肃省

1531，1534，1535，1538，1548，1549，1555，1556，1582，1589，1590，1591，1597，1598，1603，1609，1615，1617，1618，1623，1632，1637—1641，1643—1647

宁夏回族自治区

1658，1659，1666—1668，1676，1684，1685，1690，1692，1700

青海省

1706，1708，1710，1711，1719，1722，1726，1730，1735，1736，1738，1741，1742，1745

新疆维吾尔自治区

1766—1771，1785，1801，1805，1806，1808，1810，1812，1814，1816，1831，1840，1843，1846—1848，1850，1851，1856，1857，1860，1862，1865，1869，1873，1875，1878，1883，1884，1888，1889，1895

上海市

2219，2220，2237，2238，2245—2247，2266，2270，2271，2275，2276，2307，2309，2316—2320，2322，2323，2325，2327

山东省

2335—2337，2342，2346，2352，2355，2356，2369，2371，2374，2375，2382，2386，2387，2389，2396，2402，2409，2411，2413，2414，2421，2423，2425，2427—2430，2432，2433，2435

江苏省

2444，2445，2467，2468，2475，2495—2497，2503，2505，2506，2521，2524，2525，2538，2543—2546，2552，2571，2574，2576，2588，2594—2597，2599，2601，2605，2606，2608，2611，2613—2615，2622，2623，2629，2633，2649，2652，2654，2659

浙江省

2676，2679，2680—2682，2698—2700，2706，2709，2711，2715，2718，2719，2726，2731，2734，2737—2740，2742，2745，2749，2761，2764，2768，2769，2771，2774—2777，2779，2781，2782，2792

安徽省

2807—2809，2816，2817，2819，2821，2824，2826，2827，2833，2835，2854，2855，2862—2864，2871—2873，2875，2877，2878，2880，2885，2888，2889，2891，2893，2894，2900，2902，2909，2914，2917，2920，2926，2927，2937，2938，2940，2941，2943，2945，2946，2948，2949，2952，2953，2955，2959，2961

江西省

2971，2972，2981，2987，2998，2999，3003，3004，3006，3010—3012，3017，3018，3021，3024，3025，3028—3030，3032—3034，3036，3040，3046，3048，3050，3054，3056，3066，3069，3072，3074，3077，3080，3082—3084，3086，3089，3090，3094，3096，3098，3099，3103—3106，3108，3109，3113，3115，3117，3121—3123，3128，3131

福建省

3135，3144，3147，3148，3154，3155，3157，3171，3186，3188—3191，3193，3194，3196，3199，3200，3202，3204，3205，3210，3212，3215，3219，3221，3226，3228，3230，3234，3235，3237，3239，3245，3246，3248，3249，3252，3260，3263—3267，3271—3274，3276—3279，3282，3284

河南省

3294，3299，3301—3303，3307—3309，3315，3317，3324，3327，3337，3342，3344—3347，3349，3351，3352，3362，3367，3368，3370—3372，3374—3376，3379，3380，3385，3388，3396，3400—3402，3404，3408，3413—3415，3425，3426，3429，3433，3435，3439，3443，3444，3446，3450，3451，3453—3456，3458—3460，3464，3465，3469，3475，3476，3479，3481，3489，3490，3492—3496，3498，3500，3501，3503，3507，3508，3513

湖北省

3518，3522，3529，3533—3535，3541，3542，3545，3546，3548，3549，3556—3559，3561，3563，3567—3572，3576，3577，3580，3581，3583—3586，3588，3589，3590—3598，3600，3601，3604

湖南省

3611，3617—3619，3621—3623，3627，3633，3634，3639，3647，3649，3651，3655，3656，3658，3661—3663，3668，3672—3675，3678，3686—3688，3690—3692，3694，3702—3706，3713，3714，3718，3720，3721，3733，3736，3739，3741，3743—3745，3747—3754，3756—3758，3761，3762，3764，3766，3768，3770，3773—3775，3777，3780—3782，3784，3785，3787—3791

广东省

3795，3805，3807，3808，3820，3824，3826，3827，3833，3834，3843，3850，3852，3853，3858，3863，3867，3871，3882，3884，3887，3890—3892，3894—3898，3901，3903，3905，3912，3919，3928，3932，3934，3938，3943，3945，3947，3952，3953，3966，3968

广西壮族自治区

3976，3981，3983—3986，3993，3997，3998，4017，4019，4022，4024，4025，4042，4044，4045，4046，4062，4072，4073，4078，4079，4081—4083，4086，4087，4091，4092，4094，4097—4099，4103，4106

四川省

4112，4121，4129—4131，4138，4142—4147，4158，4159，4163，4171，4182，4185，4188—4191，4199，4202，4204，4209—4211，4213—4215，4219，4225，4227，4231，4234—4238，4241，4243，4245，4247，4249，4250—4252，4256，4258，4260，4261，4268，4269，4272，4275，4278，4281，4283，4287，4289—4291，4294，4295，4297，4298，4300，4303，4308—4310，4313，4314，4316，4318，4320，4322—4324，4326，4328，4332，4334—4336，4339，4341，4345，4349，4353，4354，4356，4358，4360，4362，4364，4366，4368，4370—4372，4375，4376，4378，4386，4390，4393，4394，4398，4402，4405，

4406，4409，4410，4412，4416，4418—4420，4422，4430，4431，4433，4437，4439，4443，4445，4449，4450，4452，4456，4457，4460，4463，4472

贵州省

4475—4478，4481，4482，4484，4501，4505，4506，4510，4511，4513，4515，4516，4521，4528，4534，4536，4537，4542—4545，4548，4552，4554，4556，4564，4565，4571，4575，4576，4582，4590—4594，4598，4600，4601，4604，4606，4610—4616，4623，4624，4631，4632，4634—4636，4638，4640，4641，4644，4645，4647，4669，4670

云南省

4678，4704，4707，4710—4717，4719—4722，4724—4726，4730，4733，4736，4741，4743，4746—4748，4750，4757，4758，4760，4765，4767，4768，4770，4774，4775，4777，4779，4784，4794，4797—4799，4803，4805，4806，4808，4811，4813，4815，4816

西藏自治区

4822，4823，4825，4826

住　　房

北京市

25，32，68，69，74

河北省

155，163，165，166，169，174，186，189，262，266，294

山西省

312，346，376，396

内蒙古自治区

469，569，580，581，584

辽宁省

602，609，692，728，738，766，775，776，788

吉林省

817，833，834，871，877，879，938

黑龙江省

1005，1078，1088，1118，1122，1136，1138，1139，1154，1157，1160，1161，1165，1169，1172，1177，1184，1189，1190，1241，1253

陕西省

1383，1386，1393，1396，1403，1416，1423，1426，1428，1429，1432，1433，1439，1441，1442，1445，1447，1456，1467，1477，1480—1484，1486，1491，1494，1498，1500，1503，1506，1509，1510，1517，1518，1520，1524

甘肃省

1548，1569，1570，1577，1582，1586，1591，1597，1600，1608，1609，1614，1615，1618，1632，1638，1648

宁夏回族自治区

1667，1669，1688

青海省

1711，1740，1741

新疆维吾尔自治区

1765，1806，1810，1860，1862，1865，1873，1876，1887—1889，1912

上海市

2266，2271，2316，2318，2322，2325

山东省

2343，2355，2382，2384，2386，2396，2409，2411，2413，2414，2420，2423，2428—2430，2432

江苏省

2445，2467，2469，2496，2497，2521，2524，2538，2544，2546，2551，2571，2574，2576，2585，2597，2599，2611，2615，2629，2649

浙江省

2680，2682，2698，2700，2706，2709，2719，2734，2737，2749，2776，2779，2789

安徽省

2807，2817，2826，2854，2875，2885，2888，2889，2891，2893，2894，2900，2902，2909，2914，2917，2940，2941，2946，2959，2961

江西省

3008，3009，3021，3036，3046，3051，3066，3068，3076，3080，3083，3090，3104—3106，3108，3113，3117，3121，3123，3131

福建省

3135，3145，3154，3186，3188，3191，3193，3196，3199，3200，3202，3204，3205，3212，3219，3226，3228，3230，3231，3235，3237，3246，3248，3256，3260，3263，3265—3267，3271—3273，3276—3278，3281，3282

河南省

3301，3307，3317，3321—3323，3351，3362，3368，3375，3380，3385，3392，3396，3415，3420，3424，3426，3433，3435，3439，3443，3446，3450，3453，3455，3461，3465，3473

湖北省

3547，3557，3569，3572，3574，3577，3580，3581，3583，3588—3591，3594，3595，

3597，3598

湖南省

3617—3619，3634，3639，3655，3657，3658，3661，3668，3672—3674，3685，3686，3704，3705，3714，3718，3720，3736，3737，3747，3753，3754，3777，3787

广东省

3805，3867，3881，3884，3889，3894，3916，3919，3937，3952

广西壮族自治区

3999

四川省

4112，4130，4142，4144，4156，4163，4171，4185，4191，4199，4202，4204，4209—4211，4214，4215，4219—4221，4225，4227，4230，4231，4235—4238，4245，4247—4249，4294，4310，4314，4335，4360，4362，4372，4379，4386，4388，4390，4392，4393，4404，4409，4418，4419，4430，4444，4445，4449，4458，4472

贵州省

4520，4530，4552，4576，4589，4590，4592，4600，4602，4611，4613，4615，4616，4624，4631，4634，4636，4638，4640，4641，4643，4644，4646，4647，4650，4656—4664，4467，4669，4670

云南省

4706，4707，4715，4717，4719，4721，4724—4726，4730，4731，4736，4746，4751，4765，4777，4796，4800，4805，4811，4816

回乡知青

北京市

39，67，71

河北省

162，188，191

辽宁省

609，633，668，669，716，717，743

吉林省

876，918，955，959，963

陕西省

1391，1401，1403，1406，1434，1473

甘肃省

1613，1627，1639

宁夏回族自治区

1681

青海省

1746

新疆维吾尔自治区

1878，1879，1885

上海市

2284，2285，2288，2291

山东省

2339—2341，2347，2351，2357，2375，2399，2403，2406，2407，2421，2422，2433

江苏省

2451，2559，2563，2590

浙江省

2687，2698，2702，2703，2712，2729，2743，2776，2779，2780

安徽省

2804，2830，2871，2934

江西省

3020，3030，3112，3114，3115

福建省

3142，3155，3234

河南省

3316，3317，3320，3322，3339，3341，3355，3363，3374，3379，3406，3415，3426，3433，3435，3436，3447，3450，3453，3465，3511

湖南省

3616，3658，3702，3703

广东省

3803，3805，3905，3919，3933，3967

广西壮族自治区

3980，3997，3998，4004，4079

四川省

4115，4116，4118—4121，4124，4134，4301，4314

贵州省

4498，4532，4542，4572，4587，4588，4607，4657，4658，4660，4661，4663

云南省

4703—4707，4709，4711，4712，4714，4715，4719—4722，4724—4727，4730，4736，

4756，4757，4759，4760—4763，4765，4777，4778，4785，4786，4795，4798，4803，4807，4810，4811，4816

生 产 劳 动

北京市

38，46

河北省

154，163，165

山西省

306，312，341，352，366，374，380，406

内蒙古自治区

424，437，438，455，462，474，489，512，513，560，563，568，569，573

辽宁省

605，725，778

吉林省

829，839，938

黑龙江省

980，995，997，1000，1010，1020，1056，1106，1115，1120，1148，1149，1153，1163，1185，1222，1230，1239，1251，1303，1313，1315，1323，1324，1328，1360

陕西省

1392，1401，1404，1416，1432，1456，1503，1517，1524

甘肃省

1538，1541，1575，1624

宁夏回族自治区

1676，1677，1702

青海省

1710，1723，1735，1737

新疆维吾尔自治区

1760，1764，1785，1802，1805，1808，1813，1818，1826，1831，1836，1840，1842，1845，1847，1854，1869，1874，1888，1891—1893，1925，1966，2024，2137，2192

上海市

2207，2209，2234，2262—2265，2274

山东省

2391，2395，2434

江苏省

2469—2471，2524，2595

浙江省

2692，2761，2780

安徽省

2947

江西省

2974，2990，2991，3018，3021，3073，3105，3121，3123

福建省

3143，3144，3170，3212，3218，3220，3238，3265，3281，3284

河南省

3310，3311，3316，3322—3324，3344，3345，3350，3367，3405，3427，3441，3442，3455，3458，3478，3481，3488，3504，3505

湖北省

3518，3573，3586，3602，3603

湖南省

3643，3649，3650，3661，3700，3733，3777

广东省

3813，3814，3853，3878，3881，3922，3925，3936，3938，3940，3941

广西壮族自治区

4001，4005，4012，4025，4029，4042，4043，4046，4048，4051，4052，4054—4056，4060，4061，4063，4065，4066，4071，4076，4082，4085，4094，4102，4105

四川省

4142，4159，4163，4183，4184，4190，4191，4202，4209，4211，4221，4229，4236，4244，4262，4263，4265，4266，4280，4291，4297，4318，4322，4333，4369，4391

贵州省

4510，4519，4530，4531，4590，4612，4624，4665，4666

云南省

4688，4707—4709，4712，4717，4721，4747，4779

生　活

北京市

20，21，26，34，41，46，65，69，70，75，76

天津市

102

河北省

155，164，165，262，266

山西省

312，341，342，345，368

内蒙古自治区

449，454，462，465，469，478，500，503，544，570

辽宁省

591，592，605，613，628，629，783，786，789，799，805

吉林省

830，831，877，893，966，967，969，970

黑龙江省

1000，1057，1072，1088，1122，1129，1153，1176，1184，1190，1214，1223，1224，1230，1233，1236，1253，1271，1290，1338

陕西省

1392，1394，1396，1405，1422，1426，1429，1432，1441，1442，1445，1469，1483，1491，1494，1503，1506，1509，1516—1520，1524

甘肃省

1536，1613

宁夏回族自治区

1659，1660，1662，1669，1670，1682，1684，1688

青海省

1710，1711，1717，1736，1738

新疆维吾尔自治区

1764，1765，1787，1805，1806，1813，1815，1830，1831，1876，1901，1910，1916，1929，1934，1941，2018—2020，2022—2024，2028，2033，2035，2048，2063，2071，2087，2124，2142，2144，2147，2165，2173，2174

上海市

2219，2245—2247，2271

山东省

2342—2344，2351，2352，2355，2369，2372，2375，2382，2386，2387，2391，2394，2396，2409，2411，2413，2414，2418，2420，2423，2429，2430，2432—2436

江苏省

2455，2457，2468，2471，2472，2524，2601

浙江省

2666，2670，2671，2676，2700，2709，2734

安徽省

2807，2808，2817，2826，2854—2856

江西省

2998，3026，3083，3104—3106，3108，3115，3122，3128，3130

福建省

3144，3145，3152，3154，3170，3172，3212，3218，3220，3238，3256，3260，3263，3265，3274，3277，3278，3282，3284

河南省

3297，3299，3307，3313，3314，3322，3342，3361，3362，3376，3385，3392，3409，3411，3414，3435，3441，3444，3450，3455，3469，3488，3512

湖南省

3607，3616，3618，3619，3630，3633，3650，3671—3673，3702—3705，3728，3731，3753，3768，3773，3775，3785—3787，3790

广东省

3805，3807，3808，3820，3824，3826，3833，3843，3850，3852，3858，3863，3867，3870，3873，3884，3887，3889，3891，3898，3899，3901，3903，3905，3916，3919，3928，3929，3931，3932，3934，3938，3943，3945，3950，3954，3968，3971

广西壮族自治区

3997，4009，4017，4021，4022，4024，4027，4035，4039，4048，4053，4057，4060，4062，4065—4067，4072，4079，4080，4094

四川省

4112，4129，4138，4142—4146，4159，4163，4171，4183，4184，4190—4192，4199，4202，4204，4211，4214，4215，4219—4221，4229，4231，4237，4238，4244，4249，4251，4253，4255，4258，4261，4265，4270，4272，4277，4281，4284，4290，4297，4303，4309，4310，4322—4324，4326，4330，4345，4348，4358—4360，4364，4366，4370—4372，4375，4376，4379，4390，4392，4395，4398，4402，4404，4405，4416，4419，4422，4429，4430，4437，4445，4446，4449，4454，4457，4460，4469

贵州省

4476，4481，4482，4488，4501，4511，4517，4521，4530，4535—4537，4552，4554，4557，4565，4568，4569，4576，4580—4582，4589—4594，4598，4600，4602，4604，4606，4611—4613，4615，4616，4623—4625，4631，4634，4636，4638，4640，4641，4643，4644，4646，4647，4665，4667—4669，4671

云南省

4678，4707—4709，4713，4714，4717，4719，4721，4725—4727，4730，4735，4753，

4760，4747，4779，4791

西藏自治区

4820

婚　姻

北京市

5，7，25，29，70

天津市

125

河北省

168，169，173，183

山西省

376

内蒙古自治区

416，457—459，483，484，533，568

辽宁省

627，642，693，725，756，797

吉林省

817，836，837，868，904，963，964

黑龙江省

997，1006，1008，1019，1020，1027，1038，1082，1087，1089，1093，1139，1155，1171，1174，1188，1190，1193，1253

陕西省

1414，1422，1450，1480，1483，1484，1520

甘肃省

1536，1537，1587，1604，1613，1631，1638

新疆维吾尔自治区

1759，1874，2026，2028，2036，2156，2183

上海市

2204，2268，2271

山东省

2363，2401，2404

江苏省

2460，2475，2498，2565，2634，2654

浙江省

2669，2684，2685，2691，2701，2709，2724，2728，2738，2742，2744，2749，2754，2781

安徽省

2811，2812，2815，2829，2830，2856，2892

江西省

3023，3027，3033，3072，3080

福建省

3145，3170，3172，3174，3176，3178，3187，3191，3238，3243，3247，3277，3278

河南省

3297，3299，3324，3362，3442，3450

湖北省

3573，3595

湖南省

3689，3716，3717，3720—3722，3724，3737，3741，3748，3754，3790，3792

广东省

3824

广西壮族自治区

3989，4029，4086，4096

四川省

4146，4147，4157，4167，4209，4217，4236，4242，4249，4256，4264，4265，4270，4271，4283，4286，4323

贵州省

4507，4641，4661，4663

云南省

4724，4728，4735，4738，4754，4757，4758，4773，4789，4800

党 团 工 作

北京市

68，69，76

天津市

110，114，115，120，128，132，133

河北省

145，146，148—154，158，189，232，235，262，273，277

山西省

374，376，392

内蒙古自治区

441，454，459，461，465，467，470，487，526，527，538，541，560，568，576，577

辽宁省

603，607，645，646，648，682—684，686，739，756

吉林省

819，830，843，945，971

黑龙江省

996—999，1002，1012，1013，1021，1039，1054，1056，1058，1065，1067，1080，1093，1094，1102，1110，1116，1127，1135，1157，1163，1177，1185，1188，1190，1191，1221，1225，1243，1247，1267，1273，1276，1290，1309，1313，1317，1319，1325，1327，1336，1337，1338，1340，1342，1347，1349，1357，1359

陕西省

1395，1400，1402，1403，1406—1409，1437，1442，1457，1477，1483，1498，1516，1517，1524

甘肃省

1569，1572，1574，1602

青海省

1716

新疆维吾尔自治区

1755，1772，1777，1831，1844，1850，1883，1885，1895，1905—1908，1924，1925，1941，1943，1953，1962，1966，1987，2019，2027，2028，2033，2036，2044，2047，2051，2052，2060，2072，2074，2084，2089，2099，2102，2103，2106，2107，2111，2119，2134，2140，2146，2148，2151，2166，2167，2179

上海市

2224，2229，2232，2237，2243，2264，2273，2274，2290，2321

山东省

2332，2334，2350，2359，2364，2395，2396，2400，2407，2413，2415，2425

江苏省

2451，2453，2491，2579，2581，2589，2590，2595，2611，2654

浙江省

2712，2726，2749

安徽省

2814，2847，2855，2856，2894，2910，2925，2930，2931，2940，2945，2946，

2949，2959

江西省

2991，3013，3021，3030，3032，3034，3049，3050，3054，3062，3063，3096，3099，3104，3106，3114，3118，3121，3122，3127，3130

福建省

3137，3140，3171，3195，3262，3263，3278

河南省

3292，3297，3305，3306，3323，3330，3343，3345，3354，3359，3360，3366，3367，3385，3406，3416，3420，3440，3441，3447，3450，3453，3478，3479，3491，3494，3497，3509

湖北省

3521，3526，3569，3572，3573

湖南省

3607，3630，3639，3662，3664，3669，3697，3720，3724，3734，3754，3777，3785，3787

广东省

3795，3813，3871，3901，3915，3923，3925，3927，3932，3934，3938，3940，3946，3951，3955，3969，3970，3971

广西壮族自治区

4067，4080

四川省

4114—4117，4126，4127，4134，4135，4150，4156，4157，4159，4165，4166，4174，4181，4183，4200，4202，4203，4215，4221，4222，4227，4231，4232，4238，4245—4247，4249，4251—4253，4256，4261，4282，4290，4298，4310，4314，4317，4324，4329，4331，4336，4346，4354，4359，4377，4385，4391，4402，4404，4407，4418，4420，4423

贵州省

4523，4530，4572，4581，4587，4589，4590，4606，4607，4613，4618，4632，4638，4650—4652，4657，4661，4663，4664，4666

云南省

4688，4691，4693，4722，4754，4755，4757，4782，4788，4812，4814，4815

业 余 教 育

北京市

4，21，35—37，45，48，65，73，74

河北省

179

山西省

326

内蒙古自治区

411，423，425，450，456，475，484，515，546

辽宁省

751，774

黑龙江省

981，1095，1096，1103，1310，1311，1318，1343

陕西省

1408，1417，1441

甘肃省

1534，1562，1574，1611，1621，1641

青海省

1707，1721

新疆维吾尔自治区

1788，1789

上海市

2203，2212，2220，2246，2247，2279

山东省

2350，2394，2395

江苏省

2442，2482

安徽省

2843，2859，2872，2881，2886，2896

江西省

2969，3051，3093，3104，3127

福建省

3137，3146，3207

河南省

3296，3311，3316，3334，3363

湖北省

3528

广东省

3822，3823，3856，3861，3879，3907，3920

广西壮族自治区

3982，4008，4010，4030，4034，4057，4079，4095

四川省

4119，4120，4133，4134，4136—4138，4163，4204，4227，4254，4311，4357，4376，4395，4402，4406，4418，4434，4442，4451，4460

贵州省

4517，4598，4606，4609，4624，4641，4669

云南省

4701，4712，4761

慰 问 知 青

北京市

20，55，56，58，61，75—77

天津市

130

河北省

166—168，174，177，240，255，267，295

山西省

311，316，331，348，399

内蒙古自治区

414，446，454，456，457，460，468，469，475，523，536

辽宁省

605，609，714，716，723，737，743，744，746，781

吉林省

826

黑龙江省

996，1025，1026，1040，1094，1205，1221，1265，1348

陕西省

1405，1415，1452

宁夏回族自治区

1674

青海省

1747

新疆维吾尔自治区

1755，1758，1759，1777，1778，1813，1857，1859，1860，1870，1898，1905，1908，1924，1926—1928，1934，1941，1944，1950，1953，1962，1966，1987，1990，2007，2012，2019，2020，2025，2026，2034，2044，2046，2047，2054，2056，2063，2066，2071，2073，2088，2090，2095，2098，2100，2113，2114，2119，2120，2135，2136，2139，2143，2145，2147，2148，2150，2157，2158，2160，2162，2163，2173—2175，2179，2183，2196

上海市

2212，2220，2221，2237，2238，2246，2247，2297，2298，2300，2306，2307

山东省

2425

江苏省

2506，2511—2514，2544，2551，2561—2563，2598，2599，2602，2612

浙江省

2674，2678，2719

安徽省

2805，2850，2883，2946，2959

江西省

2965，2966，2997，3037，3069，3094，3106，3117，3121，3127

福建省

3135，3137，3146，3150，3151，3155，3163，3168，3169，3237，3242，3256，3284

河南省

3353，3442

湖北省

3526，3551

湖南省

3615，3625，3634—3636，3651，3653，3654，3658，3670，3672，3700，3721，3745，3758，3763，3777，3787

广东省

3922

四川省

4114，4136，4143，4145，4149，4151，4156，4159—4161，4174，4181，4183，4184，4197，4207，4221，4232，4244，4251，4255，4291，4341，4346，4352，4378，4416，4420

贵州省

4481，4497，4499，4503，4511，4512，4517，4535，4539，4551，4587，4629，4633，4636，4650

云南省

4677，4680，4681，4692，4701，4724，4753—4755，4757，4776，4781，4812

西藏自治区

4823

文 体 活 动

北京市

38—40，44，45，48，71，72

辽宁省

781，789

吉林省

855，907

黑龙江省

982，1038，1051，1088，1102，1106，1199，1200，1217，1245，1253，1277，1278，1291，1306，1307，1325，1331—1333，1335，1337，1340，1343，1353，1357，1358，1360，1361

陕西省

1410，1451，1468，1503

宁夏回族自治区

1692

青海省

1717，1737

新疆维吾尔自治区

1815，1816，1844，1848，1870，1939，1943，1951，1962，1967，2028，2029，2037，2048，2052，2054，2072，2095，2104，2119，2125，2126，2137，2138，2149，2152，2179，2193

上海市

2203，2280—2283

江苏省

2598，2599，2629，2639

安徽省

2898

江西省

3007，3008，3120

福建省

3137，3254

河南省

3334，3345，3381，3428，3429，3441

湖南省

3628，3669，3767

广东省

3885，3971

四川省

4149，4205，4227，4351，4387，4400，4457

贵州省

4497，4508，4600

云南省

4684，4700，4712，4716，4729，4738，4774

知青文学艺术创作(作品)

北京市

38，39，72

天津市

123

内蒙古自治区

429，456，475，516

吉林省

842，843，855，961，970

黑龙江省

1268，1269，1277，1319

陕西省

1409，1411，1414，1436，1459，1460，1464，1512

新疆维吾尔自治区

1943，2017，2052

上海市

2203，2280—2283，2317

江苏省

2458，2639，2642

江西省

3047，3065

广西壮族自治区

3988，3989，4030，4093

四川省

4113，4148，4149，4197，4255，4387，4400

贵州省

4497，4570，4590

云南省

4700，4701

医疗与疾病

北京市

6，41，54，78

天津市

84

河北省

164，165

山西省

311

内蒙古自治区

563

辽宁省

646

黑龙江省

1006，1351

陕西省

1394，1435，1465，1468，1491，1517

甘肃省

1533，1551，1559，1578，1580，1587

宁夏回族自治区

1695

青海省

1737，1746，1749

新疆维吾尔自治区

1765，1876，1917—1922，2029，2034，2062，2067，2072，2101，2190

山东省

2343，2355，2382，2414，2429，2430，2432

江苏省

2468，2524

浙江省

2682，2699，2709

江西省

2998，2999，3030，3036，3114，3122

福建省

3146，3151，3162

湖北省

3559，3586，3599

湖南省

3633，3639，3664，3665，3705，3732，3734，3750，3785

广东省

3919

广西壮族自治区

4091

四川省

4138—4140，4144，4145，4147，4171，4204，4209，4219，4220，4233，4251，4297，4425

贵州省

4518，4590，4592，4594，4596，4602，4607，4609，4613，4624，4633，4640，4641，4661，4667，4668

云南省

4684，4694，4700，4712，4717，4730，4731，4744，4791，4794，4808

事　故

北京市

20，74

天津市

83，109—111，114，115，118，127

河北省

154，179，201，207，227

山西省

343

内蒙古自治区

434，452，458，460，462，465，475，476，496，512，518，527，539，574，584

辽宁省

593，714，715，744

吉林省

932，941，945，949，950，966，970

黑龙江省

995，997，1025，1055，1069，1087，1090，1097，1100，1108，1180，1194，1196，1207，1213，1219，1244，1265，1268，1273，1279，1289，1303，1307，1312—1315，1317，1319—1323，1327，1347，1350，1352

陕西省

1395，1405，1452，1453，1486

宁夏回族自治区

1660

新疆维吾尔自治区

1901，1940，1942，1990，2004，2007，2018，2029，2056，2072，2073，2091，2095，2115，2126，2145，2151，2160，2177，2178，2191

上海市

2200，2209，2264，2271，2273，2274，2290，2299，2302

江苏省

2558，2583

浙江省

2665，2711，2712

安徽省

2815，2816，2844，2848，2855，2877，2896，2912，2951，2957

江西省

3001，3032，3082，3106，3122，3131

福建省

3156，3182，3196，3197，3201，3207，3210，3231，3236，3240，3259，3274，3275，3280

河南省

3479，3490，3507

湖北省

3573，3595

湖南省

3639，3641，3679，3690，3691，3711，3715，3735，3737，3755，3769，3777，3790

广东省

3811，3837，3840，3880，3927，3936，3919

广西壮族自治区

4081，4107，4108

四川省

4120，4121，4127，4199，4230，4233，4267，4280，4282，4288，4314，4315，4317，4319，4346，4425

贵州省

4495，4573，4594，4607，4614，4640，4655—4657，4659，4661，4663

云南省

4680，4681，4729，4744，4748，4758，4764，4769，4773，4775，4776，4789，4790，4793，4805，4810

事件（含政治性和刑事性事件）、案件

北京市

12，20，27，28，30，52，59，62，70，76

天津市

87，100—107，112，113，118，119，123，124，128

河北省

172，173，201，215，221，228，264，269—271，283

山西省

318，319，344

内蒙古自治区

436—438，452，453，455—457，459，461，462，464，465，472，476—478，482，500，517，523，524，527，543—545，548，549，554

辽宁省

595—597，606，625，656，670，676，677，694，715，722，725，733，735，744，762，763，765，768—770，773—775，782，791

吉林省

818，819，831，832，851，885，887，888

黑龙江省

995，1002，1003，1011，1024，1026，1038，1042，1043，1048，1090，1114，1141，1145，1190，1205，1229，1234，1235，1240，1243，1245，1273，1274，1303，1305，1306，1310，1311，1314，1315，1337，1349，1352，1357，1359，1362

陕西省

1386，1395，1398，1399，1404，1411，1433，1450，1451，1468，1477，1483，1486，1491，1507，1518—1520，1525

甘肃省

1532，1533，1591，1615

宁夏回族自治区

1661，1671

青海省

1714，1718

新疆维吾尔自治区

1755，1759，1772，1782，1783，1795，1802，1825，1829，1840，1841，1871，1873，1942，1943，1962，1991，2006，2012，2026，2044，2045，2048，2061，2073，2137，2146，2151，2156，2180，2183

上海市

2235，2236，2265，2286，2306

山东省

2346，2400，2415，2426

江苏省

2455，2458，2461，2549，2554，2559，2589，2612，2615，2617，2631，2634，2648，2652，2654

浙江省

2669，2679，2717，2721，2723，2738，2739

安徽省

2798，2799，2823，2830，2831，2859，2865，2868，2903，2905，2926，2932，2949，2953，2954

江西省

2967，2983，3012，3041，3046，3070，3122

福建省

3136，3140，3147，3151，3155，3172，3181，3182，3200，3244，3263，3270

河南省

3289，3298，3302，3336，3344，3359，3422，3450，3452，3457，3466，3471，3491

湖北省

3521，3541，3525，3545，3558，3559，3592，3599，3600，3601

湖南省

3607，3610，3623，3661，3664，3670，3673，3679，3700，3703，3708，3730

广东省

3823，3840，3842，3856，3871，3872，3891，3904，3914，3919

广西壮族自治区

3975，3986—3988，4013，4018，4020，4025，4030，4040，4047，4075

四川省

4118，4119，4127，4133，4134，4150—4152，4156，4158，4171，4181，4188，4192，4193，4198，4213，4215，4222，4225，4230，4232，4233，4244，4245，4251，4252，4257，4267，4269，4272，4288，4291，4299，4301，4309，4312，4315，4317—4319，4331，4347，4355，4377，4385，4394—4396，4418，4420，4422，4443

贵州省

4478，4496，4513，4526，4584，4590，4591，4607，4614，4640，4650，4657，4659，4661，4663

云南省

4677，4680，4681，4695，4705，4758，4764，4766，4773—4776，4781，4789，4805，4813

城乡经济往来

河北省

307，316

辽宁省

600—602，620，716，726，735，737，739—741，775，776，778

陕西省

1429

新疆维吾尔自治区

1927，2044

上海市

2220，2256，2309

安徽省

2808，2810，2885

江西省

3013，3024，3025，3050，3066，3068，3086，3090，3103

河南省

3302，3322，3374，3455，3489，3493

湖南省

3642，3701

广西壮族自治区

3986

云南省

4713，4722

株 洲 经 验

河北省

220

山西省

316，317

辽宁省

600，618，691，738

吉林省

864

黑龙江省

996

陕西省

1483，1516

江苏省

2456，2464，2469，2560，2566，2610，2635，2650

浙江省

2749

安徽省

2849，2850

江西省

2976，2982，2296，2997，3026，3033，3049，3130

福建省

3141，3142

河南省

3344，3345，3374，3481，3489

湖北省

3554，3562

湖南省

3614—3616，3625，3627，3630，3640，3641，3644，3651，3657，3658，3674，3681，3685，3691，3692，3700，3701，3745，3775，3776

四川省

4185，4202，4252，4280，4288，4291，4326，4415

贵州省

4499，4505，4590

云南省

4713，4722，4735，4747，4770

回　城

北京市

22，23，28，29，51

天津市

98，119

山西省

312，313，318，322，324，325，327—330，332—340，342，344，345，351，352，354，357—359，361—366，368，369，348，349，353，360，371—377

内蒙古自治区

424，425，435，449，492，502，504，517，533，534，539，543，571—573，577，586

辽宁省

594，605，609，610，614，615，626，632，633，642，664，667，685，710，711，740，751，752，754，755，764

陕西省

1395，1416，1418，1420，1425，1426，1434，1449，1450，1470，1471，1477，1480，1481，1483，1487，1488，1490，1491，1498，1507—1510，1513，1515

甘肃省

1535

青海省

1728，1731

上海市

2248，2249

山东省

2335，2356，2360—2363，2365，2369—2371，2373，2375，2378，2379，2384，2387，2400，2404，2405，2410，2415，2423，2430，2435

安徽省

2812

江西省

2968，2983，2999，3015，3018，3027，3035，3057，3062，3072，3076，3086，3088，3095，3096，3098，3100，3104，3109，3131

福建省

3136，3137，3139，3140，3148—3150，3156—3158，3160—3162，3167，3168，3173—3176，3178—3180，3182—3191，3194，3195，3197—3199，3201—3204，3206，3207，3210—3214，3216，3217，3219，3221，3222，3224—3232，3234，3236，3237，3239—3243，3246，3248，3250—3252，3254—3256，3258，3259，3261，3262，3268—3272，3274—3279，3282—3284

广东省

3801，3808—3811，3817，3832—3834，3838，3848，3863，3869，3878，3879，3891，3933，3958，3959，3963

四川省

4118，4120，4124，4133，4140，4144，4173，4176，4181，4184，4185，4186，4195，4196，4203，4205，4207，4208，4213，4242，4280，4411

招　工

北京市

5，8，13，15，24，33，40，41，50，51，58，60，61，63，67—74，77

天津市

88，96，100，108，116，121—123，125，126，129，134，136

河北省

144，165，168，170，172，176，177，180—189，191，193，194，196，198—200，202，208，211，215—217，221，223，225，226，228，230，235，236，238，239，242，245，248—251，256，257，261—266，268，273，274，276—278，280，282，292，294，295，296，298，299，301

山西省

306，307，312，316，320，323，328—330，333—335，343，347，351，355，359，360，

370，371，373，374，381，383，389，396，401，403，406，407

内蒙古自治区

413—417，424，425，429，434，449，434，457，459，462，471，478，479，483，486，493，498，502，504，506，512，516，517，519，521，523，525，527，528，530，533，534，536，539，541，543，544，546，554，558，560，561，564，567，570—573，576，577，580，583，584，586

辽宁省

781，790，792，797，799，802

吉林省

816，817，820，835，836—838，840，844，846，854，856，858，866，867，871，875—877，879，880—883，895，900，906，908—911，913，915，917，918，920，921，924，927，930，932，934，940，943，947，948，950，952—956，958—960，964，967—969，972

黑龙江省

984，985，1008—1010，1029，1037，1053，1054，1067，1091，1095，1096，1105，1108，1113，1115，1116，1118，1122，1135，1138，1142，1151，1152，1154，1156，1177—1179，1188，1190，1200，1201，1222，1223，1226，1228，1230，1235，1239，1265，1348，1353，1355，1364

陕西省

1376，1378，1382，1383，1387，1389，1391，1398，1410，1411，1415—1423，1426—1428，1430—1435，1437—1443，1445—1450，1453—1457，1465—1468，1470—1482，1484，1486—1488，1490，1491，1493，1495—1500，1503，1506，1507，1510—1513，1515，1518—1523，1526

甘肃省

1532，1534，1546，1552，1553，1557，1558，1561—1565，1567—1570，1572，1574，1576，1577，1582，1584，1589—1591，1597，1603，1607，1614，1621，1633，1636，1638—1642，1645，1649，1651

宁夏回族自治区

1656，1657，1672，1677，1693，1697，1700，1702

青海省

1706，1712，1720，1723—1725，1727—1729，1731，1732，1736，1737，1743，1747

新疆维吾尔自治区

1775，1784，1786—1790，1797，1806—1808，1811，1812，1814—1816，1820，1825，1828，1836，1838，1840，1843，1847，1858，1860，1867，1868，1870，1872，1874—1876，1879，1880，1882，1886，1889，1891，1894，1895，1904，2011，2013，2022，2027，2028，2033，2035，2048，2059，2062，2064，2067，2084，2091，2100，2101，2104，2109，2110，

2117, 2118, 2122, 2124, 2125, 2139, 2140, 2142, 2144, 2148, 2158, 2168, 2170, 2184, 2192

上海市

2209, 2236, 2239, 2255, 2264, 2265, 2267, 2278, 2286, 2288, 2302, 2318, 2321—2323, 2327, 2328

山东省

2345, 2347, 2353, 2354, 2356, 2359—2362, 2364, 2368, 2373—2375, 2377, 2385, 2387, 2388, 2397, 2398, 2400, 2401, 2403—2406, 2408—2413, 2415—2421, 2423—2426, 2428, 2430, 2431, 2433—2436

江苏省

2447, 2460, 2463, 2476, 2488, 2495, 2499, 2508, 2519, 2522, 2530—2532, 2540, 2551, 2554, 2555, 2558, 2581, 2584, 2587, 2590, 2592, 2595, 2600—2602, 2611, 2613, 2620, 2621, 2623, 2627—2629, 2635, 2636, 2648, 2652, 2653, 2660

浙江省

2666, 2667, 2670, 2671, 2687, 2693, 2696, 2700, 2704, 2708—2710, 2713, 2716, 2719, 2723, 2724, 2726, 2731, 2733, 2737, 2738, 2740—2743, 2744, 2758, 2759, 2764, 2766, 2773, 2774, 2779, 2782—2787, 2789, 2790, 2791

安徽省

2796, 2797, 2801, 2802, 2812—2814, 2817, 2818, 2820, 2822, 2825—2827, 2829—2836, 2838, 2841, 2843, 2845, 2856—2860, 2862—2867, 2869, 2870, 2873—2877, 2879—2881, 2883, 2884, 2887, 2889—2895, 2899, 2900, 2902, 2903, 2905—2911, 2914—2916, 2918, 2920, 2921, 2923, 2926, 2927, 2929—2931, 2935, 2938—2940, 2942—2945, 2947—2950, 2953—2955, 2959, 2961

江西省

2971, 2973, 2976—2978, 2984, 2986, 2987, 3007, 3012, 3014—3016, 3020, 3027, 3035, 3041, 3045, 3047, 3050, 3052—3055, 3057, 3065, 3066, 3070—3072, 3075, 3076, 3085, 3087, 3101, 3105—3108, 3110, 3112—3119, 3122—3126, 3128, 3129, 3131, 3132

福建省

3139, 3148—3150, 3153, 3155, 3157, 3159—3162, 3167, 3168, 3171, 3174, 3176, 3180, 3182, 3184—3190, 3194—3201, 3203, 3204, 3206, 3207, 3209—3214, 3216, 3217, 3219, 3221, 3222, 3224—3237, 3239, 3240, 3243, 3246, 3248, 3250—3252, 3254—3256, 3258, 3259, 3261—3264, 3271, 3272, 3274—3279, 3281—3284

河南省

3292, 3295, 3297, 3299, 3300, 3303, 3314, 3326, 3331, 3334, 3338, 3343—3345,

3349—3351，3353，3355，3359，3362—3366，3368，3373，3376—3379，3381—3387，3391，3394，3395，3397，3402—3412，3414—3417，3420，3421，3425，3426，3430，3431，3433，3434，3437，3441，3443，3445，3456，3461—3464，3466，3468，3470，3472—3474，3477—3480，3482，3491，3493，3494，3498—3500，3502，3504，3505，3509—3511

湖北省

3519，3524，3528，3530，3534，3535，3537，3539—3541，3542，3544，3546，3550，3552，3560，3563，3565，3569，3570，3573—3576，3578—3583，3585，3587—3592，3594—3600，3602，3604

湖南省

3608，3611，3613，3619，3628，3629，3638—3641，3644，3646，3650，3657—3659，3662，3663，3669，3671，3675，3676，3678，3681—3685，3687—3696，3702，3706，3708—3712，3714—3725，3727，3728，3730，3732，3734，3737，3738，3740—3747，3749—3752，3754—3763，3765，3766，3768—3773，3776—3790，3792

广东省

3797，3833，3834，3838，3848，3857，3863，3866，3869，3881，3887，3888，3891，3933，3958，3959，3963

广西壮族自治区

3981，3990，3999，4002—4006，4013，4014，4018，4030—4033，4037，4038，4041，4042，4044，4047，4050，4051，4054，4055，4056，4059，4064，4069—4071，4073—4076，4078，4081，4083，4086，4087，4089，4092，4094，4095，4099，4106

四川省

4113，4119，4120，4122，4125—4128，4131—4136，4139，4140，4146，4147，4150，4152，4153，4156，4157，4160—4163，4165，4167—4170，4172，4173，4175，4177，4181—4183，4188，4190，4191，4193，4196，4200，4201，4203—4205，4207—4212，4215，4216，4224，4227—4229，4231，4234，4236—4249，4251，4253，4260，4261，4264，4267，4268，4276，4278，4280，4282，4284，4285，4288，4290，4293，4295—4297，4303，4305，4306，4308，4313，4314，4317，4318，4322，4325，4326，4334，4337，4338，4340，4341，4347，4354，4359，4361—4363，4368，4369，4379，4381，4385，4386，4389，4392，4397，4398，4403，4404—4407，4412，4417，4419，4420，4422，4426，4427，4431，4434，4439，4443—4456，4458，4460，4464，4466，4467，4469，4471，4472

贵州省

4475，4481—4484，4490，4493—4495，4497，4498，4500，4503，4506，4507，4509—4515，4517，4518，4520，4521，4523—4525，4529—4534，4537—4542，4545，4546，

4549, 4550, 4552—4554, 4556, 4558, 4559, 4562, 4565, 4566, 4569, 4572, 4573, 4581, 4583, 4585, 4586, 4588, 4594—4599, 4601—4604, 4606—4611, 4614—4616, 4618—4621, 4623, 4626, 4628, 4629, 4631, 4634, 4636, 4638, 4640—4643, 4646, 4647, 4655, 4657, 4659, 4660, 4662, 4665, 4671—4673

云南省

4679, 4689, 4694, 4696, 4697, 4701, 4703, 4704, 4709, 4710, 4715, 4717, 4718, 4721—4723, 4729, 4730, 4732—4734, 4740, 4742, 4744, 4745, 4748—4750, 4752, 4754, 4757—4759, 4762, 4764, 4765, 4768, 4771, 4772, 4777, 4779—4781, 4783, 4785, 4793—4797, 4804, 4805, 4810, 4812, 4813, 4815, 4816

西藏自治区

4819, 4820, 4822, 4826, 4827

招 生

北京市

11, 32, 49—51, 58, 60, 64, 65, 67, 68, 77

天津市

84, 87, 88, 119, 123, 129, 136, 138

河北省

154, 165, 168, 181—189, 194, 196, 199—202, 206, 208, 211, 215, 221, 228, 230, 235, 236, 239, 245, 249—251, 256, 257, 263, 266, 268, 273, 274, 276, 278, 280, 282, 292, 295, 296, 298, 299, 301

山西省

312, 314, 323, 329, 330, 341, 346, 347, 355, 360, 371, 374, 383, 389, 392, 396, 397, 399, 401, 406, 407

内蒙古自治区

423, 425, 430, 456, 458, 460, 461, 470, 476, 481, 484, 486, 488, 515, 516, 520, 521, 523, 533, 539, 541, 560, 561, 563, 564, 570, 571, 573, 576, 577, 580, 584

辽宁省

592, 594, 605, 740, 746, 792, 794, 797, 799

吉林省

816, 817, 835—837, 842, 854, 866, 867, 875, 877, 879, 883, 898, 908, 910, 917, 918, 921, 926, 929, 934, 940, 943, 948, 950, 953—956, 958—960, 967, 969, 972

黑龙江省

981, 1008—1010, 1051, 1052, 1091, 1095, 1096, 1113, 1116, 1135, 1138, 1142,

1152，1154，1156，1177—1179，1188，1190，1194，1227，1235，1247，1267，1273，1323，1330，1340，1342，1346，1348，1355，1359，1364

陕西省

1376，1386，1387，1420，1423，1428，1431—1433，1435，1438，1442，1443，1445，1446，1448—1450，1452—1454，1465，1468，1470，1472，1477，1478，1481，1484，1486—1488，1491，1498—1500，1503，1511—1513，1515，1518，1519

甘肃省

1539，1540，1546，1549，1552，1556，1558，1561，1563，1565，1568—1570，1572，1577，1582，1589，1590，1602，1603，1621，1636，1638，1640—1642，1645，1649，1651

宁夏回族自治区

1672，1700

青海省

1706，1712，1713，1720，1723，1725—1730，1732，1736，1737，1743

新疆维吾尔自治区

1775，1797，1806，1811，1812，1814，1815，1824，1838，1842，1851，1857，1862，1880，1889，1895，1904，1926，2034，2136，2145

上海市

2246，2278，2279，2318，2321，2322，2325，2327

山东省

2354，2359，2361，2368，2370—2375，2377，2378，2384，2385，2388，2397，2405，2406，2410，2413，2415，2419，2420，2423—2426，2428，2430，2431，2434—2436

江苏省

2440，2476，2481，2482，2499，2504，2519，2522，2531，2540，2551，2576，2581，2584，2590，2595，2613，2620，2623，2628，2636，2652，2653，2660

浙江省

2666，2667，2688，2693，2710，2716，2719，2723，2724，2731，2737，2738，2740，2742，2758，2759，2777，2787，2789，2791

安徽省

2797，2818，2826，2827，2843，2845，2856，2860，2863，2864，2870，2873，2875，2876，2879，2880，2884，2887，2889，2893，2894，2899，2903，2906，2907，2909，2915，2926，2931，2935，2939，2940，2943—2945，2947，2949，2950，2954，2955，2959，2961

江西省

2969，2973，2984，3007，3012，3034，3045，3050，3053，3055，3057，3065，3082，3085，3089，3093，3105，3106，3122，3123，3125，3126，3128，3131

福建省

3136，3137，3149，3150，3156，3159，3161，3162，3171，3174，3182，3183，3185，3188—3190，3194，9196—3199，3201，3203，3204，3206，3207，3209，3210，3212，3213，3217，3219，3221，3222，3225，3226，3230—3236，3240，3246，3248，3250—3252，3254，3258，3259，3261，3262，3264，3271，3272，3274—3276，3278，3279，3281，3283，3284

河南省

3295—3297，3299，3303，3305，3315，3326，3327，3341，3346，3347，3351，3358，3362，3364，3365，3368，3376，3381—3386，3391，3394，3395，3397，3402—3407，3412，3415—3417，3421，3425，3434，3437，3441，3443，3445，3449，3451，3453—3456，3461，3462，3472—3474，3477—3480，3482，3491，3493，3494，3498，3499，3503

湖北省

3517，3523，3526，3534，3542—3544，3546，3549，3560，3564，3565，3569，3573，3581，3582，3584—3593，3595—3597，3600，3602，3604

湖南省

3610，3619，3620，3624，3628，3629，3638，3639，3646，3657，3662，3663，3669，3676，3678，3681，3689，3691，3692，3706，3708，3710—3713，3716，3717，3721—3723，3728，3730，3732，3737，3741，3743，3747，3750，3751，3754，3756，3757，3765，3766，3768，3769，3776—3780，3784，3787，3788，3790，3792

广东省

3795，3808，3837，3838，3878，3879，3887，3888，3891，3919，3933，3941，3953，3958，3959，3963

广西壮族自治区

3981，3999，4008，4010，4017，4018，4023，4048，4051，4054，4055，4059，4064，4069，4071，4073—4076，4078，4081，4083，4086，4087，4092，4093—4095，4099

四川省

4111，4113，4118—4122，4132—4134，4136，4141，4146，4147，4157，4158，4164，4170，4172，4177，4183，4184，4187，4188，4200，4203，4207，4209—4211，4215，4216，4224，4227—4229，4231，4234，4236—4238，4242，4245—4249，4251，4253，4261，4264，4267，4268，4278，4280，4282，4285，4288，4293，4295，4297，4303，4305，4306，4308，4314，4317，4318，4326，4334，4352，4354，4359，4362，4363，4377，4381，4386，4392，4398，4406，4412，4420，4422，4427，4429，4431，4434，4439，4443，4449，4456，4458，4464，4467，4469，4471，4472

贵州省

4481，4494，4500，4502，4503，4507，4509，4512，4514，4517，4518，4520—4523，

4525，4526，4529，4532—4535，4537—4542，4545，4546，4549，4552，4553，4556，4558，4559，4566，4569，4573，4585，4588，4595—4597，4599，4604，4606，4607，4611，4614，4615，4620，4621，4626，4630，4634，4636，4638，4640，4647，4655，4657，4659，4660，4662，4672

云南省

4689，4693，4696，4697，4722，4744，4747，4749，4750，4759，4762，4775，4777，4780，4781，4783，4793，4794，4795，4797，4803，4805，4809，4810，4815，4816

西藏自治区

4819

征　兵

北京市

6，60，67，68，77

天津市

84，98，119，123，129，134，136

河北省

165，168，181—186，188，189，194，196，199，200，202，206，208，211，215，221，228，230，235，236，239，249，250，256，257，263，266，268，273，274，276—278，280，282，292，295，296，298，299，301

山西省

312，323，330，343，347，355，374，383，389，392，397，399，401，403，406，407

内蒙古自治区

425，461，523，533，539，560，564，570，573，576，577，580，584

辽宁省

729，740，792，797，799

吉林省

816，820，835—837，866，867，874，879—881，908，910，917，918，921，934，940，948，950，953—956，958—960，967，969，972

黑龙江省

1009，1095，1096，1113，1116，1135，1138，1142，1152，1154，1156，1177—1179，1188，1190，1222，1226，1235，1330，1342，1348，1353，1355，1364

陕西省

1419，1420，1423，1427，1428，1431—1433，1435，1438—1440，1442，1443，1445，1446，1448—1450，1453，1465，1467，1468，1470，1478，1481，1484，1486，1488，1490，

1493，1498，1503，1507，1511—1513，1515，1518，1519

甘肃省

1546，1565，1568，1569，1572，1577，1582，1589，1591，1603，1621，1636，1638—1640，1642，1645，1649，1651

宁夏回族自治区

1672，1700

青海省

1712，1713，1720，1725—1729，1737，1743

新疆维吾尔自治区

1810，1812，1814，1815，1828，1838，1880，1897，1898，1904，2019，2037，2046，2118，2168，2184

上海市

2318，2321，2322，2325，2327

山东省

2345，2349，2354，2359，2361，2371—2375，2377，2384，2385，2388，2397，2404，2405，2410，2413，2415，2419，2420，2423，2425，2426，2428，2430，2431，2434—2436

江苏省

2459，2476，2499，2513，2519，2522，2540，2551，2576，2581，2584，2590，2595，2620，2623，2628，2629，2636，2652，2653，2660

浙江省

2701，2710，2716，2719，2723，2724，2726，2732，2737，2738，2740，2742，2758，2759，2777，2786，2787，2789，2791

安徽省

2797，2802，2827，2843，2845，2860，2863，2870，2873，2875，2876，2879，2880，2884，2887，2889，2893，2894，2899，2903，2906，2907，2909，2915，2926，2931，2935，2939，2940，2942—2945，2947，2949，2950，2954，2955，2959，2961

江西省

2984，3012，3031，3034，3042，3045，3050，3057，3065，3072，3076，3085，3089，3096，3105，3106，3122，3123，3125，3126，3128，3131

福建省

3149，3150，3153，3156，3159，3171，3182，3183，3185，3187—3190，3194，3196—3199，3201，3203，3204，3206，3207，3209，3210，3212—3214，3219，3221，3222，3225，3226，3230—3236，3240，3246，3248，3250—3252，3254，3258，3259，3261，3262，3264，3271，3272，3274—3276，3278，3279，3281，3283

河南省

3297, 3299, 3326, 3327, 3351, 3362, 3364, 3365, 3368, 3376, 3381—3386, 3391, 3394, 3395, 3397, 3399, 3400, 3402—3406, 3408, 3415, 3416, 3421, 3425, 3434, 3437, 3441, 3443, 3445, 3449, 3451, 3453, 3454, 3456, 3461, 3462, 3472—3474, 3477—3480, 3482, 3491, 3493, 3494, 3498, 3499, 3505

湖北省

3546, 3573, 3581, 3585, 3590, 3591, 3596, 3600, 3602

湖南省

3619, 3638, 3639, 3657, 3662, 3669, 3675, 3676, 3678, 3681, 3689, 3691, 3692, 3706, 3708, 3710—3713, 3715—3717, 3721—3723, 3728, 3730, 3734, 3737, 3741, 3747, 3750, 3751, 3754, 3756, 3757, 3765, 3766, 3768, 3769, 3776—3780, 3784, 3787, 3788, 3792

广东省

3808, 3838, 3866, 3878, 3879, 3887, 3888, 3891, 3919, 3933, 3941, 3953, 3958, 3959, 3963,

广西壮族自治区

3981, 3999, 4003, 4051, 4054, 4055, 4059, 4069, 4071, 4074—4076, 4078, 4080, 4081, 4083, 4086, 4087, 4092, 4094, 4095, 4099

四川省

4146, 4147, 4157—4159, 4170, 4177, 4183—4185, 4188, 4200, 4203, 4207, 4209, 4215, 4227—4229, 4231, 4234, 4236, 4246—4249, 4251, 4261, 4264, 4267, 4268, 4278, 4280, 4282, 4285, 4288, 4293, 4295, 4297, 4303, 4305, 4308, 4314, 4317, 4318, 4326, 4334, 4347, 4354, 4359, 4362, 4363, 4381, 4386, 4392, 4398, 4406, 4412, 4418, 4420, 4422, 4427, 4431, 4434, 4439, 4443, 4456, 4458, 4460, 4464, 4467, 4469, 4471, 4472

贵州省

4481, 4503, 4507, 4509, 4512, 4514, 4518, 4520, 4524, 4531—4533, 4537, 4539—4541, 4552, 4553, 4556, 4558, 4566, 4569, 4573, 4585, 4588, 4594, 4597, 4604, 4607, 4611, 4614, 4620, 4626, 4634, 4636, 4638, 4640, 4647, 4655, 4657, 4659, 4660, 4662, 4672

云南省

4705, 4706, 4713, 4722, 4726, 4730, 4732, 4749, 4750, 4751, 4754, 4759, 4752, 4764, 4775, 4777, 4780, 4781, 4793, 4797, 4805, 4809, 4810, 4815, 4816

西藏自治区

4820, 4821

病退困退

北京市

3，22—24，26，53，56，57，60，63，77

天津市

84，119，123，129，136，138，139

河北省

176，194，196，208，211，236，250，263，266，268，274，276—278，280，298，299，302

山西省

313，406，407

内蒙古自治区

490，544

辽宁省

603，626，627，638，706，711，799

吉林省

817，835—837，867，881，883，896，917，918，934，939，963

黑龙江省

1007，1008，1247，1289，1314，1321，1323，1324，1326，1328，1330，1342，1348，1349，1364

陕西省

1419，1444，1465

甘肃省

1537，1557

青海省

1725

新疆维吾尔自治区

1857，1909，1910

上海市

2297，2300，2302，2303，2305，2307，2308，2316，2318，2319，2321，2322，2325，2327，2328

江苏省

2460，2498，2519，2522，2528，2530，2538，2540，2576，2595，2611，2613，2615，2617，2628，2636，2652，2653，2660

浙江省

2670，2683，2701，2702，2705，2710，2713，2716，2723，2737，2738，2740，2759，2777，2786，2787，2791

安徽省

2797，2802，2841，2876，2880，2887，2945，2948，2949，2962

江西省

3038，3047，3052，3106，3122，3123，3125，3131

福建省

3149，3150，3156，3180，3182，3183，3187，3188，3190，3195，3197，3201，3203，3206，3207，3232，3236，3240，3248，3250，3252，3254，3258，3261，3264，3272，3274，3275，3279，3281，3283

河南省

3299，3321，3325，3326，3344，3346，3351，3358，3374，3382—3386，3394，3395，3397，3399，3405，3408，3415，3422，3443，3451，3474，3494

湖北省

3590，3602，3604

湖南省

3636，3639，3650，3675，3689，3711，3716，3722，3723，3731，3741，3743，3769，3771，3773，3775—3777，3779，3784，3787，3788，3792

广东省

3803，3804，3829，3846，3958

广西壮族自治区

3981，4069，4074，4084，4093—4095

四川省

4125，4141，4147，4171，4224，4225，4234，4280，4282，4285，4290，4293，4295，4317，4334，4350，4412，4467

贵州省

4594，4607

云南省

4679，4696，4700，4744，4752，4784，4789，4793，4800，4805，4810，4815

返 城 风

天津市

103

辽宁省

633，743，758

黑龙江省

1008，1019，1142，1242

甘肃省

1541

宁夏回族自治区

1694，1699

青海省

1706，1708，1724，1727—1730，1732，1739

新疆维吾尔自治区

1755，1782，1828，1829，1833，1835，1903，1905，1907，1926，1927，1930，1941，1942，1950，1987，1990，1991，2006，2011，2012，2017，2019，2020—2023，2026—2028，2033，2034，2036，2041，2089，2122，2151，2172，2174，2175，2179，2188

上海市

2215，2216，2221

江苏省

2457，2612

安徽省

2797，2801，2827，2837

江西省

3026

广西壮族自治区

4005，4022，4024，4069，4072，4104，4107

四川省

4263

云南省

4681，4682，4782，4788

回 城 安 置

北京市

3—6，8—10，12—15，21—24，26，29—32，34，48，52—57，59—61，63，65，69，72，76—78

天津市

83—86，97，112—114，116—119，121，123，124，127—129，134—139

河北省

155，156，161，162，169，176，177，179，181，182，185—187，192—195，201，202，205，207，209，211，212，215，218，219，221—229，232，233—238，242—244，246，248，249，252，254，255，257，259，263，264，268，270，271，273，274，275，277，278，282，285，288，291，297，298，300，302

山西省

333，334，343，362，363，378—383，387，389—407

内蒙古自治区

412，415，416，424—426，429，430，434，439，470，479，480，483，489—491，493，494，496，501，502，504—506，512，514，515，517，519，521，522，527，533—536，539—541，543，544，546，547，560—564，569，572，577，580—587

辽宁省

593，594，598—601，603—605，625，627，630，631，633，634，636—639，642，649，655，658，659，665，668，669，672—675，682—685，689，691，693—695，698，699，706，710，713，716，717，719，721，722，725—729，732，734，739，741—743，748—756，758，760，761，764，766，767，772，774—776，779，781，782，784，786，788—792，794—803，806，807

吉林省

817，835—838，839，846，856，868，875，876，881—883，897，902，906，910，912，916，918，922，924，925，927，929，931，932，934，936，939，940，942，943，946，949，950，952，953，955—959，967，968，971，973

黑龙江省

978，979，984，988，992，1001，1002，1007，1008，1011，1019，1023，1027，1028，1031，1034—1036，1041，1042，1044—1047，1049，1051，1054—1057，1061，1063，1065，1069，1074，1076—1078，1080，1082，1083，1086，1089，1091，1093，1095，1096，1098，1100，1103，1104，1107，1110，1112，1116，1117，1122，1125—1128，1132，1134，1138，1140，1142，1145—1147，1149，1150，1156，1157，1159，1161，1163，1166，1170，1172—1176，1178，1179，1182，1184，1185，1187，1188，1193，1196，1197，1199，1201—1207，1209，1212，1215—1218，1220，1221，1225，1226，1229，1231—1234，1236，1237，1244，1247，1250，1262，1265，1267，1286，1321，1323，1324，1328，1330

陕西省

1503，1506，1507，1512，1526

甘肃省

1547，1557，1586，1588，1592，1595—1597，1599，1601，1603，1605，1606，1608—

1610, 1615—1617, 1619, 1620, 1622—1625, 1629—1631, 1633, 1634, 1636

宁夏回族自治区

1655, 1659, 1660, 1670, 1672, 1682, 1684, 1691

青海省

1706, 1709, 1710, 1713, 1716, 1719, 1720, 1725—1728, 1731, 1739, 1740—1744, 1748

新疆维吾尔自治区

1753, 1755, 1757, 1760, 1762, 1773—1775, 1783—1786, 1789, 1790, 1792—1798, 1800—1804, 1806—1812, 1815—1818, 1820, 1822, 1823, 1829, 1830, 1833—1837, 1842, 1848, 1849, 1852—1854, 1856, 1859, 1861, 1862, 1864, 1866, 1868—1871, 1876, 1878—1880, 1886, 1887, 1889—1897, 1899—1904, 1909, 1910, 1912, 1914—1916, 1923, 1927, 1990, 2006, 2044, 2070, 2136, 2159, 2173

上海市

2201—2203, 2205, 2208, 2209, 2213—2216, 2219, 2221, 2222, 2234, 2237, 2239, 2241, 2248—2261, 2263—2265, 2267—2270, 2272, 2277—2280, 2283—2285, 2287—2289, 2292, 2293, 2295—2302, 2305—2309, 2312—2316, 2318—2326, 2328

山东省

2345, 2365, 2367, 2369, 2371, 2375, 2378, 2385—2388, 2405, 2430—2433

江苏省

2475, 2502, 2514, 2515, 2517, 2520—2522, 2525, 2528, 2831, 2534, 2535, 2544, 2547, 2551, 2555, 2557, 2558, 2561, 2564, 2566, 2567, 2569, 2579, 2590, 2593, 2595, 2596, 2602, 2606, 2616, 2621, 2628, 2629, 2644, 2648, 2654, 2656, 2662

浙江省

2668—2670, 2683—2687, 2693, 2694, 2696, 2701—2705, 2707, 2708, 2710—2716, 2718, 2719, 2721—2728, 2730—2733, 2735, 2737—2746, 2750—2761, 2763, 2764, 2767—2783, 2785, 2786, 2789—2791

安徽省

2800, 2810, 2817, 2822, 2824, 2826, 2827, 2834, 2836—2838, 2844, 2845, 2852, 2856, 2859, 2861, 2864, 2865, 2868, 2870, 2873, 2874, 2877, 2878, 2882, 2884, 2887, 2888, 2890, 2893—2902, 2905—2910, 2913—2917, 2919, 2921—2926, 2928, 2929, 2931—2936, 2939, 2941, 2942, 2944, 2945, 2947, 2948, 2953, 2955—2962

江西省

2970, 2972, 2999, 3000, 3003, 3006—3008, 3038, 3042, 3043, 3058—3063, 3065, 3067, 3069, 3072, 3074, 3075, 3077, 3080, 3081, 3086, 3093, 3110, 3112, 3115—3118,

3122，3124，3126—3129，3131，3132

福建省

3135，3138，3140，3148—3150，3160，3164，3170，3172—3176，3178—3180，3182，3186，3187，3191，3196，3281

河南省

3291，3307，3309，3312，3316—3320，3323，3324，3326，3327，3331，3332，3335，3337，3339，3341，3345—3354，3356，3360，3361，3364，3367—3369，3373，3376—3380，3382—3387，3390，3392，3394—3400，3402，3405—3407，3410，3411，3414—3416，3418，3421，3422，3424，3426，3428—3430，3432，3434，3437—3439，3443，3445，3446，3450，3453，3454，3456，3457，3461—3464，3466—3472，3474，3475，3477，3480—3482，3484，3491，3494，3497，3499，3501，3505，3507，3508，3511，3513

湖北省

3529，3534，3535，3538，3539，3541，3544，3546—3548，3562，3564，3565，3577，3583，3586，3595，3600—3602，3582—3584，3586—3600，3602—3604

湖南省

3609，3611，3619，3620，3623—3630，3634—3636，3638，3639，3642，3643，3645—3647，3654，3655，3659，3660，3662—3664，3671，3673，3675，3680，3681，3684，3685，3687，3689—3091，3693，3696，3703，3706，3708—3710，3713—3717，3719—3724，3726—3732，3737—3739，3741，3743—3751，3754—3760，3762—3769，3772，3775，3777—3792

广东省

3796，3801，3802，3808—3812，3819，3820，3824，3825，3831，3843，3851，3855，3856，3859，3860，3862，3864，3869，3871，3873，3874，3876，3880，3884，3885，3888，3890—3894，3898，3900，3901，3904，3909，3922，3924，3925，3930，3934，3938，3939，3942，3944，3947，3949，3951，3953，3954，3957，3958，3960，3967

广西壮族自治区

3981，3993，3995，3996，4000—4012，4014，4015，4019，4022，4024，4026，4028，4031，4033，4034，4036，4037，4041，4042—4045，4061—4064，4065，4068，4070，4072—4074，4076，4078，4081，4084—4086，4088—4091，4096，4097，4100，4103—4105，4108

四川省

4120，4140，4146，4153—4155，4157，4158，4160，4162，4167，4168，4175—4178，4184，4187—4189，4192，4199，4200，4210，4211，4213，4216，4222—4224，4234，4236，4237，4242，4244—4249，4251，4253，4256—4259，4261—4270，4272，4273，

4275，4276，4278—4281，4286，4288，4292—4294，4296，4297，4299，4303，4305，4306，4308，4311—4316，4318—4322，4325—4329，4331—4334，4336，4337，4339—4341，4343，4348，4350，4351，4353—4357，4361，4363，4367，4369，4370，4378，4388，4389，4391，4410，4421，4423，4424，4428，4430，4438，4447，4450，4460，4466—4468

贵州省

4490，4491，4582，4596，4607，4620，4626

云南省

4679，4689，4694，4699，4700，4705，4707，4709，4713—4717，4721—4730，4732—4735，4744，4747，4749，4750，4753，4755，4759—4764，4767，4771，4787，4789，4796，4800—4802，4806，4807，4810，4816

西藏自治区

4821，4823—4828

人名分省索引

说明：本索引收录本书中的知识青年上山下乡人名，及文件、会议、机构、事件、文艺作品等与知识青年上山下乡相关的人名，机构一般收组长、副组长、主任、副主任，文艺作品一般收作者或导演。

本索引所收人名按本书省市自治区顺序分28个编排单位（西藏没收人名）。每个编排单位人名按所收页码的先后为序，人名不同而页码相同者以笔画数为序；相同人名的多个页码，集中在第一个页码人名的后面。集体名单放在所收志书的省份的最后，名单来自两个及以上县、市或省份的放在其首见的县、市或省份位置的最前。集体名单来自志书中的题目，在名单（题目）后括注其所在农场。集体名单中的人名不以该处出现的页码再次单独收录。

北京市

吕欣 ………………………………………… 6		黄宗英……………………………………… 39	
李贞………………………………………… 16		万里 ………………………………………… 42、43	
侯隽 ……………………………………… 16、39		刘仁……………………………………… 42	
康克清………………………………………… 16		杨秀兰 ……………………………………… 42、44	
蔡立坚 ……………………………………… 17、77		郑天翔……………………………………… 42	
方介……………………………………… 38		彭真……………………………………… 42	
方含……………………………………… 38		王启智……………………………………… 43	
甘铁生……………………………………… 38		田绍先……………………………………… 43	
史铁生……………………………………… 38		史璜……………………………………… 43	
芒克……………………………………… 38		刘明义……………………………………… 43	
多多……………………………………… 38		孙景伟……………………………………… 43	
张承志……………………………………… 38		李文杰……………………………………… 43	
林莽……………………………………… 38		李尚敏……………………………………… 43	
根子……………………………………… 38		李国民……………………………………… 43	
郭路生……………………………………… 38		李莉三……………………………………… 43	
梁晓声……………………………………… 38		尚士俊……………………………………… 43	
邢燕子……………………………………… 39		周荣鑫……………………………………… 43	
刘中陆……………………………………… 39		周恩来……………………………………… 43	
孙立哲……………………………………… 39		贾星五……………………………………… 43	

高长辉…………………………………… 43　　赵鼎新…………………………………… 45

景芳括…………………………………… 43　　顾鹤亭…………………………………… 45

王纯…………………………………… 44　　刘武庆…………………………………… 46

王家缪…………………………………… 44　　惠中权…………………………………… 47

杨益民…………………………………… 44　　张梅玲…………………………………… 55

汪菊渊…………………………………… 44　　杨华…………………………………… 62

宋稼祥…………………………………… 44　　胡耀邦…………………………………… 62

陈晋保…………………………………… 44　　何莹……………………………… 66、68

罗玉川…………………………………… 44　　宋志良…………………………………… 68

赵凡……………………………… 44、45　　张平…………………………………… 68

李琪…………………………………… 45　　李岩…………………………………… 73

陈天龙…………………………………… 45　　郭兴模……………………………… 77、78

侯维杰…………………………………… 45

天津市

邢燕子………… 83、108—110、130—135　　徐秉荣…………………………………… 104

张勇…………… 83、110、111、114、115　　张子秋…………………………………… 105

侯隽…… 83、108—110、130—132、134、135　　孟祥敏……………………………… 105、106

孙文友…………………………………… 87　　石坚…………………………………… 106

张铁生…………………………………… 99　　李秀华……………………………… 106、107

王辉…………………………………… 100　　宋平顺…………………………………… 106

邓凤桐…………………………………… 101　　俞肇新……………………………… 106、107

冯世渭…………………………………… 101　　宁锡来…………………………………… 107

吴逢奇…………………………………… 101　　丁书惠…………………………………… 108

燕政…………………………………… 101　　王玉芬…………………………………… 108

杨凤英…………………………………… 102　　王培珍…………………………………… 108

于忠玉…………………………………… 103　　王淑英…………………………………… 108

陈伟达……………………………… 103、105　　王朝海…………………………………… 108

赵钧……………………………… 103、104　　庄永兴…………………………………… 108

阎善岭…………………………………… 103　　赵耘………………………… 108、120、123

强万起…………………………………… 103　　梁春泽…………………………………… 108

强万桐…………………………………… 103　　王爱英…………………………………… 110

李中垣…………………………………… 104　　罗保铭…………………………………… 110

胡启立…………………………………… 104　　周恩来……………… 110、131、132、135

郑家元 ………………………………… 110

解振华 ………………………………… 110

翟英选 ………………………………… 110

周作龙 ……………………………… 111、115

周春山 ………………………………… 111

孙自成 ………………………………… 115

孙连华 ……………………………… 124、127

周扬 ………………………………… 128、130

马力 ………………………………… 130

远千里 ………………………………… 130

张秀敏 ………………………………… 130

赵克 ………………………………… 130

陶桓馥 ………………………………… 130

朱德 ………………………………… 131、135

刘少奇 ………………………………… 131、135

李先念 ………………………………… 131

华国锋 ………………………………… 132

江青 ………………………………… 132

近腾康男 ………………………………… 133

河北省

马杰 ………………………………… 143

马辉 ………………………………… 143

吕玉兰 ………………………………… 143、166

刘子厚 …………………… 143、148、295

郑三生 ………………………………… 143

赵耘 ……………… 144、149、151、158

毛继才 ………………………………… 145、146

李荣华 ………………………………… 145、146

吴永娣 ………………………………… 145、146

宋文利 ………………………………… 145、146

赵树君 ………………………………… 145、146

董良翮 ………………………………… 145、146

蒋梅英 ………………………………… 145、146

程有志 ………………………………… 145、146

毕淑文 ………………………………… 146

严树菁 ………………………………… 147

王培珍 ……………… 148、149、152、158

邓子恢 ………………………………… 148

邢秀英 ………………………………… 148

邢燕子 ……… 148、152、153、158、166、227、230、232、237、297

张秀敏 ………………………………… 148、158

魏新民 ………………………………… 148

侯隽 ………………… 149、152、153、155、158、166、230、232

刘子芹 ………………………………… 151

席瑞华 ………………………………… 151、153

张秀耕 ………………………………… 152—155

赵国栋 ………………………………… 152

白启娟 …………………… 153、261、265

王娥 ………………………………… 154

刘淑香 ………………………………… 154

孙淑英 ………………………………… 154

李红 ………………………………… 154

李银戈 ………………………………… 154

郑家元 ………………………………… 154、207

胡志红 ………………………………… 154

康铁英 ………………………………… 154

李庆霖 ……………… 155、193、255、262

马力 ………………………………… 162、166

王金山 ………………………………… 162

柏玉兰 ………………………………… 162

王树华 ………………………………… 166

许明 ………………………………… 166

李文学 …………………………………… 166 | 牛静波 …………………………………… 217
李宝山 …………………………………… 166 | 孙秀生 …………………………………… 217
吴启秀 …………………………………… 166 | 李　杰 …………………………………… 217
谷奇峰 …………………………………… 166 | 陈志国 …………………………………… 217
耿长锁 …………………………………… 166 | 苑长华 …………………………… 217、218
郭志 …………………………………… 166 | 贾开臣 …………………………………… 217
田志刚 …………………………………… 179 | 冯　汉 …………………………………… 218
马文星 …………………………………… 192 | 张宝良 …………………………………… 218
王化龙 …………………………………… 192 | 张墨林 …………………………………… 218
王善成 …………………………………… 192 | 程博远 …………………………………… 218
孙祥 …………………………………… 192 | 张友春 …………………………………… 227
李效华 …………………………………… 192 | 雷云海 …………………………………… 227
孟士哲 …………………………………… 192 | 朱德 …………………………………… 230
贾茂俊 …………………………………… 192 | 刘少奇 …………………………………… 230
刘乾宝 …………………………………… 201 | 沙风 …………………………………… 230
何儒林 …………………………………… 201 | 周恩来 …………………………………… 230
张福利 …………………………………… 201 | 黄芳 …………………………………… 240
武清 …………………………………… 201 | 柴春泽 …………………………………… 261
赵胜利 …………………………………… 201 | 李先念 …………………………………… 273
曹建国 …………………………………… 201 | 阎达开 …………………………………… 295
齐玉林 …………………………………… 205 | 李华林 …………………………………… 297
马然珍 …………………………………… 217

山西省

赵树理 …………………………………… 308 | 申显云 …………………………………… 315
刘开基 ……………… 309、315、316、321 | 田礼太 …………………………………… 315
李雪峰 …………………………………… 309 | 任映仓 …………………………………… 315
蔡立坚 ………… 309、310、316、317、357 | 李荣槐 …………………………… 315、316
谭震林 …………………………………… 309 | 赵雨亭 …………………………… 315、317
王玉珍 …………………………………… 312 | 袁美莲 …………………………………… 315
冯勇 …………………………………… 312 | 韩英 …………………………… 315、316
郝广杰 ………………… 312、385、387 | 籍步庭 …………………………………… 315
王庭栋 …………………………………… 315 | 王任重 …………………………………… 317
王银娥 …………………………… 315、316 | 乔晋湘 …………………………………… 317

范强 ……………………………………… 317
赵凤琴 ……………………………… 317、394
洪毓安 ……………………………………… 317
夏志刚 ……………………………………… 317
银宏 ……………………………………… 317
张建新 ……………………………………… 319
王大任 ……………………………………… 320
李林广 ……………………………………… 321
王谦 ……………………………………… 333
叶剑英 ……………………………………… 333
李世杰 ……………………………………… 333
王光美 ……………………………………… 341
刘源 ……………………………………… 341
靖伟 ……………………………………… 344
薛日亮 ……………………………………… 344
刘品 ……………………………………… 345
杜秀桐 ……………………………………… 362

张寿祥 ……………………………………… 362
杨学昌 ……………………………… 375、388
朱金毅 ……………………………… 383、387
孙双喜 ……………………………………… 383
李玉亮 ……………………………… 386、387
宋春元 ……………………………………… 386
孙树青 ……………………………………… 387
陈胜利 ……………………………………… 387
史素珍 ……………………………………… 390
杨慧锦 ……………………………………… 393
李秀英 ……………………………………… 393
赵秉珠 ……………………………………… 393
郝焕玲 ……………………………………… 393
汪通祺 ……………………………………… 399
郑秀珍 ……………………………………… 399
阎继武 ……………………………………… 399

内蒙古自治区

王再天 …………………… 411、418、436
刘吟庆 ……………………………………… 411
尤太忠 ……………………………………… 412
吴涛 ……………………………………… 412
乌兰夫 ……………………………… 418、484
万锦云 ……………………………………… 435
刘华香 ……………………………………… 436
王紫萍 ……………………………………… 440
王静植 ……………………………………… 440
宁华 ……………………………………… 440
曲折 ………………………………… 440、441
余昆 ……………………………………… 440
郑晓东 ……………………………………… 440
胡志坚 ……………………………………… 440
高峰 ……………………………………… 440

郭兆英 ……………………………………… 440
鞠颂东 ……………………………………… 440
史芳芳 ……………………………………… 442
吴小明 ……………………………………… 442
周秉建 ……………………………… 443、546
王佐清 ……………………………………… 445
石僧杰 ……………………………………… 445
李荣海 ……………………………………… 445
宋玉林 ……………………………………… 445
温富海 ……………………………………… 445
张勇 ………………………………… 455、456
任毅 ……………………………………… 457
汪恬 …………………… 457、543、544
单美英 ……………………………… 458、518
柏永华 ……………………………………… 458

张晓芳	459	王保林	539
贾余庆	462	典彩林	539
周恩来	463、545	黄秀玲	539
华国锋	464、475	吉日格拉	545
李庆霖	464	朱迎剑	545
张铁生	464、487	高爽	545
陶力	464	曹杰	545
柴春泽	466	曾煜成	545
王冬梅	474	巴桑杰	546
王银钢	474	王占祥	548
邵力	475	王学尧	548
药苗苗	475	刘慧	548
姜忠杰	476	刘长海	548
张云庭	484	齐远平	548
赵东东	496	青春	548
张钰	498	金双全	548
王正元	509	赵玉琴	548
平润师	509	曹荣芝	548
杜天善	509	马志明	549
张家才	512	马福洪	549
杨勤宝	523	王李	549
赵勤邦	523	王凤英	549
徐发明	523	王纪光	549
刘淑英	527	王孝忠	549
李铁梅	527	云金平	549
王秀兰	535	尹国茹	549
范丽	535	宁田田	549
丁继红	538、554	赖玉琴	549
付晓东	538	毅强	549
吉日嘎拉	538	王锦	550
陈朋山	538	王绍武	550
袁泊	538、545	王洪源	550
郭治中	538	王爱民	550
力丁	539、549	任凤彩	550

刘孝 ……………………………………… 550
刘玉功 ……………………………………… 550
刘建五 ……………………………………… 550
刘建国 ……………………………………… 550
李玉番 ……………………………………… 550
李春侠 ……………………………………… 550
苏晓存 ……………………………………… 551
杜恒昌 ……………………………………… 551
李瑞琴 ……………………………………… 551
李富才 ……………………………………… 551
杨红原 ……………………………………… 551
杨丽华 ……………………………………… 551
何丽华 ……………………………………… 551
陈勇 ……………………………………… 551
陈玉玲 ……………………………………… 551
陈敏英 ……………………………………… 551
查日斯 ……………………………………… 551
吴炳义 ……………………………………… 552
吴淑琴 ……………………………………… 552
吴富贵 ……………………………………… 552
张金 ……………………………………… 552
张如成 ……………………………………… 552
张国顺 ……………………………………… 552
张国通 ……………………………………… 552
张金来 ……………………………………… 552

张钦弟 ……………………………………… 552
张振来 ……………………………………… 552
张富春 ……………………………………… 552
畅孟记 ……………………………………… 553
赵根柱 ……………………………………… 553
胡国利 ……………………………………… 553
敖敦 ……………………………………… 553
聂建新 ……………………………………… 553
高志新 ……………………………………… 553
郭增喜 ……………………………………… 553
唐亚志 ……………………………………… 553
龚占岐 ……………………………………… 553
韩学良 ……………………………………… 553
舒宝立 ……………………………………… 553
徐克俭 ……………………………………… 554
樊淑琴 ……………………………………… 554
燕亮 ……………………………………… 554
乌达巴拉 ……………………………………… 558
铁柱 ……………………………………… 558
郭全德 ……………………………………… 575
李桂芳 ……………………………………… 576
韦茴秀 ……………………………………… 577
李贵 ……………………………………… 577
李先念 ……………………………………… 577
巴达玛 ……………………………………… 584

辽宁省

毛远新 …………… 592、595、597—599、614、615、636、768
李庆霖 ……………………………………… 592
张铁生 … 592、595、597—599、605、606、614、615、634、636、762、763、767、768、772—775、791
朱克家 ……………………………………… 593

柴春泽 ……………………………………… 593、743
江青 ……………………… 598、599、605、614、615、634、758、773
李富权 ……………………………………… 598
胡尔锦 ……………………………………… 598
刘铁芳 ……………………………………… 605、773
胡耀邦 ……………………………………… 607、800

白潜 ……………………………………… 609
黄欧东 ……………………………………… 609
刘少奇 ……………………………………… 624
陈锡联 ………………………………… 632、722
吕桂新 ……………………………………… 653
龚连泉 ……………………………………… 653
章铁炎 ……………………………………… 653
王群 ……………………………………… 681
王鹤 ……………………………………… 681
李言 ……………………………………… 681
尚迹 ……………………………………… 681
赵日学 ……………………………………… 681
段永杰 ……………………………………… 681
崔成志 ……………………………………… 681
辕守仁 ……………………………………… 681
徐庆馨 ………………………………… 689、690
刘文新 ……………………………………… 690
刘维哲 ……………………………………… 690
张桂 ……………………………………… 690
庞承忠 ……………………………………… 690
赵海超 ……………………………………… 690
常德亮 ……………………………………… 690
葛堃 ……………………………………… 690
苑志义 ……………………………………… 694
赵慧茹 ……………………………………… 694
王占成 ………………………………… 705、709
王耕之 ……………………………………… 705
曲维平 ……………………………………… 705
李力权 ………………………………… 705、709
张敏 ………………………………… 705、730
张学军 ……………………………………… 705
程鹏来 ……………………………………… 705
李仲生 ………………………………… 706、709
丁江 ……………………………………… 709
马文田 ……………………………………… 709
马文铎 ……………………………………… 709
马国祥 ……………………………………… 709
王洪梅 ……………………………………… 709
王恩祥 ……………………………………… 709
邓国栋 ……………………………………… 709
石宝贤 ……………………………………… 709
刘力 ……………………………………… 709
刘炳堂 ……………………………………… 709
孙连胜 ……………………………………… 709
李有光 ……………………………………… 709
李清国 ……………………………………… 709
李福余 ……………………………………… 709
吴学林 ……………………………………… 709
宋显友 ……………………………………… 709
迟登敏 ……………………………………… 709
英铁铮 ……………………………………… 709
周怀成 ……………………………………… 709
赵洪巨 ……………………………………… 709
胡振臣 ……………………………………… 709
钱聚武 ……………………………………… 709
徐国和 ……………………………………… 709
徐学秋 ……………………………………… 709
殷延清 ……………………………………… 709
高辅良 ……………………………………… 709
崔先锋 ……………………………………… 709
牛士和 ……………………………………… 710
刘逢贵 ……………………………………… 710
孙琨 ……………………………………… 710
苏荣久 ……………………………………… 710
杨家兴 ……………………………………… 710
李恩涛 ……………………………………… 710
宋积会 ……………………………………… 710
张绍华 ……………………………………… 710

范秉伟 ……………………………… 710
尚庆玉 ……………………………… 710
赵克荣 ……………………………… 710
徐成仁 ……………………………… 710
韩秋声 ……………………………… 710
蔡恒志 ……………………………… 710
薛珊珊 ……………………………… 715
丁国柱 ……………………………… 715
田玉家 ……………………………… 717
周蕴丽 ……………………………… 717
由希令 …………………………… 720、728
张巧兰 ……………………………… 720
张思国 ……………………………… 720
王树章 ……………………………… 721
刘宝昌 ……………………………… 721
范永贵 ……………………………… 721
郭维坚 ……………………………… 721
甄洪川 ……………………………… 721
王素英 ……………………………… 723
田而 ………………………………… 723
孙挺 ………………………………… 723
张春华 ……………………………… 723
曹廷山 ……………………………… 723

魏书生 ……………………………… 724
王占亲 ……………………………… 725
冯刚 ………………………………… 729
陈忠勇 ……………………………… 729
朱延良 ……………………………… 730
张传海 ……………………………… 731
张吉财 …………………………… 733、744
杜李 ………………………………… 736
彤剑 ………………………………… 736
沈涛 ………………………………… 736
谭松平 ……………………………… 736
王新华 ……………………………… 737
宋仁穷 ……………………………… 737
黄火青 ……………………………… 737
王冬梅 ………………………… 744、791、799
王志勤 ……………………………… 753
陈力 ………………………………… 753
徐宝利 ……………………………… 782
王银刚 ……………………………… 799
董凤琴 ……………………………… 800
邢燕子 ……………………………… 804
周明山 ……………………………… 804
侯隽 ………………………………… 804

吉林省

于克 ………………………………… 811
药天禄 ……………………………… 814
刘自然 ……………………………… 818
崔林 ………………………………… 818
刘少奇 ……………………………… 819
邵富 ………………………………… 819
周恩来 …………………………… 819、864
柳昌银 …………………………… 819、821
郭玉梅 ……………………………… 819

雷锋 ………………………………… 819
吕根泽 …………………………… 820、892
李庆霖 …………………………… 828、887
王庆 ………………………………… 838
王毅 ………………………………… 838
李晨 ………………………………… 838
陈国正 ……………………………… 838
季振方 ……………………………… 838
崔良谋 ……………………………… 838

任广禄 ……………………………… 843、848
金隆贵 ……………………………………… 843
李德宽 ……………………………………… 851
张铁生 ……………………………………… 855
王季平 ……………………………………… 857
王德林 ……………………………………… 857
任青远 ……………………………………… 857
李北淮 ……………………………………… 857
程光烈 ……………………………………… 857
于德满 ……………………………………… 875
马香兰 ……………………………………… 875
刘岩 ………………………………………… 875
张丹 ………………………………………… 875
柳玉芹 ……………………………………… 875
葛秀芳 ……………………………………… 875
胡艳春 ……………………………………… 887
贾淑兰 ……………………………………… 887
王禾胜 ……………………………………… 888
张德林 ……………………………………… 889
刘兴志 ……………………………………… 890
马宝山 ……………………………………… 892
王培珍 ……………………………………… 892
代景华 ……………………………………… 892
邢燕子 ……………………………………… 892
吕向阳 ……………………………………… 892
朱喜权 ……………………………………… 892
任有 ………………………………………… 892
陈风云 ……………………………………… 892
金明奎 ……………………………………… 892
赵雅新 ……………………………………… 892
栗心河 ……………………………………… 892
徐建春 ……………………………………… 892
黄喜祥 ……………………………………… 892
崔炳润 ……………………………………… 892
田军 ………………………………………… 894
李学 ………………………………… 894、903
李娅 ………………………………………… 894
李明珠 ……………………………………… 894
赵军翔 …………………………… 894、903
姜喜发 ……………………………………… 894
高晶 ………………………………………… 894
葛宝 ………………………………………… 894
董志勋 ……………………………………… 894
蔡维俭 ……………………………………… 894
魏中俊 ……………………………………… 894
王云生 ……………………………………… 895
尹丽荣 ……………………………………… 895
冯雪松 ……………………………………… 895
吕秀云 ……………………………………… 895
伍海涛 ……………………………………… 895
孙毅 ………………………………………… 895
李长经 ……………………………………… 895
李玉芹 ……………………………………… 895
李传珍 ……………………………………… 895
何宝林 ……………………………………… 895
沈英秋 ……………………………………… 895
张进 ………………………………………… 895
金艳锋 ……………………………………… 895
屈金福 ……………………………………… 895
孟桂英 ……………………………………… 895
赵桂云 ……………………………………… 895
柳秀华 ……………………………………… 895
郭志 ………………………………………… 895
崔云峰 ……………………………………… 895
鲁惠荣 ……………………………………… 895
隋亚范 ……………………………………… 897
魏忠俊 ……………………………………… 902
吴国芳 ……………………………………… 912

尹喜才 ………………………………… 913

李鹏宇 ………………………………… 923

郝为国 ………………………………… 923

路庆丰 ………………………………… 923

张翠萍 ………………………………… 932

单美英 …………………… 941、949、950

柏永华 …………………… 941、949、950

梁套敦巴雅尔 …………………………… 945

刘长友 ……………………………… 961、970

李崇华 ………………………………… 961

王辉 ………………………………… 971

齐笑冬 ………………………………… 971

杜常金 ………………………………… 971

黑龙江省

杨华…… 977、989、992、994、1014、1016、1017、1019、1039、1124、1237、1245、1247—1249、1254

范淑兰 ………………………………… 977

周恩来…………… 977、1011、1016、1238

庞淑英 …… 977、989、1014、1016、1237、1245、1247—1249、1255

胡耀邦 …… 977、992、994、1013、1017、1018、1039、1237、1238、1246—1249、1252

王永才 ………………………………… 986

孙德胜 ………………………………… 986

沈保中 ………………………………… 986

张喜山 ………………………………… 986

康建军 ……………………………… 986、996

鲁夫 ………………………………… 986

潘富志 ………………………………… 986

于杰………………… 992、1012、1013、1017

刘云清 ……………………………… 992、1238

杜俊起 ………………… 992、994、1014、1016、1237、1247

杨振河 ………………………………… 992

谷风林 ………………………………… 992

宋山洪 …………………………… 992、1237

范素兰 …… 992、1014、1124、1237、1247

梅树生……………… 992、994、1015、1016、1039、1124、1247

王震………………… 993、1017、1238、1249

孙永山 …… 993、1015、1146、1238、1320

肖廷忠 …………………………… 993、1238

张福 …………………………… 993、1238

林淑芳…………… 993、1015、1146、1320

刘恩弟 ………………………………… 994

孟吉昌 ………………………………… 994

姜玉仁 ………………………………… 994

山秋林 ………………………………… 995

卢展工 ………………………………… 995

张志龙 ………………………………… 995

金训华…………… 995、1055、1097、1347

冯继芳 ………………… 996、998、1321、1322、1346、1347

顾洪章 ………………………………… 996

朱慧丽 …………………………… 997、1321

朱慧娟 …………………………… 997、1321

杨淑云 …………………………… 997、1321

李桂芬 …………………………… 997、1321

汪贵珠 …………………………… 997、1321

施宝慧 …………………………… 997、1321

檀文芳 …………………………… 997、1321

高崇辉 ………………… 998、1347、1351

朱波 ………………………………… 999、1281

杨一平 …………………………… 999、1271

张志生 ………………… 999、1239、1313

陈越玖 ………………… 999、1271、1273、1277、1278、1280

顾雪妹…………… 999、1012、1013、1239

杨易辰 …………………………… 1000、1064

陈雷……………………………………… 1001

王玉国…………………………………… 1013

刘国君…………………………………… 1013

关晓梅…………………………………… 1013

李玉荣…………………………………… 1013

张玉华 …………………………… 1013、1347

陆为民…………………………………… 1013

赵书芳…………………………………… 1013

梁玉荣…………………………………… 1013

葛福元…………………………………… 1013

王百中…………………………………… 1014

田冠英 …………………………… 1014、1248

孙风森…………………………………… 1014

李连成…………………………………… 1014

李秉衡…………………………………… 1014

宋三洪 ………………… 1014、1125、1247

张生……………………………………… 1014

庞伸志 ………………… 1014、1124、1247

胡玉佳…………………………………… 1014

贾连荣 ………………… 1014、1124、1247

梅利希 …………………………… 1014、1248

王玉荣 …………………………… 1015、1146

王永坤 …………………………… 1015、1039

王瑛君 …………………………… 1015、1039

刘玉清…………………………………… 1015

刘宝庆…………………………………… 1015

孙永贵 …………………………… 1015、1039

杨振和 …………………………… 1015、1238

李月英 …………………………… 1015、1017

李志全 …………………………… 1015、1320

张文功 …………………………… 1015、1320

赵玉琢 …………………………… 1015、1039

赵帮友 …………………………… 1015、1320

谭友山…………………………………… 1015

徐世华 ………………… 1016、1124、1254

龙恩泽…………………………………… 1017

刘桂芝…………………………………… 1017

苏醒……………………………………… 1017

李力安…………………………………… 1017

李源潮…………………………………… 1017

吴亮璞…………………………………… 1017

黄天祥…………………………………… 1017

戴国清…………………………………… 1017

王连铮…………………………………… 1018

白万禄…………………………………… 1018

兰玉田…………………………………… 1018

朱辉……………………………………… 1018

刘桂才…………………………………… 1018

李禄……………………………………… 1018

张宝顺 …………………………… 1018、1019

陈维民…………………………………… 1018

周文华…………………………………… 1018

周志茂…………………………………… 1018

郑子林…………………………………… 1018

郭海昌…………………………………… 1018

陶志忠…………………………………… 1018

付淑琴…………………………………… 1019

宁佩玲…………………………………… 1019

何奇……………………………………… 1019

张启……………………………………… 1019

冯百兴 ………… 1020、1347、1349、1350

石青…………………………………………… 1024 | 任红…………………………………………… 1088
胡传经 ………………………… 1024、1025 | 任铁英…………………………………………… 1088
李天伶…………………………………………… 1039 | 唐桂英…………………………………………… 1088
赵振华…………………………………………… 1039 | 穆国良…………………………………………… 1088
郭永泽…………………………………………… 1039 | 贾晋…………………………………………… 1093
郭洪超…………………………………………… 1039 | 马怀乾…………………………………………… 1100
杨树山…………………………………………… 1048 | 王国璋…………………………………………… 1100
张仁杰…………………………………………… 1052 | 王淑芬…………………………………………… 1100
孙秉江…………………………………………… 1053 | 修莲芬…………………………………………… 1100
张云生…………………………………………… 1053 | 孙健…………………………………………… 1102
周德章…………………………………………… 1053 | 任化民…………………………………………… 1105
贾文珍…………………………………………… 1053 | 金成山…………………………………………… 1105
唐伟…………………………………………… 1053 | 陶永江…………………………………………… 1105
谢桂林…………………………………………… 1053 | 曹传振…………………………………………… 1105
万学春…………………………………………… 1054 | 张殿跃…………………………………………… 1106
包立军…………………………………………… 1054 | 暴清海…………………………………………… 1106
刘焕兰…………………………………………… 1054 | 王荣芳…………………………………………… 1110
孙维影…………………………………………… 1054 | 孙玉芳…………………………………………… 1110
李亚东…………………………………………… 1054 | 冷海华…………………………………………… 1110
李国华 ………… 1054、1055、1097、1101 | 周顺利…………………………………………… 1110
李美珍…………………………………………… 1054 | 赵琴…………………………………………… 1110
戚淑清…………………………………………… 1054 | 赵淑琴…………………………………………… 1110
隋桂芬…………………………………………… 1054 | 高淑清…………………………………………… 1110
魏云兰…………………………………………… 1054 | 郭艳萍…………………………………………… 1110
王进喜 ………………………… 1056、1335 | 韩子生…………………………………………… 1110
于恩江…………………………………………… 1062 | 谢凤昌…………………………………………… 1110
江青…………………………………………… 1064 | 王秀兰…………………………………………… 1111
黄宝玺…………………………………………… 1064 | 刘文华…………………………………………… 1111
于昌仁…………………………………………… 1067 | 何淑英…………………………………………… 1111
王能孝…………………………………………… 1069 | 周刚…………………………………………… 1111
邢燕子…………………………………………… 1070 | 房有彬…………………………………………… 1111
董加耕…………………………………………… 1070 | 郭玉杰…………………………………………… 1111
聂卫平 ………………………… 1086、1098 | 曹永福…………………………………………… 1111
蒋美华 ………………… 1086、1087、1100 | 应诗明…………………………………………… 1117

戴丽华…………………………………… 1123
李昌石…………………………………… 1124
田淑青…………………………………… 1129
姚天瑞…………………………………… 1129
王建业…………………………………… 1135
牛文焕…………………………………… 1135
李庆霖…………………………………… 1141
于冬苓…………………………………… 1146
宁友冬…………………………………… 1146
孙其明…………………………………… 1146
李茂昌…………………………………… 1146
张全良…………………………………… 1146
陈静亭…………………………………… 1146
赵汝龙…………………………………… 1146
钱友琴…………………………………… 1146
徐忠凯…………………………………… 1146
曹建华…………………………………… 1146
魏世群…………………………………… 1146
李福顺…………………………………… 1148
李明…………………………………… 1180
赵洪香…………………………………… 1181
徐春田…………………………………… 1181
尹树全…………………………………… 1186
乌恩其…………………………………… 1194
张勇 …… 1194、1196、1207、1213、1347
刁洪森…………………………………… 1199
黄魁元…………………………………… 1199
包文通…………………………………… 1201
李俊谭…………………………………… 1201
于海岐 …………………………… 1206、1207
刘永杰 …………………………… 1206、1207
张邦治 …………………………… 1206、1207
韩德林…………………………………… 1219
刘克冰…………………………………… 1225
荆家良…………………………………… 1225
于云超…………………………………… 1238
尹凤山…………………………………… 1238
刘清玉…………………………………… 1238
李淑芬…………………………………… 1238
谷凤林…………………………………… 1238
张殿甲…………………………………… 1238
蒋志学…………………………………… 1238
安良城…………………………………… 1243
孙振杰…………………………………… 1243
李耀东…………………………………… 1243
陈元芊…………………………………… 1243
袁杰泉…………………………………… 1243
王公春…………………………………… 1244
尹长升…………………………………… 1244
关俊清…………………………………… 1244
张加宝…………………………………… 1244
王忠…………………………………… 1245
王祥…………………………………… 1248
王春普…………………………………… 1248
刘凤廷…………………………………… 1248
宋法孟…………………………………… 1248
郭海祥…………………………………… 1248
常连生…………………………………… 1248
黎雁…………………………………… 1248
王昆伦…………………………………… 1249
纪根建…………………………………… 1249
李延录…………………………………… 1249
宋任穷…………………………………… 1249
张仲翰…………………………………… 1249
陶峙岳…………………………………… 1249
萧克…………………………………… 1249
吕淑艳…………………………………… 1251
邹德君…………………………………… 1251

张丽娟……………………………… 1251
张明文……………………………… 1251
郑秉仁……………………………… 1253
王学军……………………………… 1265
包德智……………………………… 1265
齐建国……………………………… 1265
李跃东……………………………… 1265
岳琦……………………………… 1265
赵瑶……………………………… 1265
郭力……………………………… 1265
黄砚田……………………………… 1265
韩桂珍……………………………… 1265
朱明信……………………………… 1266
张明善……………………………… 1266
张抗抗 ………………………… 1268、1319
俞关兴……………………………… 1268
姜昆……………………………… 1269
裘永强……………………………… 1269
艾传庚……………………………… 1270
刘裕国……………………………… 1270
吴铭仕……………………………… 1270
战勇……………………………… 1270
郭洪武……………………………… 1270
方瑜 ………………… 1271、1274、1282
王昆仑……………………………… 1272
王学英 ……………… 1272、1277、1281
匡为民……………………………… 1273
李孟强……………………………… 1273
李铁民……………………………… 1273
张俊亭……………………………… 1273
黄听发……………………………… 1273
龚国幼……………………………… 1273
梁进路……………………………… 1273
杨富珍……………………………… 1274

吴建国……………………………… 1274
苗磊……………………………… 1274
高胜滨……………………………… 1274
梁占山……………………………… 1274
温振铭……………………………… 1275
李晓军……………………………… 1279
张梅玲……………………………… 1279
王树生……………………………… 1281
高金焕……………………………… 1281
张成友……………………………… 1289
栾达威……………………………… 1289
蒋崇亮……………………………… 1289
魏耀明……………………………… 1289
付光辉……………………………… 1291
吕燕……………………………… 1291
刘炳元……………………………… 1291
牟雷欧……………………………… 1291
应彩花……………………………… 1291
张久香……………………………… 1291
张启良……………………………… 1291
张春生……………………………… 1291
赵仲云……………………………… 1291
徐国栋……………………………… 1291
郭桂英……………………………… 1291
曹英焕……………………………… 1291
温奇……………………………… 1291
王芳……………………………… 1303
王凌文 ………………… 1303、1306、1307
王淑云……………………………… 1303
牛英杰 …………………… 1303、1305
田文悦 …………………… 1303、1306
江承坚……………………………… 1303
芦新弟……………………………… 1303
杨光荣……………………………… 1303

张艳…………………………………… 1303
张振山…………………………………… 1303
袁绍亮…………………………………… 1303
耿爱春…………………………………… 1303
顾瑞林…………………………………… 1303
徐景贤 …………………………… 1303、1305
姬艳芹…………………………………… 1303
曹国成…………………………………… 1303
马庆祝…………………………………… 1306
韩大放…………………………………… 1306
于立江…………………………………… 1310
刘连阳…………………………………… 1311
朱晓亮…………………………………… 1312
任维杰…………………………………… 1312
马唯真…………………………………… 1313
王敏华…………………………………… 1313
刘凯…………………………………… 1313
李瑛…………………………………… 1313
张玉敏…………………………………… 1313
张远征…………………………………… 1313
张爱春…………………………………… 1313
高秋林…………………………………… 1313
匡伯成…………………………………… 1314
曲日忠…………………………………… 1314
李吉乐 …………………………… 1314、1317
李秀梅…………………………………… 1314
赵日越 …………………………… 1314、1315
楼裕庭 …………………………… 1314、1315
路连山…………………………………… 1314
丁元善…………………………………… 1315
刘永军…………………………………… 1315
齐立昌…………………………………… 1315
林春波…………………………………… 1315
汪伟民…………………………………… 1317
张秀卿…………………………………… 1318
王凤麟…………………………………… 1319
于晓忠…………………………………… 1320
尹凤山…………………………………… 1320
李艳…………………………………… 1320
谭友山…………………………………… 1320
母维平…………………………………… 1321
杨连仲 ………… 1322、1336、1338、1339
钟志耘…………………………………… 1322
刘长发…………………………………… 1323
刘毓芳…………………………………… 1323
许淑香…………………………………… 1323
孙艳…………………………………… 1323
李金凤…………………………………… 1323
贾延云…………………………………… 1323
章秀颖…………………………………… 1323
徐东明 …………………………… 1324、1325
牛贵彬…………………………………… 1325
刘文…………………………………… 1325
那延吉…………………………………… 1325
李万发…………………………………… 1325
吴魁刚…………………………………… 1325
张玉才…………………………………… 1325
张荣亮…………………………………… 1325
张贵子…………………………………… 1325
段松奎…………………………………… 1325
马永明…………………………………… 1326
王振生…………………………………… 1326
付宗仁…………………………………… 1327
江家华…………………………………… 1327
王秉祥…………………………………… 1331
孙云云…………………………………… 1331
陆康勤…………………………………… 1331
苏秀娟…………………………………… 1333

马佩珠………………………………… 1334	苏彩女………………………………… 1349
许进……………………………………… 1335	李自强………………………………… 1349
孙振环………………………………… 1335	张建发 ………………………… 1350、1351
应培仪………………………………… 1335	马继生………………………………… 1352
张子臣………………………………… 1335	李长枝………………………………… 1352
王文湖………………………………… 1342	苑凤海………………………………… 1352
李云轩………………………………… 1342	徐粉弟………………………………… 1352
李瑞峰………………………………… 1342	张宝喜………………………………… 1355
芳桂云………………………………… 1343	徐国珍………………………………… 1355
李学术………………………………… 1343	赵丽娟………………………………… 1356
张国良………………………………… 1343	石晓宁………………………………… 1357
林信芳………………………………… 1343	张加珍………………………………… 1357
项继群………………………………… 1343	王占先………………………………… 1358
赵荣义………………………………… 1343	沈新发………………………………… 1358
赵淑君………………………………… 1343	张井泉………………………………… 1359
洪波……………………………………… 1343	刘宝顺………………………………… 1361
徐秀芝………………………………… 1343	范学夫………………………………… 1361
裴政观………………………………… 1343	金丙甲………………………………… 1361
刘承林………………………………… 1344	隋玉红………………………………… 1361
刘桂荣………………………………… 1344	王延方………………………………… 1362
李秀荣………………………………… 1344	毛玉华………………………………… 1362
彭杰……………………………………… 1344	喻正友………………………………… 1362

曲雅娟 ………………………… 1346、1347

北京知青 660 名(红旗岭农场) ……………………………………………………… 1292

天津知青 804 名(红旗岭农场) ……………………………………………………… 1294

其他市地的知识青年名单(盆林河农场辽宁等知青) …………………………………… 1370

哈尔滨知青 391 名(红旗岭农场) …………………………………………………… 1297

哈尔滨市知识青年名单(盆林河农场) ………………………………………………… 1364

双鸭山知青 120 名(红旗岭农场) …………………………………………………… 1302

佳木斯知青 67 名(红旗岭农场)……………………………………………………… 1301

仍在农场的城市下乡知识青年名录(长水河农场上海等知青) …………………………… 1344

上海知青 167 名(红旗岭农场) ……………………………………………………… 1294

上海市知识青年名单(盆林河农场) …………………………………………………… 1369

杭州知青 499 名(红旗岭农场) ……………………………………………………… 1298

宁波知青 80 名(红旗岭农场) …………………………………………………… 1301

台州知青 542 名(红旗岭农场) ………………………………………………… 1299

陕西省

刘定洲 ……………………………… 1375

李瑞山 ……………………………… 1375

惠世恭 ……………………………… 1375

周恩来 ………………… 1378、1405、1449

霍士廉 ……………………………… 1384

唐果 …………………………………… 1389

王牛犊 ……………………………… 1399

邢燕子 ……………………………… 1401

周沪 …………………………… 1401、1408

董加耕 ……………………………… 1401

韩志刚 … 1401、1402、1407、1408、1474

刘国杰 ……………………………… 1402

张凤仙 ……………………………… 1402

张君舍 ……………………………… 1402

陈学仁 ……………………………… 1402

陈桂花 ……………………………… 1402

赵春义 ……………………………… 1402

蔡仁宗 ……………………………… 1402

蔡春爱 ……………………………… 1402

魏萍芝 ……………………………… 1402

李先念 …………………… 1405、1458

余秋里 ……………………………… 1405

白纪年 …………………… 1406、1407

孙立哲 ………… 1406、1409、1457、1458、1460、1461、1463

时玉存 ……………………………… 1406

张艳 …………………………………… 1406

张正秋 ……………………………… 1406

栗建国 ……………………………… 1406

徐建春 ……………………………… 1406

徐继华 ……………………………… 1406

马良骥 ……………………………… 1407

杨子廉 ……………………………… 1407

吴江声 ……………………………… 1407

张华莘 ……………………………… 1407

蒲忠智 ……………………………… 1407

余世彦 ……………………………… 1408

陈凯歌 ……………………………… 1414

张增禄 ……………………………… 1421

李俊义 ……………………………… 1432

杨志春 ……………………………… 1432

吴瑞谦 ……………………………… 1432

蔡谦 …………………………………… 1432

贾凯毅 ……………………………… 1435

高尔钦 ……………………………… 1436

华国锋 ……………………………… 1451

李连元 ……………………………… 1451

张革 …………………………………… 1451

邵明路 ……………………………… 1451

师锐 …………………………………… 1452

刘光 …………………………………… 1452

许效民 ……………………………… 1452

孙翠花 ……………………………… 1452

李凡一 ……………………………… 1452

何光明 ……………………………… 1452

邵武轩 ……………………………… 1452

阎散生 ……………………………… 1452

白润生 ……………………………… 1453

刘振夫 ……………………………… 1455

李海满 ……………………………… 1455

胡步生………………………………… 1455
丁爱笛………………………………… 1456
习近平 ………………………… 1456、1464
赵红梅………………………………… 1457
王震………………………………… 1458
黄家驹………………………………… 1458
史铁生………………………………… 1459
朱果利 ………………………… 1459、1460
刘春合………………………………… 1464

张之森………………………………… 1464
韩庆林………………………………… 1482
王建元………………………………… 1512
张杰………………………………… 1513
张连庆………………………………… 1517
沈开福………………………………… 1525
沈自绪………………………………… 1525
徐志祥………………………………… 1525

甘肃省

侯隽 ………………………… 1532、1569
崔爱荣………………………………… 1532
张怀俊………………………………… 1557
张明贵………………………………… 1557
张顺康………………………………… 1557
高玉琪………………………………… 1557
张忠………………………………… 1573

邢燕子………………………………… 1612
林柏青………………………………… 1612
郝建宁………………………………… 1612
黄土秀………………………………… 1613
张莉………………………………… 1635
肖克有………………………………… 1640

宁夏回族自治区

张晰东 ………………………… 1656、1663
陈养山 ………………………… 1656、1663
李力………………………………… 1657
李学智………………………………… 1657
康学录………………………………… 1660
甘春雷………………………………… 1662
金浪白………………………………… 1662
马予真………………………………… 1663
王世英………………………………… 1663

夏似萍………………………………… 1663
席凤洲………………………………… 1663
黄新………………………………… 1680
田凤岐………………………………… 1693
孟启民 ………………………… 1694、1695
陈乃瑜………………………………… 1695
凌贻勋………………………………… 1695
张怀礼………………………………… 1698

青海省

袁任远………………………………… 1716
杨振海………………………………… 1724
赵德英………………………………… 1724

刘丽莎 ………………………… 1738、1739
李晓明 ………………………… 1738、1739
张玲玲 ………………………… 1738、1739

贺练平 ………………………… 1738、1739
高亚平 ………………………… 1738、1739
黄伟超 ………………………… 1738、1739
梁小浣 ………………………… 1738、1739
李晓华………………………………… 1739
李晓群………………………………… 1739
张志群………………………………… 1739

贺幼平………………………………… 1739
贺次平………………………………… 1739
贺雅平………………………………… 1739
高亚莉………………………………… 1739
孙玉舟………………………………… 1741
乔治功………………………………… 1742

新疆维吾尔自治区

陈毅 …………… 1753、1758、1907、1934
周恩来 ……… 1753、1907、1925、2158
谢高忠 ………………………… 1755、2012
华国锋………………………………… 1759
刘震 ………………… 1759、1778、1791
纪登奎………………………………… 1759
汪锋 ………………… 1759、1778、1791
赵紫阳 ………… 1759、1911、1923、1927
铁木尔·达瓦买提 …… 1759、1776、1908
惠奋………………………………… 1759
王歧岳………………………………… 1772
王瑞才………………………………… 1772
徐学斌………………………………… 1772
郭苗文………………………………… 1772
巴贷………………………………… 1776
司马义·买合苏提………………… 1776
刘星 ………………………… 1776—1778
祁果 …………………………… 1776、1927
沈少星………………………………… 1776
宋致和 ………………… 1776—1779、1791
张思明 ………………………… 1776、1779
林忠………………………………… 1776
贾那布尔 ………………… 1776、2147
杨勇………………………………… 1777
周春山 ··· 1777、1780、1905、1906、1908、
　　　　　1924、2100、2102—2107、2115

曹思明 ………………………… 1777、1778
赛福鼎·艾则孜 ……………… 1777、1805
司马义·艾买提 ……………… 1778、1927
杨立业………………………………… 1778
张世功 ………………… 1778、1779、1791
努尔提也夫………………………… 1778
胡良才………………………………… 1778
王任重………………………………… 1779
王殿俊………………………………… 1779
杨永青………………………………… 1779
阿木冬·尼牙孜………………… 1779
赵诚 ………………… 1779、1781、1799
赵洪………………………………… 1779
欧阳联………………………………… 1782
李有衡………………………………… 1783
黄铭………………………………… 1783
高凤友………………………………… 1784
商庆典………………………………… 1784
申吉利………………………………… 1790
苏晓琦………………………………… 1790
陈富勇………………………………… 1790
阙之俊………………………………… 1790
瞿光伍………………………………… 1790
王其人………………………………… 1791
刘桂香………………………………… 1798
顾敏………………………………… 1798

李月兰………………………………… 1809
乌鲁玛…………………………………… 1813
尹新顺…………………………………… 1813
谢丽娟 … 1813、1927、1928、2026、2044
吐逊·尼牙孜………………………… 1819
杜万平…………………………………… 1819
卡斯木·肉孜………………………… 1823
何荣久…………………………………… 1823
阿布都卡地尔·赛迪……………… 1823
邓安鹏…………………………………… 1826
阮跃华…………………………………… 1826
杨瑞玺…………………………………… 1826
吴寿根…………………………………… 1826
吴相玲…………………………………… 1826
沈嘉娴…………………………………… 1826
张建保…………………………………… 1826
陆洪生…………………………………… 1826
宋日昌 ……………… 1827、2012、2034、
　　　　　　　　　　2090、2150、2175
再冬兰木·沙衣木……………… 1835
赛来木·依明…………………………… 1835
潘筱琴…………………………………… 1835
叶欣…………………………………… 1840
张建国…………………………………… 1851
巴斯巴依·马提……………………… 1855
刘剑锋…………………………………… 1855
高润元…………………………………… 1855
马瑞华 ………………………… 1857、2120
张宪三…………………………………… 1871
闵铁成…………………………………… 1873
赵忠国…………………………………… 1881
冰拜…………………………………… 1883
宋天泰…………………………………… 1883
阿亚·加甫…………………………… 1890

唐洪新…………………………………… 1898
胡耀邦 ………………… 1905、1911、1934
曹国琴 ………… 1906、1927、1987、2147
倪豪梅 ………… 1907、1913、1927、1967
王震 …… 1908、1922、1925、1926、1929、
　　　　　1941、1944、1990、2021、2024
王恩茂 ………………… 1908、1927、2051
刘双全 …………………………… 1908、2023
江泽民…………………………………… 1908
杨堤…………………………………… 1908
杨白冰…………………………………… 1908
陈实 …………… 1908、1926、1927、1990
郭刚…………………………………… 1908
黄菊…………………………………… 1908
陆懋曾…………………………………… 1909
王崇久…………………………………… 1913
华士飞…………………………………… 1913
王维 ………………… 1917、1919、1920
王华萍…………………………………… 1917
闫友民…………………………………… 1917
汤华辉…………………………………… 1917
沙忠飞 …………………………… 1917、1919
宋子罡 ………………… 1917—1919、1922
张悦华 …………………………… 1917、1920
周海洋 …………………………… 1917、1919
郑树忠 …………………………… 1917、1919
倪守根…………………………………… 1917
潘良才…………………………………… 1917
韩俊卿 …………………………… 1918、1922
马荣…………………………………… 1919
杜斌鹏…………………………………… 1919
周太彤…………………………………… 1919
祝均一…………………………………… 1919
柴俊勇…………………………………… 1919

王国福…………………………………… 1920
车强…………………………………… 1920
刘争玲…………………………………… 1920
李建梅…………………………………… 1920
金群…………………………………… 1920
周云飞…………………………………… 1920
郝进寿…………………………………… 1920
胡晓梅…………………………………… 1920
徐中华…………………………………… 1920
曾林…………………………………… 1920
董莉…………………………………… 1920
魏学强…………………………………… 1920
陈至立…………………………………… 1924
蒋以任…………………………………… 1924
谭震林…………………………………… 1925
林海清…………………………………… 1926
郝建秀…………………………………… 1927
胡启立 …………………………… 1927、1934
张长坤…………………………………… 1928
张润身…………………………………… 1928
戴根发 ………………… 1928、1929、2007
薛惠芬 ………………… 1929、1935、1939
顾其睿…………………………………… 1932
孙强烈…………………………………… 1933
张惠芳…………………………………… 1933
邵定家…………………………………… 1933
曹美莉 …………………… 1933、1935
吴德章…………………………………… 1934
张仲瀚…………………………………… 1934
千星星…………………………………… 1939
李梅英…………………………………… 1939
曹美丽…………………………………… 1939
王永妹…………………………………… 1940
朱桂达…………………………………… 1940
刘成栋…………………………………… 1940
崔保民…………………………………… 1940
任晋恒…………………………………… 1941
陈恩恒…………………………………… 1941
赵国胜…………………………………… 1941
彭加木 …………………………… 1941、2034
彭金龙…………………………………… 1941
田建惠…………………………………… 1942
朱胜龙…………………………………… 1942
张艳荣…………………………………… 1942
夏冬梅…………………………………… 1942
高建民…………………………………… 1942
郭惠英…………………………………… 1942
景伟德…………………………………… 1942
景莉莉…………………………………… 1942
吴月英…………………………………… 1943
张冠君…………………………………… 1943
章德益…………………………………… 1943
王国兴…………………………………… 1944
乔根娣…………………………………… 1945
吴克芬…………………………………… 1945
周金辉…………………………………… 1945
邹文娟…………………………………… 1945
马秋里…………………………………… 1950
申玉光…………………………………… 1950
赵长根…………………………………… 1950
余银书…………………………………… 1951
程伯熙…………………………………… 1951
张浩波 ………………… 1953、1966、2007
杜志坚 …………………………… 1962、1963
张根妹…………………………………… 1962
吴惠君…………………………………… 1963
贺龙…………………………………… 1963
盖玉兰…………………………………… 1963

王伸达…………………………………… 1966
陆美英 ………………………… 1967、1991
晋桐枫…………………………………… 1967
贾泽义…………………………………… 1967
朱新珍…………………………………… 1987
李世亭…………………………………… 1987
杨月琴…………………………………… 1987
张新娣…………………………………… 1987
顾玲玲…………………………………… 1987
马成英…………………………………… 1990
李自正 ………………………… 1990、2004
吴迪 …………………………… 1990、2004
邵维尧 ………………………… 1990、2004
金花娇…………………………………… 1990
施玉丽…………………………………… 1990
屠文超…………………………………… 1990
蒋美玉…………………………………… 1990
王兴华…………………………………… 1991
刘济民 ………………………… 1991、2006
邵春云…………………………………… 1991
方福根…………………………………… 2004
吴国新…………………………………… 2004
沈善民…………………………………… 2004
张家起…………………………………… 2004
陈云财…………………………………… 2004
周茂铣…………………………………… 2004
傅金铎…………………………………… 2004
王金木…………………………………… 2005
甘金凤 ………………………… 2005、2006
朱贤亮…………………………………… 2005
李勇汉…………………………………… 2005
沈明维…………………………………… 2005
张树林…………………………………… 2005
陈忠…………………………………… 2005
周洪喜…………………………………… 2005
侯小贞…………………………………… 2005
莫联君…………………………………… 2005
贾锡峰…………………………………… 2005
徐玉英…………………………………… 2005
黄惠芳…………………………………… 2005
管理…………………………………… 2005
鱼珊玲…………………………………… 2007
夏黄妹…………………………………… 2007
黄双妹…………………………………… 2007
马玲娟…………………………………… 2014
申水离…………………………………… 2017
史连绪…………………………………… 2017
冯振帮…………………………………… 2017
徐理华…………………………………… 2017
潘玲娣…………………………………… 2018
毛阿福 ………………………… 2019、2020
郑建平…………………………………… 2020
刘君娣 ………………………… 2022、2024
李恺华…………………………………… 2022
王德昌…………………………………… 2023
任仰山…………………………………… 2023
刘春润…………………………………… 2023
何心安…………………………………… 2027
张炳山…………………………………… 2027
陈绍虞…………………………………… 2027
林素琴…………………………………… 2027
林赐福…………………………………… 2027
赵堂…………………………………… 2027
赵崇厚…………………………………… 2027
王风雨…………………………………… 2028
张志清…………………………………… 2028
郭莲琴…………………………………… 2029
刘玉珍…………………………………… 2033

谈三宝……………………………………… 2033
姬少南……………………………………… 2033
刘月琴……………………………………… 2037
宋世俊……………………………………… 2037
王金宁……………………………………… 2041
杨福田……………………………………… 2041
陈定安 ………………………… 2042、2043
张国民……………………………………… 2044
陈志华……………………………………… 2044
练顺敏 …………………………… 2044、2045
赵淑宇……………………………………… 2044
叶惠贤……………………………………… 2047
鲍国安……………………………………… 2047
王香冠……………………………………… 2048
袁金根……………………………………… 2048
倪英娣……………………………………… 2048
杨海军……………………………………… 2051
宋汉良……………………………………… 2051
祝庆江……………………………………… 2051
蔡玲龙……………………………………… 2051
李维城 ………………………… 2052、2054
宋家仁……………………………………… 2052
张隆……………………………………… 2052
周启元……………………………………… 2052
蔡孝族……………………………………… 2052
张兰洲……………………………………… 2054
徐春棠……………………………………… 2054
李曙光……………………………………… 2056
张昭……………………………………… 2056
王敦洋……………………………………… 2061
钟静珍……………………………………… 2063
哈桑拜……………………………………… 2072
沈雅琴 ………………………… 2073、2091
陶峙岳 ………………………… 2073、2090
朱杏芳……………………………………… 2087
张树山……………………………………… 2088
车文渝……………………………………… 2089
沈光泽……………………………………… 2091
张光作……………………………………… 2091
周铁牛……………………………………… 2091
晋财宝……………………………………… 2091
王金华……………………………………… 2095
牛金凤……………………………………… 2095
项敏……………………………………… 2095
黄永根……………………………………… 2095
曹开根……………………………………… 2095
王毓敏……………………………………… 2098
石钟琴……………………………………… 2098
沈小岑……………………………………… 2098
陈海燕……………………………………… 2098
茅善玉……………………………………… 2098
浦琦璋……………………………………… 2098
于飞……………………………………… 2099
王玉柱……………………………………… 2099
王光炳……………………………………… 2099
王德发……………………………………… 2099
刘义民……………………………………… 2099
许焕初……………………………………… 2099
李秀贞……………………………………… 2099
吴毓秀……………………………………… 2099
张玉奇……………………………………… 2099
陆福贵……………………………………… 2099
陈永鑫……………………………………… 2099
陈林梅……………………………………… 2099
陈望汾……………………………………… 2099
欧阳云鹏……………………………………… 2099
胡惠基……………………………………… 2099
钟维汉……………………………………… 2099

黄能慧…………………………………… 2099	刘啸…………………………………… 2104
葛宗英…………………………………… 2099	刘志宏…………………………………… 2104
韩荣福…………………………………… 2099	纪钢…………………………………… 2104
靳惠玲…………………………………… 2099	严家修…………………………………… 2104
王春苔…………………………………… 2100	杨美佳…………………………………… 2104
王冠英…………………………………… 2100	沈骏…………………………………… 2104
宋马烈…………………………………… 2100	沈国民…………………………………… 2104
郑祥春…………………………………… 2100	宋义…………………………………… 2104
马辉清…………………………………… 2103	张庆海…………………………………… 2104
王学江…………………………………… 2103	郑树喜…………………………………… 2104
邓世禄…………………………………… 2103	赵兴模…………………………………… 2104
冯莲芝…………………………………… 2103	费慈洁…………………………………… 2104
华亚霖…………………………………… 2103	徐和海…………………………………… 2104
李文洲…………………………………… 2103	董湘仪…………………………………… 2104
杨松发…………………………………… 2103	董锡兰…………………………………… 2104
杨柏勤…………………………………… 2103	王书安…………………………………… 2107
何亚雄…………………………………… 2103	王亚民…………………………………… 2107
张继勋…………………………………… 2103	王国翠…………………………………… 2107
林薇薇…………………………………… 2103	王振元…………………………………… 2107
周玺…………………………………… 2103	乐宝珍…………………………………… 2107
赵珍…………………………………… 2103	冯善鹏…………………………………… 2107
秦溯…………………………………… 2103	刘庆武…………………………………… 2107
徐中濂…………………………………… 2103	孙士兰…………………………………… 2107
黄朝兰…………………………………… 2103	李守诚…………………………………… 2107
曹军…………………………………… 2103	李荣阁…………………………………… 2107
韩丕先…………………………………… 2103	李群娣…………………………………… 2107
程祖基…………………………………… 2103	吴道光…………………………………… 2107
谭毓富…………………………………… 2103	吴肇础…………………………………… 2107
翟中华…………………………………… 2103	狄广树…………………………………… 2107
王全华…………………………………… 2104	汪曦…………………………………… 2107
叶毕华…………………………………… 2104	宋荣华…………………………………… 2107
代良芬…………………………………… 2104	苗国治…………………………… 2107、2108
白美荣…………………………………… 2104	郑义荣…………………………………… 2107
朱安…………………………………… 2104	赵惠琳…………………………………… 2107

袁蜀军…………………………………… 2107
梁钊…………………………………… 2107
董汉清…………………………………… 2107
熊宗义…………………………………… 2107
王建安…………………………………… 2108
陈金奇…………………………………… 2108
王扬 …………………………… 2112、2113
梁向红…………………………………… 2115
史意香 …………………………… 2116、2117
乔玉明…………………………………… 2117
李林 …………………………… 2117、2191
袁培根…………………………………… 2117
必青…………………………………… 2118
刘德夫…………………………………… 2118
杨长俊 …………………………… 2119、2120
辛建西…………………………………… 2119
高德琴 …………………………… 2119、2120
马龙生…………………………………… 2126
王开春…………………………………… 2135
王云龙…………………………………… 2135
吕钧陶…………………………………… 2135
孙永华…………………………………… 2136
李生花…………………………………… 2136
杭苇…………………………………… 2136
申建文…………………………………… 2137
卓秉哲…………………………………… 2137
黄德富…………………………………… 2137
慈百兴…………………………………… 2137
王旭晶…………………………………… 2140
吕经令…………………………………… 2140
陈杰…………………………………… 2140
陈德元…………………………………… 2140
季国强 …………………………… 2140、2141
谢立苏…………………………………… 2140
吴锦贵…………………………………… 2141
李方玉…………………………………… 2145
吴亚莉…………………………………… 2145
吴宝兰…………………………………… 2145
马新才…………………………………… 2147
栗伟…………………………………… 2147
贾振华…………………………………… 2147
王在风…………………………………… 2148
毛小平…………………………………… 2148
冯珍…………………………………… 2148
朱乐平…………………………………… 2148
许春兰…………………………………… 2148
孙振梅…………………………………… 2148
李明东…………………………………… 2148
李跃臣…………………………………… 2148
何以福…………………………………… 2148
茅大新…………………………………… 2148
单志明…………………………………… 2148
洪维宝…………………………………… 2148
钱曼琴…………………………………… 2148
褚世龙…………………………………… 2148
魏若华…………………………………… 2148
顾惠芳…………………………………… 2151
张仁…………………………………… 2152
刘继芳…………………………………… 2156
黄佩芳…………………………………… 2156
濮惠华 …………………………… 2156、2157
朱伟刚…………………………………… 2157
钟贤卓…………………………………… 2160
陈沂…………………………………… 2162
黄楠…………………………………… 2162
吕永海…………………………………… 2165
何成义 …………………………… 2165、2166
辛玉玲…………………………………… 2166

武林华…………………………………… 2166
罗玲玲…………………………………… 2166
班翠莲…………………………………… 2166
郭秋云…………………………………… 2166
黄庭顺…………………………………… 2166
王发生…………………………………… 2168
王殿奎…………………………………… 2168
黄春生…………………………………… 2168
程瑞锋…………………………………… 2168
吴秀芳…………………………………… 2169
邹烈源…………………………………… 2170
孙玉忠…………………………………… 2170
茅逸梅…………………………………… 2170
章国芳…………………………………… 2170
刘英杰…………………………………… 2171
穆弘……………………………………… 2173
庄惠珍…………………………………… 2174
任广芬…………………………………… 2175
朱福良…………………………………… 2177
杜西芳…………………………………… 2177
杨保民…………………………………… 2180
白春荣…………………………………… 2188
邢福宝…………………………………… 2188
刘玉陆…………………………………… 2188
刘根宝…………………………………… 2188
许淑媛…………………………………… 2188
严洁……………………………………… 2188
李长梅…………………………………… 2188
李龙翔…………………………………… 2188
李增欣…………………………………… 2188
杨意玲…………………………………… 2188
余嗣鸣…………………………………… 2188
汪秀梅…………………………………… 2188
张平妥…………………………………… 2188
赵金桂…………………………………… 2188
常红……………………………………… 2188
韩凤英…………………………………… 2188
鲁秀梅…………………………………… 2188
马世英…………………………… 2191、2192
丰凤媛…………………………………… 2191
王洪章…………………………………… 2191
任蕾……………………………………… 2191
刘秀兰…………………………………… 2191
张勇……………………………………… 2191
张祖华…………………………………… 2191
陈景和…………………………………… 2191
俞晓泉…………………………………… 2191
夏玉珍…………………………………… 2191
高海珍…………………………………… 2191
梁翠英…………………………………… 2191
粟满玲…………………………………… 2191
李喜兰…………………………………… 2194
李世功…………………………………… 2196
1965 年北京、天津支青（一〇八团） ……………………………………………… 2113
1965 年天津支边青年学生（农五师） ……………………………………… 2080—2083
天津支边青年名录（八十三团） ………………………………………… 2085—2086
天津知识青年名录（八十七团） …………………………………………………… 2089
天津支边青年名录（八十九团） ………………………………………… 2093—2094
1965 年 7 月天津支边人员（62 人）（九十团）…………………………………… 2096
1965 年 9 月天津支边人员（104 人）（九十团） ………………………… 2096—2097

天津支边青年名录(一〇四团) …………………………………………………… 2108

天津市支边知识青年(奇台总场) …………………………………………………… 2121

1966年10月26日从天津来场支边青年名录(一三二团场) ……………………… 2150

天津支边青年名录(一八四团) …………………………………………………… 2177

天津支边青年名录(一八五团) …………………………………………………… 2178

天津支边知识青年名录(一八七团) …………………………………………………… 2181—2183

天津市支边青年名录(一八八团) …………………………………………………… 2186—2188

天津支边青年(一九〇团) …………………………………………………………… 2189

1964年天津支边青年(五一农场) …………………………………………………… 2193

乌鲁木齐市工一师中学"上山下乡"知识青年名录(二二二团) ………………… 2126—2127

乌鲁木齐市1974年"上山下乡"知识青年名录(二二二团)…………………… 2127—2128

乌鲁木齐市1975年"上山下乡"知识青年名录(二二二团)……………………… 2128—2130

乌鲁木齐市1976年"上山下乡"知识青年名录(二二二团)……………………… 2130—2132

乌鲁木齐市1977年"上山下乡"知识青年名录(二二二团)……………………… 2132—2133

新疆石河子市原兵团汽车第二团1969年上山下乡青年人名录(七十五团)…………… 2069

1958年上海市、江苏省支边青年(六十五团) …………………………………… 2054—2055

上海支边知识青年教师名单(农一师) …………………………………………… 1930—1931

1992年末在二团的上海支边青年名录 …………………………………………… 1935—1938

1963年至1965年上海支边进疆青年名录(六团) ………………………………… 1946—1950

支边青年(七团上海支青) ………………………………………………………… 1951—1953

上海支边青年名单(八团) ………………………………………………………… 1953—1962

上海支青名录(九团) ……………………………………………………………… 1964—1966

1963年至1964年分配到十团的上海支边青年名录 ……………………………… 1967—1983

1964年在册上海支边青年661人名录(十一团) ………………………………… 1984—1986

上海知青名录(十二团) …………………………………………………………… 1987—1990

上海支边青年名录(十四团) ……………………………………………………… 1992—2004

1998年在岗上海支青名录(十四团) ……………………………………………… 2005

十六团1995年底上海知识青年名单……………………………………………… 2008—2010

上海支边青年名录(二十三团) …………………………………………………… 2014—2016

塔四场上海支边知识青年人名录(三十二团) …………………………………… 2029—2032

三十五团上海支边知识青年名录(1963—1965) ………………………………… 2037—2041

上海支边青年人名录(合计291人)(六十一团) ………………………………… 2049—2050

1964年6月上海支边知识青年(六十五团) ……………………………………… 2055

1961—1964年上海支边高中毕业生(六十五团) ………………………………… 2055

1961年一1964年上海支边青年名录(六十七团)…………………………………… 2057

1965年上海调干支边知识青年名录(六十七团) ………………………………… 2057

1995年在团上海支边青年(六十七团) …………………………………………… 2057

上海市支边青年(六十八团) ……………………………………………………… 2059

1964年上海支边青年名单(七十三团) …………………………………………… 2065

上海支边青年(65人 1964年 1965年)(七十四团) …………………………… 2067

1964年上海市支边青年人名录(七十五团) ……………………………………… 2068

1961—1965年上海支边青年名录(七十八团) …………………………………… 2071

1961—1966年上海支边青年学生(农五师) …………………………………… 2074—2080

上海支边青年(八十三团) ………………………………………………………… 2084—2085

60年代上海支边青年人员(八十四团) …………………………………………… 2087

1961—1965年上海支边青年(八十六团) ………………………………………… 2088

上海知识青年名录(八十七团) …………………………………………………… 2089—2090

上海支边青年名录(八十九团) …………………………………………………… 2091—2093

1961年上海支边人员(3人)(九十团) …………………………………………… 2095

1963年上海支边人员(13人)(九十团)…………………………………………… 2096

1966年6月上海支边人员(246人)(九十团) …………………………………… 2097—2098

上海支边青年名录(一〇四团) …………………………………………………… 2108

1963年上海支青(一〇八团) ……………………………………………………… 2113

1964年上海支青(实际应为47人)(一〇八团) ………………………………… 2113

上海支边青年名录(一二七团) …………………………………………………… 2142—2143

1964年从上海市来团场支边青年名录(一三二团场) …………………………… 2149

其他时间来团场的上海支边青年名录(一三二团场) ………………………… 2149—2150

1964年5月21日上海支边青年(194人)(一三三团场)………………………… 2152—2153

1964—1970年由兵团政干校、农七师干校等单位调入上海青年(45人)(一三三团场) … 2153

1966年7月7日上海支边青年(202人)(一三三团场) ………………………… 2154—2155

1963年上海支边青年人员名录(7人)(一六一团) ……………………………… 2167

1964年上海支边青年人员名录(6人)(一六一团) ……………………………… 2167

1963—1966年上海支边青年(一六六团) ………………………………………… 2169

1965—1966年上海支边青年名单(一六八团) …………………………………… 2171

上海支边人员名录(37人)(一六九团) …………………………………………… 2171

1964年上海支边青年人员名录(10人)(一七〇团)……………………………… 2172

上海支边青年名录(一八四团) …………………………………………………… 2176—2177

上海支边青年名录(一八五团) …………………………………………………… 2178

上海支边知识青年名录(一八七团) ……………………………………………… 2180—2181

上海市支边青年名录(一八八团) ……………………………………………… 2184—2186

上海支边青年(一九〇团) ……………………………………………………… 2189

1964年上海支边技术干部(五一农场) ……………………………………………… 2193

1965年上海崇明支边青年人名录(七十五团) ……………………………………… 2069

1964年江苏支边技术人员(五一农场) ……………………………………………… 2193

1955年南京支边学生(农五师) ……………………………………………………… 2074

1966年江苏常州支边青年(五一农场) ……………………………………………… 2193—2194

1965年11月温州支边知识青年(六十五团) ……………………………………… 2056

浙江温州支边青年(4人 1964年)(七十四团) ……………………………………… 2067

1965年浙江省温州支边青年人名录(七十五团) ……………………………………… 2069

1966年武汉支青来团工作人名录(合计239人)(六十一团) ………………… 2050—2051

1966年分配到六十三团的武汉支边青年名录 ……………………………………… 2053

1964年11月21日武汉支边知识青年(六十五团) ……………………………………… 2055

1965年9月24日武汉支边知识青年(六十五团) ……………………………………… 2055

1964年—1966年武汉支边青年名录(六十七团)…………………………………… 2057—2058

1995年在团武汉支边青年(六十七团) ……………………………………………… 2058

武汉市支边青年(六十八团) ……………………………………………………… 2059—2060

1964年武汉支边青年名单(七十三团) ……………………………………………… 2064—2065

1965年武汉支边青年名单(七十三团) ……………………………………………… 2065

1966年武汉支边青年名单(七十三团) ……………………………………………… 2065—2066

武汉支边青年(4人 1964年)(七十四团) ……………………………………………… 2067

1965年武汉支边青年人名录(七十五团) ……………………………………………… 2068

1964年武汉支边青年名录(七十八团) ……………………………………………… 2071

武汉支边青年名录(一〇四团) ……………………………………………………… 2108

武汉支边知识青年名录(一二七团) ……………………………………………… 2143

1965年9月13日武汉支边青年(131人)(一三三团场)………………………… 2153—2154

1965年武汉支边青年人员名录(92人)(一六一团)……………………………………… 2167

1965年武汉市支边青年(39人)(一六九团)……………………………………… 2171—2172

1956年广东支边学生(1人)(一七〇团) ……………………………………………… 2172

上海市

陈毅 ……………… 2199、2212、2223、2229 　　陶华 …… 2200、2210、2264、2273、2274

周恩来………… 2199、2211、2212、2223、　　沙叶新 ………………… 2203、2280、2282

　　　　　　　2225、2228、2229 　　金训华 … 2203、2233、2280—2282、2311

李琦涛 …………………… 2206、2211、2231

胡耀邦 ……… 2206、2211、2223—2225、2230、2281

曹荻秋………………………………………… 2206

李笑牛 ………… 2209、2264、2273、2274

王庆伟 ……………… 2210、2264、2273、2274、2290、2302

孔万成………………………………………… 2210

石成林 ………………………………… 2210、2223

吕锡龄 ………………………………… 2210、2223

刘度南 ………………… 2210、2264、2274

许洪兰 ………… 2210、2264、2273、2274

吴爱珍 ………………………………… 2210、2223

吴菊妹 … 2210、2264、2273、2274、2290

张云芳 ………… 2210、2264、2273、2274

陈家楼 ………………… 2210、2223、2224

林卫阳 … 2210、2264、2273、2274、2290

金志强 ………… 2210、2264、2273、2274

韩巧云 ………………………… 2210、2223

杨西光 ………………… 2211、2212、2229

蒋文焕………………………………………… 2211

王克 ………………………………… 2212、2229

王震 …………… 2212、2228、2230、2232

石西民 ………………………… 2212、2229

邱舟 ……………………………… 2212、2229

宋日昌 ………… 2212、2224、2229、2246

张浩波 ………………………… 2212、2229

陈丕显 ………………………… 2212、2229

陈贵根………………………………………… 2213

王一平 ………………………… 2221、2229

吕美英 ………………………… 2221、2243

华国锋………………………………………… 2221

张芳信………………………………………… 2221

黄克………………………………………… 2221

徐建春………………………………………… 2223

欧阳武………………………………………… 2224

金仲华 ………………………… 2224、2246

周文英………………………………………… 2224

曹瑾………………………………………… 2224

陈国祥………………………………………… 2225

周承立………………………………………… 2225

胡乔木………………………………………… 2225

于永实………………………………………… 2229

刘述周………………………………………… 2229

杨永青 ………………………… 2229、2230

应志毅………………………………………… 2229

张立勇………………………………………… 2229

张春桥………………………………………… 2229

杭苇………………………………………… 2229

卓爱玲………………………………………… 2229

袁鸿富………………………………………… 2230

倪豪梅………………………………………… 2230

徐立汉………………………………………… 2230

陈琳瑚………………………………………… 2231

朱菊英………………………………………… 2232

刘菊珍………………………………………… 2232

吴建国………………………………………… 2233

邬爱丹………………………………………… 2234

黄观顺………………………………………… 2234

陆华 …………… 2264、2273、2274、2290

林晓薇 ………………… 2264、2273、2274

徐仁华………………………………………… 2265

韩旭利………………………………………… 2274

李守成………………………………………… 2280

姚明德………………………………………… 2280

于会泳………………………………………… 2281

王秀珍………………………………………… 2281

徐景贤………………………………………… 2281

徐开林…………………………………… 2282　　丁绍仁…………………………………… 2307

张抗抗…………………………………… 2283　　黄卫星…………………………………… 2307

陈逸飞…………………………………… 2283　　冯念康…………………………………… 2317

徐纯中…………………………………… 2283　　杨翠丽…………………………………… 2317

郭先红…………………………………… 2283　　余家乐…………………………………… 2317

张翠萍…………………………………… 2290　　陈心懋…………………………………… 2317

郑培志 …………………………… 2299、2302　　庞先健…………………………………… 2317

丁训明…………………………………… 2302　　胡慧英…………………………………… 2317

张银福…………………………………… 2302　　徐有武…………………………………… 2317

傅国资…………………………………… 2302　　高金龙…………………………………… 2317

戴根发…………………………………… 2302

山东省

胡耀邦…………………………………… 2332　　张霞 …………………………… 2394、2395

白如冰…………………………………… 2334　　耿秀兰…………………………………… 2394

贾秀章…………………………………… 2346　　王翠…………………………………… 2395

刘少奇…………………………………… 2349　　张志新…………………………………… 2396

郑干…………………………………… 2350　　贺玉棠…………………………………… 2396

李宗月…………………………………… 2374　　薛世杰…………………………………… 2396

纪云山…………………………………… 2390　　王守松…………………………………… 2400

张莉…………………………………… 2390　　王茂青…………………………………… 2400

张文臣 …………………………… 2390、2396　　李华…………………………………… 2400

张言诗…………………………………… 2390　　李孟杰…………………………………… 2400

姜树礼…………………………………… 2390　　李洪芳…………………………………… 2400

姜洪喜…………………………………… 2390　　张品杰…………………………………… 2400

陶礼学…………………………………… 2390　　张铁生…………………………………… 2422

江苏省

刘顺元…………………………………… 2450　　雷锋 …………………………… 2452、2516

许家屯…………………………………… 2450　　包厚昌…………………………………… 2453

路金栋…………………………………… 2450　　刘平…………………………………… 2453

董加耕 ··· 2451—2453、2465、2492、2503、　　欧阳惠林…………………………………… 2453

　　　　2516、2536、2584、2590、2602、　　邓小平…………………………………… 2457

　　　　2604、2611、2630　　任毅…………………………………… 2458

李培德…………………………………… 2461
吴其良…………………………………… 2461
陆金荣…………………………………… 2461
郝昌明…………………………………… 2461
方玉…………………………… 2465、2503
方衍华…………………………… 2465、2493
吕惠珍 ………… 2465、2583、2493、2583
李庆霖 ………… 2466、2495、2610、2634
彭冲…………………………………… 2466
王婉敏…………………………………… 2471
孙彩红…………………………………… 2471
杨正山…………………………………… 2471
陈家謇…………………………… 2471、2638
顾为东…………………………………… 2471
徐锡祖…………………………………… 2471
卢传声…………………………………… 2490
朱鼎川…………………………………… 2490
汪兰昌…………………………………… 2490
陈仲调…………………………………… 2490
郑凤翔…………………………………… 2490
姚应坤…………………………………… 2490
朱浣…………………………………… 2491
刘济川…………………………… 2491、2496
李元庆…………………………… 2491、2496
张启 …………………… 2491、2496、2502
张海萍…………………………… 2491、2496
陈凯…………………………………… 2491
林振方…………………………… 2491、2496
钟世勤…………………………… 2491、2496
贾志彬…………………………… 2491、2511
徐彬…………………………… 2491、2496
黄桂芝…………………………………… 2491
裴茂连…………………………………… 2491
潘国荣…………………………………… 2491
吕慧珍…………………………………… 2493
黄翠玉…………………………………… 2503
杨森…………………………………… 2512
吕建华…………………………………… 2514
陆小平…………………………………… 2520
李凤山…………………………………… 2522
陈瑾璋…………………………………… 2522
俞兴宝…………………………………… 2549
曹祥林…………………………………… 2549
冯国宝…………………………………… 2554
朱荣峰…………………………………… 2562
曲显岐…………………………………… 2563
何瑞星…………………………………… 2567
李配兰…………………………………… 2589
董必武…………………………………… 2590
刘永吉…………………………………… 2598
余和沛…………………………………… 2599
周乃成…………………………………… 2599
吴功祥…………………………………… 2608
张贤堂…………………………………… 2608
陆飞…………………………………… 2608
环斌…………………………………… 2608
贾文祥…………………………………… 2608
曹怡…………………………………… 2608
潘余庆…………………………………… 2608
魏志田…………………………………… 2608
于赤…………………………………… 2609
王学源…………………………………… 2609
邓兰芳…………………………………… 2609
孔祥麟…………………………………… 2609
许吉甫…………………………………… 2609
许道奎…………………………………… 2609
贡正祥…………………………………… 2609
桑云…………………………………… 2609

薛平…………………………………… 2609 茅亚兰…………………………………… 2639

李德生………………………………… 2612 周煊…………………………………… 2639

张鹏翔………………………………… 2612 管秀兰………………………………… 2639

郭志耘………………………………… 2630 王琴…………………………………… 2640

郭志珠………………………………… 2630 王克勤………………………………… 2640

顾洪章………………………………… 2635 许卫平………………………………… 2640

陈月梅………………………………… 2636 华国梁………………………………… 2641

刘明元………………………………… 2637 刘萍丽………………………………… 2641

徐国英………………………………… 2637 吴建华………………………… 2641、2644

朱小松………………………………… 2638 周新国………………………………… 2641

李娟…………………………………… 2638 王资鑫………………………………… 2642

吴顶华………………………………… 2638 杜雷进………………………………… 2642

张慧英………………………………… 2638 赵庆泉………………………………… 2642

张慧珠………………………………… 2638 姚文放………………………………… 2642

周巧英………………………………… 2638 何明华………………………………… 2643

倪根祥………………………………… 2638 陆文瑞………………………………… 2643

曾昭林………………………………… 2638 范朝礼………………………………… 2643

师玉明………………………………… 2639 姚其立………………………………… 2643

吕兴…………………………………… 2639 顾承斌………………………………… 2643

刘乃尧………………………………… 2639 徐丽玲………………………………… 2643

杨祖巍………………………………… 2639 封竞…………………………………… 2644

张广忠………………………………… 2639 梁培华………………………………… 2644

张福珍…………………………… 2639、2641 吴荣泉………………………………… 2652

浙江省

孙妙芬…………………… 2665、2711、2712 赖可可…………………………… 2671、2674

胡耀邦……………… 2668、2672—2674 王宗楣………………………………… 2673

周恩来…………………………… 2669、2673 卢育生………………………………… 2673

张文碧…………………………… 2671、2674 江青…………………………………… 2685

陈晓南…………………………… 2671、2674 李月莲………………………………… 2706

罗毅…………………………………… 2671 朱德…………………………………… 2707

高伯川…………………………… 2671、2674 丁国君………………………………… 2712

谢勤…………………………… 2671、2674 李雪芬………………………………… 2712

李庆霖……………………………………… 2723　　朱锦林……………………………………… 2749

李海荣……………………………………… 2736　　曹戈……………………………………… 2749

何富庆……………………………………… 2739　　杨俊达……………………………………… 2754

安徽省

孔济仁……………………………………… 2801　　许彩英……………………………………… 2855

邓泽民……………………………………… 2801　　孙伟毅……………………………………… 2855

庄志禄……………………………………… 2801　　吴宝兰……………………………………… 2855

何真理……………………………………… 2801　　宋顺舟……………………………………… 2855

张桂如……………………………………… 2801　　张秀华……………………………………… 2855

夏永阳……………………………………… 2801　　钱位鹏……………………………………… 2855

景文广……………………………………… 2801　　谢旺生……………………………………… 2855

蒋旦萍……………………………………… 2801　　张铁生……………………………………… 2861

虞竹梅……………………………………… 2801　　王斌……………………………………… 2865

戴尚东……………………………………… 2801　　杨效椿 ………………………… 2868、2933

郑培志……………………………………… 2815　　李先念……………………………………… 2869

黄观顺 ………………………… 2816、2957　　范俊贤……………………………………… 2878

刘少奇……………………………………… 2818　　解国民……………………………………… 2878

李葆华……………………………………… 2818　　毕述凤……………………………………… 2883

黄岩……………………………………… 2818　　周恩来……………………………………… 2892

程庭财 ………………………… 2847、2855　　胡建民……………………………………… 2892

于振启……………………………………… 2848　　毛啸岳……………………………………… 2893

牛家良……………………………………… 2848　　范宗杰……………………………………… 2896

朱广河……………………………………… 2848　　潘启琦……………………………………… 2933

刘士凯……………………………………… 2848　　张晨曦……………………………………… 2934

张立一……………………………………… 2848　　操素……………………………………… 2934

郑守一……………………………………… 2848　　曹承芳……………………………………… 2938

施筛章……………………………………… 2848　　张韧……………………………………… 2940

章培根……………………………………… 2848　　张银福……………………………………… 2947

雷臻铮……………………………………… 2848　　章曙……………………………………… 2947

方继业 ………………………… 2849、2855　　邬爱丹……………………………………… 2957

李庆霖……………………………………… 2849　　纪明琦……………………………………… 2958

鹿崇山……………………………………… 2850　　陈怀贵……………………………………… 2958

林彪……………………………………… 2851

江西省

金仲华…………………………………… 2965

王宏立…………………………………… 2966

文道宏…………………………………… 2966

白栋材…………………………………… 2966

陈昌奉…………………………………… 2966

段元星 ………………………… 2966、3067

黄知真…………………………………… 2966

胡耀邦 ………… 2968、3019、3036、3040

刘俊秀…………………………………… 2970

李庆霖 ………… 2984、2990、3002、3017

陈家楼 …………………………… 2985、3020

周文英 …………………………… 2985、3020

周承立 …………………………… 2985、2986

余仕观…………………………………… 2986

黄孝英…………………………………… 2986

卢林金…………………………………… 2988

葛晓原…………………………………… 2988

楚建山…………………………………… 2988

翟兆清…………………………………… 2988

张云樵…………………………………… 2989

杨治光…………………………………… 2990

李秀英…………………………………… 2991

李国兴…………………………………… 2991

姚勇……………………………………… 2991

程立标…………………………………… 2991

徐海金…………………………………… 3008

邓反根…………………………………… 3009

陈洪誉…………………………………… 3009

黄方保…………………………………… 3009

李燕玲…………………………………… 3013

张毛女…………………………………… 3021

袁任翔…………………………………… 3021

谭冬幼 ………………… 3021、3022、3030

邓鼎先…………………………………… 3022

左凤岗…………………………………… 3022

李才……………………………………… 3022

李国忠…………………………………… 3022

杨士杰…………………………………… 3022

杨舒洁…………………………………… 3022

高云程…………………………………… 3022

董乐辛…………………………………… 3022

曾杰……………………………………… 3022

王极冬…………………………………… 3030

王吉冬…………………………………… 3032

杨振泉…………………………………… 3033

余细林…………………………………… 3034

高康良 …………………………… 3034、3035

丁保素…………………………………… 3035

陈毅……………………………………… 3035

王俊勇…………………………………… 3036

史之汉…………………………………… 3036

康晋益…………………………………… 3036

徐明华…………………………………… 3039

李志军 …………………………… 3063、3064

李讷……………………………………… 3081

王万福…………………………………… 3092

郭一庭…………………………………… 3092

沈小萍…………………………………… 3096

王式恩…………………………………… 3106

任志妹…………………………………… 3106

顾芬娣…………………………………… 3106

福建省

李庆霖 … 3136、3137、3150、3155、3200、3208、3209、3211、3212

林一心 ………… 3137、3151、3267、3284

卓雄 ……………………………… 3137、3151

钟志民 …………………………………… 3137

林兆枢 ………………… 3140、3162、3203

倪希錯 ……… 3140、3152、3162、3203

丁榕芳 …………………………………… 3151

王一平 …………………………… 3151、3152

许或青 …………………………… 3151、3267

李甲 …………………………………………… 3151

林金官 …………………………… 3151、3181

党生 …………………………………………… 3151

郭安民 ………………………………………… 3151

廖志高 …………………………… 3151、3155

魏金水 …………………………………… 3151

苏琴 ……………………………………… 3152

沈复曜 …………………………………… 3152

胡洛余 …………………………………… 3152

符春三 …………………………………… 3152

皮定钧 …………………………………… 3154

贺梦先 …………………………………… 3154

毕际昌 …………………………………… 3156

叶聿芳 …………………………………… 3169

王坚冰 …………………………………… 3190

张哲 ……………………………………… 3208

王安珍 …………………………………… 3238

张素珍 …………………………………… 3260

黄美妙 ………………………… 3262、3263

许春来 …………………………………… 3263

河南省

江青 ………………… 3289、3290、3292、3353、3442、3444

王重华 ……………………………… 3293、3304

王维群 …………………………………… 3293

朱轮 ……………………………… 3293、3304

任雷远 ……………………………… 3293、3304

郝福鸿 ……………………………… 3293、3304

宋逸尘 ……………………………… 3294、3304

李寒青 …………………………………… 3304

杨朗樵 …………………………………… 3304

高冠英 …………………………………… 3304

崔泽东 …………………………………… 3304

魏汉英 …………………………………… 3304

王老虎 …………………………………… 3306

段君毅 …………………………………… 3306

薛喜梅 ………… 3306、3439、3441、3443

戴苏理 …………………………………… 3306

张质彬 …………………………………… 3315

刘少奇 …………………………………… 3319

齐若华 …………………………………… 3320

李益明 …………………………………… 3320

李紫燕 …………………………………… 3320

李德英 …………………………………… 3320

李德新 …………………………………… 3320

张力 ……………………………………… 3320

张华 ……………………………………… 3320

贾心斋 …………………………………… 3320

贾红菊 …………………………………… 3320

焦冬安 …………………………………… 3320

侯金生 …………………………………… 3336

王森…………………………………… 3342　　魏凤阁…………………………………… 3406

邓小平…………………………………… 3342　　秦景云…………………………………… 3416

李贵卿…………………………………… 3342　　卢忠阳 …………………………… 3440、3441

李恒久…………………………………… 3342　　杜银娣 …………………………… 3441、3442

杨修…………………………………… 3342　　周万申…………………………………… 3441

段新民…………………………………… 3342　　董梅枝…………………………………… 3441

铁森…………………………………… 3342　　许冰…………………………………… 3442

凌西平…………………………………… 3342　　张颖…………………………………… 3442

桑海廷…………………………………… 3342　　陈晓莉…………………………………… 3442

马德录…………………………………… 3343　　要建华…………………………………… 3442

卢贤扬 …………………………… 3343、3344　　申欣…………………………………… 3443

赵世荣…………………………………… 3343　　杨文森…………………………………… 3454

王伯兴…………………………………… 3344　　宋立斋…………………………………… 3468

王国一…………………………………… 3344　　张志荣…………………………………… 3469

吕锡田…………………………………… 3344　　张铁生…………………………………… 3475

李健…………………………………… 3344　　毛鸿远…………………………………… 3476

张长江…………………………………… 3344　　阮正…………………………………… 3476

张文华…………………………………… 3344　　屈文锦…………………………………… 3476

张俊英…………………………………… 3344　　谢长禄…………………………………… 3476

赵甡…………………………………… 3344　　徐树国 …………………………… 3479、3492

逮云青…………………………………… 3344　　孟宪滔…………………………………… 3483

张巧玲…………………………………… 3345　　陶不显…………………………………… 3483

浩亮 ……………………………… 3353、3442　　刘子廷…………………………………… 3487

纪登奎…………………………………… 3355　　李思孝…………………………………… 3487

何志忠…………………………………… 3366　　张艳梅…………………………………… 3487

徐有信…………………………………… 3366　　原锁庆…………………………………… 3487

郭筱如…………………………………… 3366　　魏振云…………………………………… 3510

张连枝…………………………………… 3389

湖北省

余益菹…………………………………… 3517　　刘振和…………………………………… 3521

张旺午…………………………………… 3517　　李秀清 …………………………… 3521、3603

陈一新…………………………………… 3517　　杨慕兰…………………………………… 3521

王大万…………………………………… 3521　　张克难…………………………………… 3521

兰国候…………………………………… 3521　　陈兆坤…………………………………… 3521

金凤山……………………………… 3521
周有勋……………………………… 3521
胡瑞香……………………………… 3521
袁尚忠……………………………… 3521
聂光明……………………………… 3521
徐帮全……………………………… 3521
高秀兰……………………………… 3521
腾久林……………………………… 3521
潘学春……………………………… 3521
吴公卿……………………………… 3525
闵兴运………………… 3525、3526
瑕道修……………………………… 3525
韩宁夫……………………………… 3525
王绍明……………………………… 3527
王景山……………………………… 3527
刘占彪……………………………… 3527
李赐恭……………………………… 3527
张建之……………………………… 3527
华煜卿……………………………… 3528
胡家炎……………………………… 3535
梅三毛……………………………… 3545
吴冬青……………………………… 3552
赵开祥……………………………… 3552
郭庭华………………… 3552、3553
葛声芳……………………………… 3552

蒋子峰……………………………… 3552
李子润……………………………… 3553
李德龙……………………………… 3553
杨余斌……………………………… 3553
陈浩然……………………………… 3553
曹戈……………………………… 3553
阎献庭……………………………… 3553
寇立金……………………………… 3553
魏清甫……………………………… 3553
王运生……………………………… 3560
王婉珍……………………………… 3571
张岚……………………………… 3571
戴立克……………………………… 3571
余菊英……………………………… 3572
王卫民………………… 3573、3574
杨冬云……………………………… 3573
周恩来……………………………… 3573
姚建设……………………………… 3573
张先枝……………………………… 3584
彭洪秀……………………………… 3584
陈玉平……………………………… 3595
傅德怀……………………………… 3599
王星南……………………………… 3603
熊仲英……………………………… 3603

湖南省

李劲…………………… 3608—3610、3724
张国清 ………… 3608、3697、3699、3707
瞿泰安………………………… 3608、3609
刘崑林……………………………… 3609
王齐家……………………………… 3610
冯建平……………………………… 3610
刘少奇……………………………… 3624

张国辉……………………………… 3634
马良全……………………………… 3637
王伟……………………………… 3641
吴石牛……………………………… 3645
刘华钧……………………………… 3646
陈孝全……………………………… 3646
陈文玉……………………………… 3648

罗立洲…………………………………… 3648
钟瀞雪…………………………………… 3648
罗秋月…………………………………… 3650
刘海波…………………………………… 3652
李路 ………………………… 3652、3653
吴占魁…………………………… 3652—3654
周素贞 ………………………… 3652、3653
顾洪章…………………………………… 3652
高继唐 ………………………… 3652、3654
邢连兴…………………………………… 3653
李庆霖…………………………………… 3667
刘阳春…………………………………… 3670
李朗秋…………………………………… 3670
曹小平…………………………………… 3671
罗青青 …………………… 3678、3684、3686
徐梅君…………………………………… 3679
龚良材…………………………………… 3679
王广义…………………………………… 3684
许茂…………………………………… 3684
康永和…………………………………… 3684
韩英…………………………………… 3684
陈跃文…………………………………… 3686
董敬芳…………………………………… 3689
王文章…………………………………… 3695
王荐贤 ………………………… 3695、3698
王群生 ………………………… 3695、3698
芦回春 ………………………… 3695、3698
高兆勋…………………………………… 3695
邓乐享 ………………………… 3697、3707
刘湘娥 ………………………… 3697、3707
李仙桃 ………………………… 3697、3707

王润民 ………………………… 3699、3700
肖子云…………………………………… 3699
何立春…………………………………… 3699
陈仲时…………………………………… 3699
卓志诚…………………………………… 3699
孟照鹤…………………………………… 3699
韩曙光…………………………………… 3699
翟太安…………………………………… 3699
何广德…………………………………… 3700
黄仁峰…………………………………… 3700
杨正瑶…………………………………… 3703
李强英…………………………………… 3707
易林芝…………………………………… 3707
卜慧珍 ………………………… 3715、3717
刘金生…………………………………… 3716
江祝芝…………………………………… 3716
李绍定…………………………………… 3716
陈建华…………………………………… 3716
黄友复…………………………………… 3716
杨立群 ………………………… 3724、3733
赵耘芬…………………………………… 3724
王清秀…………………………………… 3731
朱宣武…………………………………… 3731
罗华成…………………………………… 3731
刘子云…………………………………… 3732
义国良…………………………………… 3734
王西林…………………………………… 3748
杨桂英…………………………………… 3748
易素芝…………………………………… 3748
富亚范…………………………………… 3760
高金莲…………………………………… 3778

广东省

赵紫阳 ………………… 3795、3800、3802
陶铸 …………………………… 3795、3799

习仲勋…………………………………… 3796
杨尚昆…………………………………… 3796
张根生 …………………………… 3800、3802
罗天 ……………………………… 3800、3802
程里 …………………………… 3800—3803
谭巨添…………………………………… 3813
焦林义…………………………………… 3815
李庆霖…………………………………… 3825
邵毓华…………………………………… 3827
张群英…………………………………… 3832
董志伟…………………………………… 3832
李放邱…………………………………… 3838
张开泰…………………………………… 3838
霍桐…………………………………… 3849
叶国强…………………………………… 3878
江伟雄…………………………………… 3878
秦东伟…………………………………… 3878
徐宝华…………………………………… 3878
李树林…………………………………… 3901
李海娃…………………………………… 3901
郑定震…………………………………… 3901

郑锦妹…………………………………… 3901
郭棉柳…………………………………… 3901
谢奕亮…………………………………… 3901
黄秀梅…………………………………… 3904
褐祖光…………………………………… 3914
胡志红…………………………………… 3927
程容明…………………………………… 3927
谢红军…………………………………… 3927
毛秀娃…………………………………… 3934
牟海滨…………………………………… 3936
谢康莲 …………………………… 3946、3969
王美季…………………………………… 3951
杨憧…………………………………… 3955
沈勤…………………………………… 3957
谢锦香…………………………………… 3957
吴惠娥…………………………………… 3970
黄荣南…………………………………… 3970
邓业章…………………………………… 3971
林李明…………………………………… 3971
梁秀珍…………………………………… 3971

广西壮族自治区

刘生发…………………………………… 3975
肖一舟 …………………………… 3975、3976
黄志武…………………………………… 3975
梁丽华…………………………………… 3975
梁积雄…………………………………… 3975
梁翠英…………………………………… 3975
韩秉文 …………………………… 3975、3976
曾祖富…………………………………… 3975
谢居芬…………………………………… 3975
潘古 ………………… 3975、3976、3994
梁新发…………………………………… 3976

韦国清 …………………………… 3978、3987
邢崇智…………………………………… 3978
伍晋南 …………………………… 3978、3979
安平生…………………………………… 3979
田克 …………………………… 3983、3994
刘佩龙…………………………………… 3987
刘重桂…………………………………… 3987
蔡碟球…………………………………… 3989
冯寿天…………………………………… 3994
乔晓光…………………………………… 3994
任树人…………………………………… 3994

阮兆江…………………………………… 3994　　方明高…………………………………… 4025

夏敬雄…………………………………… 3994　　黄均胜…………………………………… 4025

四川省

马永链…………………………………… 4115　　伍光远…………………………………… 4127

王万崇…………………………………… 4115　　申湘才…………………………………… 4133

严增品…………………………………… 4115　　廖井丹…………………………………… 4134

赵孝荣…………………………………… 4115　　叶石…………………………………… 4141

李敏其…………………………………… 4116　　杨元安…………………………………… 4142

蒋熏南…………………………………… 4116　　张玉成…………………………………… 4143

马永烁…………………………………… 4117　　李庆霖 ………………………… 4144、4215

王守模…………………………………… 4117　　张宗仁…………………………………… 4144

王春芳…………………………………… 4117　　张儒品…………………………………… 4144

文海全…………………………………… 4117　　梁光汉…………………………………… 4144

邓步云…………………………………… 4117　　熊宇忠…………………………………… 4144

许世明…………………………………… 4117　　王川…………………………………… 4149

孙小欣…………………………………… 4117　　王亥…………………………………… 4149

孙成明…………………………………… 4117　　何多苕…………………………………… 4149

孙传琪 ·· 4117、4142、4145、4390—4392　　罗中立…………………………………… 4149

巫方安 ……………… 4117、4142、4145、　　程丛林…………………………………… 4149

　　　　　　　　4390、4392、4402　　郭实夫…………………………………… 4150

李莉…………………………………… 4117　　雷汉统…………………………………… 4150

李子刚…………………………………… 4117　　王连珠…………………………………… 4151

余川秀…………………………………… 4117　　吴世超…………………………………… 4151

张明贵…………………………………… 4117　　汪龙伦…………………………………… 4151

张官民 ………………… 4117、4142、4157　　唐立…………………………………… 4151

张洪道 …………………………… 4117、4142　　韩奎…………………………………… 4151

陈云珍…………………………………… 4117　　石曾海 …………………………… 4171、4192

罗琼秀…………………………………… 4117　　李永福 …………………………… 4171、4192

郑胜中…………………………………… 4117　　余坤利 …………………………… 4171、4192

胡孝义…………………………………… 4117　　周本伦 …………………………… 4171、4192

萧宗华…………………………………… 4117　　鄢嵩山…………………………………… 4186

梅跃农 …………………………… 4117、4145　　陈禹孙…………………………………… 4189

曹恒…………………………………… 4117　　戴久碧…………………………………… 4199

魏小容………………………………… 4199

蒋青云………………………………… 4213

汤成功………………………………… 4217

杜松………………………………… 4217

王干………………………………… 4218

王怀文………………………………… 4218

刘达通………………………………… 4218

孙家秀………………………………… 4218

李国超…………………………… 4218、4221

杨振道………………………………… 4218

吴儒玢…………………………… 4218、4221

周昌瑞…………………………… 4218、4221

胡大鹏………………………………… 4218

何琼华………………………………… 4221

李玉良………………………………… 4234

于济舟………………………………… 4235

杨木易………………………………… 4239

贾青山………………………………… 4239

王绍南………………………………… 4285

刘昌喜………………………………… 4286

王碧恒………………………………… 4290

张玉珍………………………………… 4295

陈云秀………………………………… 4301

施裕民………………………………… 4304

刘泽先………………………………… 4314

张国大………………………………… 4315

刘希奎………………………………… 4321

邹绍荣………………………………… 4321

张明均………………………………… 4321

陈丙南………………………………… 4321

赵特民………………………………… 4321

史贤树………………………………… 4331

丁洪佑………………………………… 4346

丰贵琼………………………………… 4346

曹昌惠………………………………… 4346

邓力群………………………………… 4348

邓小平………………………………… 4348

胡乔木………………………………… 4348

胡耀邦………………………………… 4348

尹保安………………………………… 4376

漆明德………………………………… 4376

王海民………………………………… 4391

何光福………………………………… 4395

王富忠………………………………… 4452

吴李喜………………………………… 4453

殷碧莲………………………………… 4468

臧巴泽里………………………………… 4468

徐仁里………………………………… 4471

贵州省

李从富………………………………… 4477

吴肃………………………………… 4477

明子善………………………………… 4477

韩国锦………………………………… 4477

梅祥宗………………………………… 4478

贺炳衡………………………………… 4479

蒋凤池………………………………… 4479

李庆霖 ………………… 4480、4487、4649

周恩来………………………………… 4485

王桂香………………………………… 4486

陈勇………………………………… 4486

徐大健………………………………… 4486

徐志信………………………………… 4486

熊朝健 ………………… 4486、4528、4529

李再含………………………………… 4487

张荣森………………………………… 4487

林彪……………………………………… 4487	刘招祥……………………………………… 4544
蓝亦农……………………………………… 4487	张鸿江……………………………………… 4544
丁英……………………………………… 4491	邵翠章……………………………………… 4544
韩明……………………………………… 4491	吴祖贤……………………………………… 4551
成克……………………………………… 4492	潘德洪……………………………………… 4551
刘文彬……………………………………… 4492	卢洋水 ……………………………… 4559、4561
杜竹……………………………………… 4492	周凤来 ……………………………… 4559、4561
杜仲文……………………………………… 4492	黄建务 ……………………………… 4559、4575
李君……………………………………… 4492	石双琪……………………………………… 4561
李连修……………………………………… 4492	李仿尧 ……………………………… 4561、4567
李葆华……………………………………… 4492	宋新庭……………………………………… 4561
李遵正……………………………………… 4492	张晓光 ……………………………… 4561、4567
单启贤……………………………………… 4492	陶汉一 ……………………………… 4561、4567
邓金生……………………………………… 4495	宋新廷……………………………………… 4567
黄金鑫……………………………………… 4495	蔡进列……………………………………… 4579
郭家强……………………………………… 4497	王德安 ……………………………… 4580、4595
杜传一……………………………………… 4498	高维岱 ……………………………… 4580、4595
陈家全……………………………………… 4498	罗正芬 ……………………………… 4581、4590
赵鸿德……………………………………… 4498	蒋光荣 ………………… 4581、4588、4595
刘苍岩……………………………………… 4502	杨秀斌 ……………………………… 4583、4588
王道金……………………………………… 4503	吴寿通 ………………… 4583、4588、4595
杨本荣……………………………………… 4503	潘涛 ………………… 4583、4588、4595
刘奕明……………………………………… 4513	王广立……………………………………… 4587
李智林……………………………………… 4513	王文斋……………………………………… 4587
练启绅……………………………………… 4513	邵洲……………………………………… 4587
白天寿……………………………………… 4517	李友和 ……………………………… 4588、4595
孙金根……………………………………… 4517	罗慎涛 ……………………………… 4588、4595
何光荣 ……………………………… 4525、4534	李仁山……………………………………… 4589
黄久玉……………………………………… 4526	李正义……………………………………… 4590
姜孝先……………………………………… 4539	殷国栋……………………………………… 4595
常加功……………………………………… 4539	吴延义……………………………………… 4597
谢德官……………………………………… 4539	胡正明……………………………………… 4597
王修德……………………………………… 4544	彭科成……………………………………… 4597
伍友林……………………………………… 4544	田庆云……………………………………… 4604

钟耀庭……………………………… 4604
骆德贵……………………………… 4604
廖尚荣……………………………… 4604
潘盛荣……………………………… 4604
杨成秀……………………………… 4610
范学林……………………………… 4610
林瑞华……………………………… 4610
顾怀全……………………………… 4610
张礼勋……………………………… 4613
韦茂文…………………………… 4617、4618
刘庆章……………………………… 4617
罗秉掸……………………………… 4617
杜兴国……………………………… 4636
杨永才……………………………… 4636
秦忠诚……………………………… 4636
陈福明……………………………… 4639
赫庆忠……………………………… 4639
邹一之……………………………… 4642
张温泉……………………………… 4642
李云峰…………………………… 4645、4648
苟彬…………………………… 4645、4648
王继尧……………………………… 4646
王银顺……………………………… 4646
邢燕子……………………………… 4646
张中全……………………………… 4646
陈吉昌……………………………… 4646
周元全……………………………… 4646
周昌文……………………………… 4646
唐克平……………………………… 4646
王水……………………………… 4649
田普雨……………………………… 4649
刘沛杰……………………………… 4649
刘振玉……………………………… 4649
杨兴裕……………………………… 4649
吴天保……………………………… 4649
余勇……………………………… 4649
谷平……………………………… 4649
林传芳……………………………… 4649
周光辉……………………………… 4649
周忠诚……………………………… 4649
赵泽修……………………………… 4649
高广悦……………………………… 4649
韩守保……………………………… 4649
傅应祥……………………………… 4649
王俊保…………………………… 4650、4652
王立群……………………………… 4651
王兴建……………………………… 4651
孔俊……………………………… 4651
艾国勇……………………………… 4651
卢香凝……………………………… 4651
帅昌祥……………………………… 4651
帅毓新……………………………… 4651
朱黔生……………………………… 4651
刘显超……………………………… 4651
刘顺美……………………………… 4651
杨金琼……………………………… 4651
宋依幸……………………………… 4651
张西文……………………………… 4651
张金华……………………………… 4651
苟时文……………………………… 4651
钟守芬……………………………… 4651
郭开东……………………………… 4651
黄良国……………………………… 4651
鄢国辉……………………………… 4651
熊鹰……………………………… 4651
王建军……………………………… 4652
田琼……………………………… 4652
朱庆喜……………………………… 4652

任德英………………………………… 4652　　卓晓红………………………………… 4652

向克臣………………………………… 4652　　周文华………………………………… 4652

刘全甫………………………………… 4652　　施明龙………………………………… 4652

刘蕴章………………………………… 4652　　姜献旗………………………………… 4652

许惠英………………………………… 4652　　贺继芳………………………………… 4652

孙志强………………………………… 4652　　龚银………………………………… 4652

杨义静………………………………… 4652　　龚兴化………………………………… 4652

张兴建………………………………… 4652　　葛祥林………………………………… 4652

张安兰………………………………… 4652　　鄂忠文………………………………… 4652

陆学阳………………………………… 4652　　颜丽………………………………… 4652

陈放鸣………………………………… 4652　　田永年………………………………… 4664

陈学吉………………………………… 4652　　徐丕模………………………………… 4664

陈鲁黔………………………………… 4652　　温凌珠………………………………… 4664

林波………………………………… 4652　　杨文芬………………………………… 4666

云南省

朱克家 ………………… 4677、4785、4788　　梁部长………………………………… 4681

雷远高………………………………… 4677　　王震………………………………… 4682

黎锡福………………………………… 4677　　张泽民………………………………… 4682

张国亮 …………………… 4678、4695　　薛韬………………………………… 4682

张迪青 …………………… 4678、4695　　刘红鹰………………………………… 4688

贾小山 …………………… 4678、4695　　顾秀珍………………………………… 4688

杨一堂………………………………… 4679　　王彦彬………………………………… 4690

王洪文………………………………… 4680　　刘小三………………………………… 4690

华国锋………………………………… 4680　　严彩英………………………………… 4690

纪登奎………………………………… 4680　　李崇德………………………………… 4690

李先念………………………………… 4680　　何树英………………………………… 4690

李富春………………………………… 4680　　张开贵………………………………… 4690

汪东兴………………………………… 4680　　张梅英………………………………… 4690

周兴………………………………… 4680　　张翠英………………………………… 4690

周恩来 ………………… 4680、4681、4766　　梁正福………………………………… 4690

丁惠民 ………………… 4681、4682、4781　　叶剑英………………………………… 4695

邓小平…………………… 4681、4781　　刘汉周………………………………… 4695

李克忠………………………………… 4681　　李文进………………………………… 4695

李伙化…………………………………… 4695	程凤琴…………………………………… 4768
陈忠友…………………………………… 4695	温家礼…………………………………… 4768
武健…………………………………… 4695	吴丽屏…………………………………… 4769
罗定邦…………………………………… 4695	李宗胜…………………………………… 4774
蔡德福…………………………………… 4695	张琳…………………………………… 4774
廖希仁…………………………………… 4695	居元…………………………………… 4774
严亭亭…………………………………… 4700	李有德…………………………………… 4777
晓剑…………………………………… 4700	萧诺曼…………………………………… 4780
徐军…………………………………… 4701	江世民…………………………………… 4781
丁宏佑…………………………………… 4707	王诗益…………………………………… 4785
李庆霖…………………………………… 4707	叶尔聪…………………………………… 4785
郭兴昌…………………………………… 4715	金鸿祥…………………………………… 4785
刘鹤安…………………………………… 4725	钱国模…………………………………… 4785
李树森…………………………………… 4725	高云峰…………………………………… 4785
普云贵…………………………………… 4725	崔六如…………………………………… 4785
胡金荣…………………………………… 4742	赵凡…………………………………… 4788
袁嘉儒…………………………………… 4742	王洪扣…………………………………… 4789
高国茂…………………………………… 4742	朱家华…………………………………… 4790
雷争春…………………………………… 4742	邱志平…………………………………… 4790
朱丽仙 ………………… 4753、4754、4757	陈汉为…………………………………… 4790
汤国斌 ………………… 4753、4754、4757	周金林…………………………………… 4790
孙根娣 ………………… 4754、4755、4757	黄一帆…………………………………… 4790
肖诺曼 ………………………… 4766、4769	程世忠…………………………………… 4790
吴丽萍 ………………………… 4766、4780	普贵忠…………………………………… 4791
王幼娥…………………………………… 4768	张方琼…………………………………… 4809
杨贵录…………………………………… 4768	李文明…………………………………… 4814
吴良友…………………………………… 4768	李玉芳…………………………………… 4814
吴桂仙…………………………………… 4768	和即中…………………………………… 4814
姚林昌…………………………………… 4768	

人名笔画索引

说明：本索引人名收录基本原则同《人名省份索引》。

本索引所收人名按笔画数从少到多编排，姓氏笔画数相同者再以一、丨、丿、丶、乙为序，同姓氏人名继以第二字、第三字笔画数为序。集体名单放在最后，依其来源县、市或省份的笔画数为序，名单来自两个及以上县、市或省份的放在其首见的县、市或省份位置的最前，同县、市或省份以页码为序。

二画

〔一〕

丁元善…………………………………… 1315

丁书惠 …………………………………… 108

丁训明…………………………………… 2302

丁江 …………………………………… 709

丁宏佑…………………………………… 4707

丁英…………………………………… 4491

丁国君…………………………………… 2712

丁国柱 …………………………………… 715

丁绍仁…………………………………… 2307

丁保素…………………………………… 3035

丁洪佑…………………………………… 4346

丁爱笛…………………………………… 1456

丁继红 …………………………… 538、554

丁惠民 ……………… 4681、4682、4781

丁榕芳…………………………………… 3151

〔丨〕

卜慧珍 …………………………… 3715、3717

〔丿〕

刁洪森…………………………………… 1199

力丁 ……………………………… 539、549

三画

〔一〕

于星星…………………………………… 1939

于飞…………………………………… 2099

于云超…………………………………… 1238

于冬苓…………………………………… 1146

于立江…………………………………… 1310

于永实…………………………………… 2229

于会泳…………………………………… 2281

于赤…………………………………… 2609

于克 …………………………………… 811

于杰……………… 992、1012、1013、1017

于昌仁…………………………………… 1067

于忠玉 …………………………………… 103

于济舟…………………………………… 4235

于振启…………………………………… 2848

于晓忠…………………………………… 1320

于恩江…………………………………… 1062

于海岐 …………………………… 1206、1207

于德满 …………………………………… 875

万里 …………………………………… 42、43

万学春…………………………………… 1054

万锦云 ………………………………… 435

[|]

山秋林 ………………………………… 995

[、]

义国良 ………………………………… 3734

[丿]

习仲勋 ………………………………… 3796

习近平 ………………………… 1456、1464

马力 ………………… 130、162、166

马文田 ………………………………… 709

马文星 ………………………………… 192

马文铎 ………………………………… 709

马予真 ………………………………… 1663

马世英 ………………………… 2191、2192

马龙生 ………………………………… 2126

马永明 ………………………………… 1326

马永烁 ………………………………… 4117

马永链 ………………………………… 4115

马成英 ………………………………… 1990

马庆祝 ………………………………… 1306

马志明 ………………………………… 549

马怀乾 ………………………………… 1100

马良全 ………………………………… 3637

马良骥 ………………………………… 1407

马杰 ………………………………… 143

马国祥 ………………………………… 709

马佩珠 ………………………………… 1334

马宝山 ………………………………… 892

马玲娟 ………………………………… 2014

马荣 ………………………………… 1919

马香兰 ………………………………… 875

马秋里 ………………………………… 1950

马继生 ………………………………… 1352

马唯真 ………………………………… 1313

马辉 ………………………………… 143

马辉清 ………………………………… 2103

马然珍 ………………………………… 217

马瑞华 ………………………… 1857、2120

马新才 ………………………………… 2147

马福洪 ………………………………… 549

马德录 ………………………………… 3343

四画

[一]

丰凤媛 ………………………………… 2191

丰贵琼 ………………………………… 4346

王一平 ………… 2221、2229、3151、3152

王干 ………………………………… 4218

王大万 ………………………………… 3521

王大任 ………………………………… 320

王万崇 ………………………………… 4115

王万福 ………………………………… 3092

王川 ………………………………… 4149

王广义 ………………………………… 3684

王广立 ………………………………… 4587

王卫民 ………………………… 3573、3574

王开春 ………………………………… 2135

王云龙 ………………………………… 2135

王云生 ………………………………… 895

王水 ………………………………… 4649

王牛犊 ………………………………… 1399

王化龙 ………………………………… 192

王公春 ………………………………… 1244

王凤英 ………………………………… 549

王凤雨 ………………………………… 2028

王凤麟…………………………………… 1319　　王光炳…………………………………… 2099

王文斋…………………………………… 4587　　王伟…………………………………… 3641

王文章…………………………………… 3695　　王延方…………………………………… 1362

王文湖…………………………………… 1342　　王任重 …………………………… 317、1779

王书安…………………………………… 2107　　王华萍…………………………………… 1917

王玉芬 …………………………………… 108　　王全华…………………………………… 2104

王玉国…………………………………… 1013　　王旭晶…………………………………… 2140

王玉珍 …………………………………… 312　　王庆 …………………………………… 838

王玉荣…………………………… 1015、1146　　王庆伟 ……………… 2210、2264、2273、

王玉柱…………………………………… 2099　　　　　　　　　　　　2274、2290、2302

王正元 …………………………………… 509　　王齐家…………………………………… 3610

王世英…………………………………… 1663　　王亥…………………………………… 4149

王占成…………………………… 705、709　　王兴华…………………………………… 1991

王占先…………………………………… 1358　　王兴建…………………………………… 4651

王占亲 …………………………………… 725　　王守松…………………………………… 2400

王占祥 …………………………………… 548　　王守模…………………………………… 4117

王禾胜 …………………………………… 888　　王安珍…………………………………… 3238

王冬梅 ……………… 474、744、791、799　　王纪光 …………………………………… 549

王立群…………………………………… 4651　　王进喜…………………………… 1056、1335

王永才 …………………………………… 986　　王运生…………………………………… 3560

王永坤…………………………… 1015、1039　　王孝忠 …………………………………… 549

王永妹…………………………………… 1940　　王志勤 …………………………………… 753

王发生…………………………………… 2168　　王芳…………………………………… 1303

王幼娥…………………………………… 4768　　王克……………………………… 2212、2229

王式恩…………………………………… 3106　　王克勤…………………………………… 2640

王吉冬…………………………………… 3032　　王极冬…………………………………… 3030

王老虎…………………………………… 3306　　王李 …………………………………… 549

王扬……………………………… 2112、2113　　王连珠…………………………………… 4151

王亚民…………………………………… 2107　　王连铮…………………………………… 1018

王再天 …………………… 411、418、436　　王坚冰…………………………………… 3190

王西林…………………………………… 3748　　王秀兰 …………………………… 535、1111

王在风…………………………………… 2148　　王秀珍…………………………………… 2281

王百中…………………………………… 1014　　王佐清 …………………………………… 445

王光美 …………………………………… 341　　王伸达…………………………………… 1966

王伯兴…………………………………… 3344 王绍明…………………………………… 3527

王怀文…………………………………… 4218 王绍南…………………………………… 4285

王宏立…………………………………… 2966 王春芳…………………………………… 4117

王启智…………………………………… 43 王春苦…………………………………… 2100

王纯…………………………………… 44 王春普…………………………………… 1248

王其人…………………………………… 1791 王荐贤 …………………………… 3695、3698

王茂青…………………………………… 2400 王荣芳…………………………………… 1110

王岐岳…………………………………… 1772 王树生…………………………………… 1281

王昆仑…………………………………… 1272 王树华 …………………………………… 166

王昆伦…………………………………… 1249 王树章 …………………………………… 721

王国一…………………………………… 3344 王星南…………………………………… 3603

王国兴…………………………………… 1944 王香冠…………………………………… 2048

王国福…………………………………… 1920 王重华 ………………………… 3293、3304

王国翠…………………………………… 2107 王修德…………………………………… 4544

王国璋…………………………………… 1100 王保林 …………………………………… 539

王忠…………………………………… 1245 王俊保 ………………………… 4650、4652

王季平 …………………………………… 857 王俊勇…………………………………… 3036

王秉祥…………………………………… 1331 王庭栋 …………………………………… 315

王金山 …………………………………… 162 王彦彬…………………………………… 4690

王金木…………………………………… 2005 王美季…………………………………… 3951

王金宁…………………………………… 2041 王洪文…………………………………… 4680

王金华…………………………………… 2095 王洪扣…………………………………… 4789

王学尧 …………………………………… 548 王洪梅 …………………………………… 709

王学江…………………………………… 2103 王洪章…………………………………… 2191

王学军…………………………………… 1265 王洪源 …………………………………… 550

王学英 ……………………… 1272、1277、1281 王冠英…………………………………… 2100

王学源…………………………………… 2609 王耕之 …………………………………… 705

王宗楣…………………………………… 2673 王素英 …………………………………… 723

王诗益…………………………………… 4785 王振元…………………………………… 2107

王建元…………………………………… 1512 王振生…………………………………… 1326

王建业…………………………………… 1135 王桂香…………………………………… 4486

王建安…………………………………… 2108 王恩茂 ……………………… 1908、1927、2051

王建军…………………………………… 4652 王恩祥 …………………………………… 709

王绍武 …………………………………… 550 王爱民 …………………………………… 550

王爱英 …………………………………… 110
王凌文 ………………… 1303、1306、1307
王资鑫………………………………… 2642
王海民………………………………… 4391
王润民 ………………………… 3699、3700
王家懿………………………………… 44
王祥………………………………… 1248
王娥 …………………………………… 154
王能孝………………………………… 1069
王继尧………………………………… 4646
王培珍 … 108、148、149、152、158、892
王崇久………………………………… 1913
王银刚 …………………………………… 799
王银钢 ………………………………… 474
王银顺………………………………… 4646
王银娥 ………………………… 315、316
王敏华………………………………… 1313
王清秀………………………………… 3731
王淑云………………………………… 1303
王淑芬………………………………… 1100
王淑英 …………………………………… 108
王婉珍………………………………… 3571
王婉敏………………………………… 2471
王维 …………………… 1917、1919、1920
王维群………………………………… 3293
王琴………………………………… 2640
王瑛君 ………………………… 1015、1039
王朝海 …………………………………… 108
王森………………………………… 3342
王紫萍 …………………………………… 440
王辉 …………………………… 100、971
王景山………………………………… 3527
王敦洋………………………………… 2061
王斌………………………………… 2865

王善成 …………………………………… 192
王道金………………………………… 4503
王富忠………………………………… 4452
王谦 …………………………………… 333
王瑞才………………………………… 1772
王锦 …………………………………… 550
王新华 …………………………………… 737
王群 …………………………………… 681
王群生 ………………………… 3695、3698
王殿奎………………………………… 2168
王殿俊………………………………… 1779
王静植 …………………………………… 440
王碧恒………………………………… 4290
王毓敏………………………………… 2098
王翠………………………………… 2395
王震 …… 993、1017、1238、1249、1458、
1908、1922、1925、1926、1929、
1941、1944、1990、2021、2024、
2212、2228、2230、2232、4682
王德发………………………………… 2099
王德安 …………………………… 4580、4595
王德林 …………………………………… 857
王德昌………………………………… 2023
王毅 …………………………………… 838
王鹤 …………………………………… 681
韦茂文 …………………………… 4617、4618
韦国清 …………………………… 3978、3987
韦茹秀 …………………………………… 577
云金平 …………………………………… 549
尤太忠 …………………………………… 412
车文渝………………………………… 2089
车强………………………………… 1920

〔J〕

牛士和 …………………………………… 710

牛文焕…………………………………… 1135
牛英杰 …………………………… 1303、1305
牛金凤…………………………………… 2095
牛贵彬…………………………………… 1325
牛家良…………………………………… 2848
牛静波 ………………………………… 217
毛小平…………………………………… 2148
毛玉华…………………………………… 1362
毛远新 ……………… 592、595、597—599、
614、615、636、768
毛秀娃…………………………………… 3934
毛阿福 …………………………… 2019、2020
毛继才 ………………………………… 145、146
毛啸岳…………………………………… 2893
毛鸿远…………………………………… 3476
乌兰夫 …………………………… 418、484
乌达巴拉 ………………………………… 558
乌恩其…………………………………… 1194
乌鲁玛…………………………………… 1813

〔丶〕

文海全…………………………………… 4117
文道宏…………………………………… 2966
方介…………………………………………… 38
方玉 …………………………… 2465、2503
方含…………………………………………… 38
方明高…………………………………… 4025
方衍华 …………………………… 2465、2493
方继业 …………………………… 2849、2855
方瑜 ………………… 1271、1274、1282
方福根…………………………………… 2004

〔一〕

尹长升…………………………………… 1244
尹凤山…………………………………… 1238

尹凤山…………………………………… 1320
尹丽荣 ………………………………… 895
尹国茹 ………………………………… 549
尹树全…………………………………… 1186
尹保安…………………………………… 4376
尹喜才 ………………………………… 913
尹新顺…………………………………… 1813
孔万成…………………………………… 2210
孔俊…………………………………… 4651
孔济仁…………………………………… 2801
孔祥麟…………………………………… 2609
巴达玛 ………………………………… 584
巴贷…………………………………… 1776
巴桑杰 ………………………………… 546
巴斯巴依·马提………………………… 1855
邓力群…………………………………… 4348
邓小平 … 2457、3342、4348、4681、4781
邓子恢 ………………………………… 148
邓反根…………………………………… 3009
邓凤桐 ………………………………… 101
邓世禄…………………………………… 2103
邓业章…………………………………… 3971
邓乐享 ………………………… 3697、3707
邓兰芳…………………………………… 2609
邓安鹏…………………………………… 1826
邓步云…………………………………… 4117
邓国栋 ………………………………… 709
邓金生…………………………………… 4495
邓泽民…………………………………… 2801
邓鼎先…………………………………… 3022

五画

〔一〕

甘金凤 …………………………… 2005、2006
甘春雷…………………………………… 1662

甘铁生…………………………………… 38
艾传庚…………………………………… 1270
艾国勇…………………………………… 4651
左凤岗…………………………………… 3022
石双琪…………………………………… 4561
石西民 …………………………… 2212、2229
石成林 …………………………… 2210、2223
石坚 …………………………………… 106
石青…………………………………… 1024
石宝贤 ………………………………… 709
石钟琴…………………………………… 2098
石晓宁…………………………………… 1357
石曾海 …………………………… 4171、4192
石僧杰 ………………………………… 445
龙恩泽…………………………………… 1017
平润师 ………………………………… 509

【l】

卡斯木·肉孜…………………………… 1823
卢传声…………………………………… 2490
卢林金…………………………………… 2988
卢贤扬…………………………… 3343、3344
卢忠阳…………………………… 3440、3441
卢育生…………………………………… 2673
卢洋水 …………………………… 4559、4561
卢香凝…………………………………… 4651
卢展工 ………………………………… 995
帅昌祥…………………………………… 4651
帅毓新…………………………………… 4651
叶石…………………………………… 4141
叶尔聪…………………………………… 4785
叶毕华…………………………………… 2104
叶聿芳…………………………………… 3169
叶国强…………………………………… 3878

叶欣…………………………………… 1840
叶剑英 …………………………… 333、4695
叶惠贤…………………………………… 2047
申水离…………………………………… 2017
申玉光…………………………………… 1950
申吉利…………………………………… 1790
申欣…………………………………… 3443
申建文…………………………………… 2137
申显云 ………………………………… 315
申湘才…………………………………… 4133
田凤歧…………………………………… 1693
田文悦 …………………………… 1303、1306
田玉家 ………………………………… 717
田礼太 ………………………………… 315
田永年…………………………………… 4664
田而 ………………………………… 723
田庆云…………………………………… 4604
田军 …………………………………… 894
田志刚 ………………………………… 179
田克 …………………………… 3983、3994
田建惠…………………………………… 1942
田绍先…………………………………… 43
田冠英 …………………………… 1014、1248
田淑青…………………………………… 1129
田琼…………………………………… 4652
田普雨…………………………………… 4649
由希令 …………………………… 720、728
史之汉…………………………………… 3036
史芳芳 ………………………………… 442
史连绪…………………………………… 2017
史贤树…………………………………… 4331
史素珍 ………………………………… 390
史铁生 …………………………… 38、1459
史意香 …………………………… 2116、2117

史璋…………………………………………… 43

【J】

付光辉…………………………………… 1291

付宗仁…………………………………… 1327

付晓东 …………………………………… 538

付淑琴…………………………………… 1019

代良芬…………………………………… 2104

代景华 …………………………………… 892

白万禄…………………………………… 1018

白天寿…………………………………… 4517

白如冰…………………………………… 2334

白纪年…………………………… 1406、1407

白启娴 …………………… 153、261、265

白春荣…………………………………… 2188

白栋材…………………………………… 2966

白美荣…………………………………… 2104

白润生…………………………………… 1453

白潜 …………………………………… 609

乐宝珍…………………………………… 2107

包文通…………………………………… 1201

包立军…………………………………… 1054

包厚昌…………………………………… 2453

包德智…………………………………… 1265

【、】

冯世渭 …………………………………… 101

冯 汉 …………………………………… 218

冯百兴 ………… 1020、1347、1349、1350

冯刚 …………………………………… 729

冯寿天…………………………………… 3994

冯国宝…………………………………… 2554

冯念康…………………………………… 2317

冯建平…………………………………… 3610

冯珍…………………………………… 2148

冯勇 …………………………………… 312

冯振帮…………………………………… 2017

冯莲芝…………………………………… 2103

冯继芳 ………………… 996、998、1321、

1322、1346、1347

冯雪松 …………………………………… 895

冯善鹏…………………………………… 2107

兰玉田…………………………………… 1018

兰国候…………………………………… 3521

宁友冬…………………………………… 1146

宁田田 …………………………………… 549

宁华 …………………………………… 440

宁佩玲…………………………………… 1019

宁锡来 …………………………………… 107

必青…………………………………… 2118

【二】

司马义·艾买提 ……………… 1778、1927

司马义·买合苏提…………………… 1776

皮定钧…………………………………… 3154

母维平…………………………………… 1321

六画

【一】

匡为民…………………………………… 1273

匡伯成…………………………………… 1314

邢连兴…………………………………… 3653

邢秀英 …………………………………… 148

邢崇智…………………………………… 3978

邢福宝…………………………………… 2188

邢燕子…… 39、83、108—110、130—135、

148、152、153、158、166、227、

230、232、237、297、804、892、

1070、1401、1612、4646

吉日格拉 …………………………………… 545

吉日嘎拉 ………………………………… 538

芒克………………………………………… 38

再冬兰木·沙衣木……………………… 1835

成克………………………………………… 4492

毕际昌………………………………………… 3156

毕述凤………………………………………… 2883

毕淑文 ………………………………………… 146

【I】

师玉明………………………………………… 2639

师锐………………………………………… 1452

吐逊·尼牙孜…………………………… 1819

曲日忠………………………………………… 1314

曲折 ………………………………… 440、441

曲显岐………………………………………… 2563

曲维平 ………………………………………… 705

曲雅娟…………………………… 1346、1347

吕玉兰…………………………… 143、166

吕永海………………………………………… 2165

吕向阳 ………………………………………… 892

吕兴………………………………………… 2639

吕秀云 ………………………………………… 895

吕欣 …………………………………………… 6

吕建华………………………………………… 2514

吕经令………………………………………… 2140

吕钧陶………………………………………… 2135

吕美英 …………………………… 2221、2243

吕桂新 ………………………………………… 653

吕根泽…………………………… 820、892

吕淑艳………………………………………… 1251

吕惠珍 ………… 2465、2583、2493、2583

吕锡田………………………………………… 3344

吕锡龄…………………………… 2210、2223

吕慧珍………………………………………… 2493

吕燕………………………………………… 1291

【J】

朱小松………………………………………… 2638

朱广河………………………………………… 2848

朱乐平………………………………………… 2148

朱伟刚………………………………………… 2157

朱延良 ………………………………………… 730

朱庆喜………………………………………… 4652

朱安………………………………………… 2104

朱克家…………… 593、4677、4785、4788

朱杏芳………………………………………… 2087

朱丽仙 ………………… 4753、4754、4757

朱迎剑 ………………………………………… 545

朱轮 ………………………………… 3293、3304

朱贤亮………………………………………… 2005

朱果利…………………………… 1459、1460

朱明信………………………………………… 1266

朱金毅 ………………………………… 383、387

朱波 ………………………………… 999、1281

朱荣峰………………………………………… 2562

朱胜龙………………………………………… 1942

朱宣武………………………………………… 3731

朱桂达………………………………………… 1940

朱晓亮………………………………………… 1312

朱浣………………………………………… 2491

朱家华………………………………………… 4790

朱菊英………………………………………… 2232

朱喜权 ………………………………………… 892

朱辉………………………………………… 1018

朱鼎川………………………………………… 2490

朱锦林………………………………………… 2749

朱新珍………………………………………… 1987

朱福良………………………………………… 2177

朱慧丽 ………………………… 997、1321

朱慧娟 ………………………… 997、1321

朱德……………… 131、135、230、2707

朱黔生………………………………… 4651

乔玉明………………………………… 2117

乔治功………………………………… 1742

乔晋湘 ……………………………… 317

乔根娣………………………………… 1945

乔晓光………………………………… 3994

伍友林………………………………… 4544

伍光远………………………………… 4127

伍晋南 ………………………… 3978、3979

伍海涛 ……………………………… 895

任广芬………………………………… 2175

任广禄 …………………………… 843、848

任化民………………………………… 1105

任凤彩 ……………………………… 550

任有 ………………………………… 892

任仰山………………………………… 2023

任红………………………………… 1088

任志妹………………………………… 3106

任青远 ……………………………… 857

任树人………………………………… 3994

任映仑 ……………………………… 315

任晋恒………………………………… 1941

任铁英………………………………… 1088

任维杰………………………………… 1312

任雷远 ………………………… 3293、3304

任德英………………………………… 4652

任毅 ………………………… 457、2458

任蕾………………………………… 2191

华士飞………………………………… 1913

华亚霖………………………………… 2103

华国梁………………………………… 2641

华国锋 …………… 132、464、475、1451、

1759、2221、4680

华煜卿………………………………… 3528

向克臣………………………………… 4652

多多………………………………… 38

邬烈源………………………………… 2170

邬爱丹 ………………………… 2234、2957

〔、〕

冰拜………………………………… 1883

庄永兴 ………………………………… 108

庄志禄………………………………… 2801

庄惠珍………………………………… 2174

刘力 ………………………………… 709

刘乃尧………………………………… 2639

刘士凯………………………………… 2848

刘小三………………………………… 4690

刘义民………………………………… 2099

刘子云………………………………… 3732

刘子廷………………………………… 3487

刘子芹 ……………………………… 151

刘子厚 …………………… 143、148、295

刘开基 ……………… 309、315、316、321

刘云清 ………………………… 992、1238

刘少奇 ……… 131、135、230、624、819、

2349、2818、3319、3624

刘中陆………………………………… 39

刘长友 ………………………… 961、970

刘长发………………………………… 1323

刘长海 ……………………………… 548

刘仁………………………………… 42

刘月琴………………………………… 2037

刘凤廷………………………………… 1248

刘文………………………………… 1325

刘文华…………………………………… 1111
刘文彬…………………………………… 4492
刘文新 …………………………………… 690
刘双全 …………………………… 1908、2023
刘玉功 …………………………………… 550
刘玉陆…………………………………… 2188
刘玉珍…………………………………… 2033
刘玉清…………………………………… 1015
刘平…………………………………… 2453
刘占彪…………………………………… 3527
刘生发…………………………………… 3975
刘汉周…………………………………… 4695
刘永吉…………………………………… 2598
刘永军…………………………………… 1315
刘永杰 …………………………… 1206、1207
刘达通…………………………………… 4218
刘成栋…………………………………… 1940
刘光…………………………………… 1452
刘华钧…………………………………… 3646
刘华香 …………………………………… 436
刘自然 …………………………………… 818
刘全甫…………………………………… 4652
刘争玲…………………………………… 1920
刘庆武…………………………………… 2107
刘庆章…………………………………… 4617
刘兴志 …………………………………… 890
刘阳春…………………………………… 3670
刘红鹰…………………………………… 4688
刘孝 …………………………………… 550
刘志宏…………………………………… 2104
刘苍岩…………………………………… 4502
刘克冰…………………………………… 1225
刘丽莎 …………………………… 1738、1739
刘连阳…………………………………… 1311
刘吟庆 …………………………………… 411
刘秀兰…………………………………… 2191
刘希奎…………………………………… 4321
刘沛杰…………………………………… 4649
刘君娣…………………………… 2022、2024
刘武庆…………………………………… 46
刘招祥…………………………………… 4544
刘英杰…………………………………… 2171
刘述周…………………………………… 2229
刘国君…………………………………… 1013
刘国杰…………………………………… 1402
刘昌喜…………………………………… 4286
刘明义…………………………………… 43
刘明元…………………………………… 2637
刘岩 …………………………………… 875
刘凯…………………………………… 1313
刘佩龙…………………………………… 3987
刘金生…………………………………… 3716
刘泽先…………………………………… 4314
刘宝庆…………………………………… 1015
刘宝昌 …………………………………… 721
刘宝顺…………………………………… 1361
刘定洲…………………………………… 1375
刘建五 …………………………………… 550
刘建国 …………………………………… 550
刘承林…………………………………… 1344
刘春合…………………………………… 1464
刘春润…………………………………… 2023
刘显超…………………………………… 4651
刘星……………………………… 1776—1778
刘品 …………………………………… 345
刘重桂…………………………………… 3987
刘顺元…………………………………… 2450
刘顺美…………………………………… 4651

刘俊秀……………………………… 2970 刘毓芳……………………………… 1323

刘剑锋……………………………… 1855 刘慧 ……………………………… 548

刘度南 ………………… 2210、2264、2274 刘蕴章……………………………… 4652

刘奕明……………………………… 4513 刘震 ………………… 1759、1778、1791

刘炳元……………………………… 1291 刘德夫……………………………… 2118

刘炳堂 ……………………………… 709 刘鹤安……………………………… 4725

刘济川 …………………… 2491、2496 齐玉林 ……………………………… 205

刘济民 …………………… 1991、2006 齐立昌……………………………… 1315

刘振夫……………………………… 1455 齐远平 ……………………………… 548

刘振玉……………………………… 4649 齐若华……………………………… 3320

刘振和……………………………… 3521 齐建国……………………………… 1265

刘桂才……………………………… 1018 齐笑冬 ……………………………… 971

刘桂芝……………………………… 1017 闫友民……………………………… 1917

刘桂荣……………………………… 1344 关俊清……………………………… 1244

刘桂香……………………………… 1798 关晓梅……………………………… 1013

刘根宝……………………………… 2188 江世民……………………………… 4781

刘恩弟 ……………………………… 994 江伟雄……………………………… 3878

刘铁芳 …………………… 605、773 江青 …… 132、598、599、605、614、615、

刘逢贵 ……………………………… 710 634、758、773、1064、2685、3289、

刘海波……………………………… 3652 3290、3292、3353、3442、3444

刘继芳……………………………… 2156 江泽民……………………………… 1908

刘菊珍……………………………… 2232 江承坚……………………………… 1303

刘萍丽……………………………… 2641 江祝芝……………………………… 3716

刘乾宝 ……………………………… 201 江家华……………………………… 1327

刘崛林……………………………… 3609 汤成功……………………………… 4217

刘焕兰……………………………… 1054 汤华辉……………………………… 1917

刘清玉……………………………… 1238 汤国斌 ………………… 4753、4754、4757

刘淑英 ……………………………… 527 安平生……………………………… 3979

刘淑香 ……………………………… 154 安良城……………………………… 1243

刘维哲 ……………………………… 690 祁果 …………………… 1776、1927

刘喃……………………………… 2104 许卫平……………………………… 2640

刘湘娥 …………………… 3697、3707 许世明……………………………… 4117

刘裕国……………………………… 1270 许吉甫……………………………… 2609

刘源 ……………………………… 341 许冰……………………………… 3442

许进…………………………………… 1335
许茂…………………………………… 3684
许明 …………………………………… 166
许春兰………………………………… 2148
许春来………………………………… 3263
许或青 …………………………… 3151、3267
许洪兰 ………… 2210、2264、2273、2274
许效民………………………………… 1452
许家屯………………………………… 2450
许彩英………………………………… 2855
许焕初………………………………… 2099
许淑香………………………………… 1323
许淑媛………………………………… 2188
许惠英………………………………… 4652
许道奎………………………………… 2609

〔一〕

那延吉………………………………… 1325
阮正…………………………………… 3476
阮兆江………………………………… 3994
阮跃华………………………………… 1826
孙士兰………………………………… 2107
孙小欣………………………………… 4117
孙云云………………………………… 1331
孙风森………………………………… 1014
孙文友………………………………… 87
孙双喜 ………………………………… 383
孙玉舟………………………………… 1741
孙玉芳………………………………… 1110
孙玉忠………………………………… 2170
孙立哲…………… 39、1406、1409、1457、
　　　　　　　　1458、1460、1461、1463
孙永山 …… 993、1015、1146、1238、1320
孙永华………………………………… 2136

孙永贵 ……………………… 1015、1039
孙成明………………………………… 4117
孙伟毅………………………………… 2855
孙传琪 … 4117、4142、4145、4390—4392
孙自成 ………………………………… 115
孙志强………………………………… 4652
孙连华 …………………………… 124、127
孙连胜 ………………………………… 709
孙秀生 ………………………………… 217
孙妙芬 ………………… 2665、2711、2712
孙其明………………………………… 1146
孙秉江………………………………… 1053
孙金根………………………………… 4517
孙挺 …………………………………… 723
孙树青 ………………………………… 387
孙艳…………………………………… 1323
孙振环………………………………… 1335
孙振杰………………………………… 1243
孙振梅………………………………… 2148
孙根娣 ………………… 4754、4755、4757
孙健…………………………………… 1102
孙家秀………………………………… 4218
孙祥 …………………………………… 192
孙彩红………………………………… 2471
孙淑英 ………………………………… 154
孙维影………………………………… 1054
孙琨 …………………………………… 710
孙景伟………………………………… 43
孙强烈………………………………… 1933
孙翠花………………………………… 1452
孙德胜 ………………………………… 986
孙毅 …………………………………… 895
牟海滨………………………………… 3936
牟雷欧………………………………… 1291

纪云山………………………………… 2390

纪明琦………………………………… 2958

纪钢………………………………… 2104

纪根建………………………………… 1249

纪登奎 ………………… 1759、3355、4680

七画

〔一〕

远千里 ………………………………… 130

芳桂云………………………………… 1343

严树菁 ………………………………… 147

严亭亭………………………………… 4700

严洁………………………………… 2188

严家修………………………………… 2104

严彩英………………………………… 4690

严增品………………………………… 4115

芦回春 …………………… 3695、3698

芦新弟………………………………… 1303

苏秀娟………………………………… 1333

苏荣久 ………………………………… 710

苏晓存 ………………………………… 551

苏晓琦………………………………… 1790

苏彩女………………………………… 1349

苏琴………………………………… 3152

苏醒………………………………… 1017

杜万平………………………………… 1819

杜天善 ………………………………… 509

杜西芳………………………………… 2177

杜竹………………………………… 4492

杜传一………………………………… 4498

杜仲文………………………………… 4492

杜兴国………………………………… 4636

杜志坚 ………………………… 1962、1963

杜李 ………………………………… 736

杜秀桐 ………………………………… 362

杜松………………………………… 4217

杜俊起 ………………… 992、994、1014、

1016、1237、1247

杜恒昌 ………………………………… 551

杜常金 ………………………………… 971

杜银娣 …………………… 3441、3442

杜斌鹏………………………………… 1919

杜雷进………………………………… 2642

巫方安 ……………… 4117、4142、4145、

4390、4392、4402

李力………………………………… 1657

李力权 …………………………… 705、709

李力安………………………………… 1017

李才………………………………… 3022

李万发………………………………… 1325

李凡一………………………………… 1452

李子刚………………………………… 4117

李子润………………………………… 3553

李天伶………………………………… 1039

李元庆 …………………… 2491、2496

李云轩………………………………… 1342

李云峰 …………………… 4645、4648

李友和 …………………… 4588、4595

李中垣 ………………………………… 104

李长枝………………………………… 1352

李长经 ………………………………… 895

李长梅………………………………… 2188

李仁山………………………………… 4589

李从富………………………………… 4477

李月兰………………………………… 1809

李月英 …………………… 1015、1017

李月莲………………………………… 2706

李风山………………………………… 2522

李文进…………………………………… 4695
李文杰…………………………………… 43
李文明…………………………………… 4814
李文学 …………………………………… 166
李文洲…………………………………… 2103
李方玉…………………………………… 2145
李玉芹 …………………………………… 895
李玉芳…………………………………… 4814
李玉良…………………………………… 4234
李玉荣…………………………………… 1013
李玉亮 …………………………………… 386、387
李玉番 …………………………………… 550
李正义…………………………………… 4590
李世功…………………………………… 2196
李世杰 …………………………………… 333
李世亭…………………………………… 1987
李龙翔…………………………………… 2188
李北淮 …………………………………… 857
李甲…………………………………… 3151
李生花…………………………………… 2136
李仙桃 ………………………… 3697、3707
李永福 ………………………… 4171、4192
李吉乐 ………………………… 1314、1317
李亚东…………………………………… 1054
李再含…………………………………… 4487
李有光 …………………………………… 709
李有德…………………………………… 4777
李有衡…………………………………… 1783
李贞…………………………………… 16
李先念 …………… 131、273、577、1405、
1458、2869、4680
李传珍 …………………………………… 895
李延录…………………………………… 1249
李仲生 …………………………………… 706、709
李华…………………………………… 2400
李华林 …………………………………… 297
李仿尧 ………………………… 4561、4567
李伙化…………………………………… 4695
李自正 ………………………… 1990、2004
李自强…………………………………… 1349
李庆霖…… 155、193、255、262、464、592、
828、887、1141、2466、2495、
2610、2634、2723、2849、2984、
2990、3002、3017、3136、3137、
3150、3155、3200、3208、3209、
3211、3212、3667、3825、4144、
4215、4480、4487、4649、4707
李守成…………………………………… 2280
李守诚…………………………………… 2107
李讷…………………………………… 3081
李红 …………………………………… 154
李志全 ………………………… 1015、1320
李志军 ………………………… 3063、3064
李克忠…………………………………… 4681
李连元…………………………………… 1451
李连成…………………………………… 1014
李连修…………………………………… 4492
李秀贞…………………………………… 2099
李秀华 ………………………… 106、107
李秀英 ………………………… 393、2991
李秀荣…………………………………… 1344
李秀梅…………………………………… 1314
李秀清 ………………………… 3521、3603
李言 …………………………………… 681
李君…………………………………… 4492
李劲 ………………… 3608—3610、3724
李茂昌…………………………………… 1146
李林 …………………………… 2117、2191

李林广 ………………………………… 321
李杰 ………………………………… 217
李尚敬………………………………… 43
李国民………………………………… 43
李国华 ………… 1054、1055、1097、1101
李国兴………………………………… 2991
李国忠………………………………… 3022
李国超 …………………………… 4218、4221
李昌石………………………………… 1124
李明………………………………… 1180
李明东………………………………… 2148
李明珠 ………………………………… 894
李岩………………………………… 73
李秉衡………………………………… 1014
李金凤………………………………… 1323
李放邺………………………………… 3838
李学 ……………………………… 894、903
李学术………………………………… 1343
李学智………………………………… 1657
李宝山 ………………………………… 166
李宗月………………………………… 2374
李宗胜………………………………… 4774
李建梅………………………………… 1920
李孟杰………………………………… 2400
李孟强………………………………… 1273
李绍定………………………………… 3716
李春侠 ………………………………… 550
李荣华 …………………………… 145、146
李荣阁………………………………… 2107
李荣海 ………………………………… 445
李荣槐 …………………………… 315、316
李树林………………………………… 3901
李树森………………………………… 4725
李贵 ………………………………… 577
李贵卿………………………………… 3342
李思孝………………………………… 3487
李俊义………………………………… 1432
李俊谭………………………………… 1201
李美珍………………………………… 1054
李洪芳………………………………… 2400
李恒久………………………………… 3342
李恺华………………………………… 2022
李娅 ………………………………… 894
李勇汉………………………………… 2005
李艳………………………………… 1320
李莉………………………………… 4117
李莉三………………………………… 43
李桂芬 …………………………… 997、1321
李桂芳 ………………………………… 576
李配兰………………………………… 2589
李晓华………………………………… 1739
李晓军………………………………… 1279
李晓明 …………………………… 1738、1739
李晓群………………………………… 1739
李恩涛 ………………………………… 710
李铁民………………………………… 1273
李铁梅 ………………………………… 527
李笑牛 ………… 2209、2264、2273、2274
李健………………………………… 3344
李效华 ………………………………… 192
李益明………………………………… 3320
李海荣………………………………… 2736
李海娃………………………………… 3901
李海满………………………………… 1455
李朗秋………………………………… 3670
李娟………………………………… 2638
李培德………………………………… 2461
李梅英………………………………… 1939

李雪芬……………………………………… 2712 李群娣……………………………………… 2107

李雪峰 ……………………………………… 309 李增欣……………………………………… 2188

李晨 ……………………………………… 838 李德龙……………………………………… 3553

李跃东……………………………………… 1265 李德生……………………………………… 2612

李跃臣……………………………………… 2148 李德英……………………………………… 3320

李崇华 ……………………………………… 961 李德宽 ……………………………………… 851

李崇德……………………………………… 4690 李德新……………………………………… 3320

李银戈 ……………………………………… 154 李遵正……………………………………… 4492

李敏其……………………………………… 4116 李燕玲……………………………………… 3013

李清国 ……………………………………… 709 李曙光……………………………………… 2056

李淑芬……………………………………… 1238 李耀东……………………………………… 1243

李维城…………………………… 2052、2054 杨一平 …………………………… 999、1271

李琪……………………………………… 45 杨一堂……………………………………… 4679

李瑛……………………………………… 1313 杨士杰……………………………………… 3022

李琦涛 ………………… 2206、2211、2231 杨义静……………………………………… 4652

李喜兰……………………………………… 2194 杨子廉……………………………………… 1407

李葆华…………………………… 2818、4492 杨元安……………………………………… 4142

李紫燕……………………………………… 3320 杨木易……………………………………… 4239

李赐恭……………………………………… 3527 杨长俊…………………………… 2119、2120

李智林……………………………………… 4513 杨月琴……………………………………… 1987

李寒青……………………………………… 3304 杨凤英 ……………………………………… 102

李富才 ……………………………………… 551 杨文芬……………………………………… 4666

李富权 ……………………………………… 598 杨文森……………………………………… 3454

李富春……………………………………… 4680 杨正山……………………………………… 2471

李禄……………………………………… 1018 杨正瑶……………………………………… 3703

李强英……………………………………… 3707 杨本荣……………………………………… 4503

李瑞山……………………………………… 1375 杨白冰……………………………………… 1908

李瑞峰……………………………………… 1342 杨冬云……………………………………… 3573

李瑞琴 ……………………………………… 551 杨立业……………………………………… 1778

李路 …………………………… 3652、3653 杨立群…………………………… 3724、3733

李鹏宇 ……………………………………… 923 杨永才……………………………………… 4636

李源潮……………………………………… 1017 杨永青 ………………… 1779、2229、2230

李福余 ……………………………………… 709 杨西光 ………………… 2211、2212、2229

李福顺……………………………………… 1148 杨成秀……………………………………… 4610

杨光荣…………………………………… 1303
杨华 …… 62、977、989、992、994、1014、
1016、1017、1019、1039、1124、
1237、1245、1247—1249、1254
杨兴裕…………………………………… 4649
杨红原 …………………………………… 551
杨志春…………………………………… 1432
杨丽华 …………………………………… 551
杨连仲 ………… 1322、1336、1338、1339
杨秀兰 ……………………………… 42、44
杨秀斌 …………………………… 4583、4588
杨余斌…………………………………… 3553
杨治光…………………………………… 2990
杨松发…………………………………… 2103
杨尚昆…………………………………… 3796
杨易辰 …………………………… 1000、1064
杨金琼…………………………………… 4651
杨学昌 ……………………………… 375、388
杨柏勤…………………………………… 2103
杨树山…………………………………… 1048
杨贵录…………………………………… 4768
杨修…………………………………… 3342
杨保民…………………………………… 2180
杨俊达…………………………………… 2754
杨美佳…………………………………… 2104
杨祖嫩…………………………………… 2639
杨勇…………………………………… 1777
杨振泉…………………………………… 3033
杨振海…………………………………… 1724
杨振道…………………………………… 4218
杨桂英…………………………………… 3748
杨振和 …………………………… 1015、1238
杨振河 …………………………………… 992
杨效椿 …………………………… 2868、2933

杨益民……………………………………… 44
杨海军…………………………………… 2051
杨家兴 …………………………………… 710
杨朗樵…………………………………… 3304
杨淑云 …………………………… 997、1321
杨堤…………………………………… 1908
杨森…………………………………… 2512
杨舒洁…………………………………… 3022
杨富珍…………………………………… 1274
杨瑞玺…………………………………… 1826
杨勤宝 …………………………………… 523
杨意玲…………………………………… 2188
杨福田…………………………………… 2041
杨慕兰…………………………………… 3521
杨翠丽…………………………………… 2317
杨慧锦 …………………………………… 393
杨懂…………………………………… 3955

〔l〕

肖一舟 …………………………… 3975、3976
肖子云…………………………………… 3699
肖廷忠 …………………………… 993、1238
肖克有…………………………………… 1640
肖诺曼 …………………………… 4766、4769
时玉存…………………………………… 1406
吴小明 …………………………………… 442
吴天保…………………………………… 4649
吴公卿…………………………………… 3525
吴月英…………………………………… 1943
吴功祥…………………………………… 2608
吴世超…………………………………… 4151
吴石牛…………………………………… 3645
吴占魁…………………………… 3652—3654
吴冬青…………………………………… 3552

吴永娣 ……………………………… 145、146

吴亚莉 ……………………………… 2145

吴延义 ……………………………… 4597

吴江声 ……………………………… 1407

吴寿根 ……………………………… 1826

吴寿通 ……………… 4583、4588、4595

吴克芬 ……………………………… 1945

吴李喜 ……………………………… 4453

吴丽屏 ……………………………… 4769

吴丽萍 …………………………… 4766、4780

吴秀芳 ……………………………… 2169

吴良友 ……………………………… 4768

吴启秀 ……………………………… 166

吴顶华 ……………………………… 2638

吴其良 ……………………………… 2461

吴国芳 ……………………………… 912

吴国新 ……………………………… 2004

吴迪 …………………………… 1990、2004

吴学林 ……………………………… 709

吴宝兰 …………………… 2145、2855

吴建华 …………………… 2641、2644

吴建国 ………………… 1274、2233

吴肃 ……………………………… 4477

吴荣泉 ……………………………… 2652

吴相玲 ……………………………… 1826

吴亮璞 ……………………………… 1017

吴炳义 ……………………………… 552

吴祖贤 ……………………………… 4551

吴桂仙 ……………………………… 4768

吴爱珍 …………………… 2210、2223

吴逢奇 ……………………………… 101

吴涛 ……………………………… 412

吴菊妹 … 2210、2264、2273、2274、2290

吴铭仕 ……………………………… 1270

吴淑琴 ……………………………… 552

吴惠君 ……………………………… 1963

吴惠娥 ……………………………… 3970

吴道光 ……………………………… 2107

吴富贵 ……………………………… 552

吴瑞谦 ……………………………… 1432

吴锦贵 ……………………………… 2141

吴魁刚 ……………………………… 1325

吴毓秀 ……………………………… 2099

吴肇础 ……………………………… 2107

吴德章 ……………………………… 1934

吴儒玢 …………………… 4218、4221

〔J〕

邱舟 …………………………… 2212、2229

邱志平 ……………………………… 4790

何广德 ……………………………… 3700

何心安 ……………………………… 2027

何以福 ……………………………… 2148

何立春 ……………………………… 3699

何亚雄 ……………………………… 2103

何成义 …………………… 2165、2166

何光明 ……………………………… 1452

何光荣 …………………… 4525、4534

何光福 ……………………………… 4395

何多苓 ……………………………… 4149

何志忠 ……………………………… 3366

何丽华 ……………………………… 551

何奇 ……………………………… 1019

何明华 ……………………………… 2643

何宝林 ……………………………… 895

何荣久 ……………………………… 1823

何树英 ……………………………… 4690

何莹 ……………………………… 66、68

何真理…………………………………… 2801
何淑英…………………………………… 1111
何琼华…………………………………… 4221
何富庆…………………………………… 2739
何瑞星…………………………………… 2567
何儒林 …………………………………… 201
近腾康男 ………………………………… 133
佘川秀…………………………………… 4117
余菊英…………………………………… 3572
余世彦…………………………………… 1408
余仕观…………………………………… 2986
余坤利…………………………… 4171、4192
余昆 …………………………………… 440
余和沛…………………………………… 2599
余细林…………………………………… 3034
余秋里…………………………………… 1405
余勇…………………………………… 4649
余益荩…………………………………… 3517
余家乐…………………………………… 2317
余银书…………………………………… 1951
余嗣鸣…………………………………… 2188
谷凤林 ………………………………… 992
谷凤林…………………………………… 1238
谷平…………………………………… 4649
谷奇峰 ………………………………… 166
狄广树…………………………………… 2107
彤剑 …………………………………… 736
邹一之…………………………………… 4642
邹文娟…………………………………… 1945
邹绍荣…………………………………… 4321
邹德君…………………………………… 1251

【、】

应志毅…………………………………… 2229

应诗明…………………………………… 1117
应培仪…………………………………… 1335
应彩花…………………………………… 1291
冷海华…………………………………… 1110
辛玉玲…………………………………… 2166
辛建西…………………………………… 2119
闵兴运 …………………………… 3525、3526
闵铁成…………………………………… 1873
汪龙伦…………………………………… 4151
汪东兴…………………………………… 4680
汪兰昌…………………………………… 2490
汪伟民…………………………………… 1317
汪秀梅…………………………………… 2188
汪贵珠 ………………………… 997、1321
汪恬 ………………………… 457、543、544
汪通祺 ………………………………… 399
汪菊渊…………………………………… 44
汪锋 ………………… 1759、1778、1791
汪曦…………………………………… 2107
沙风 …………………………………… 230
沙叶新 ……………… 2203、2280、2282
沙忠飞…………………………… 1917、1919
沈小岑…………………………………… 2098
沈小萍…………………………………… 3096
沈开福…………………………………… 1525
沈少星…………………………………… 1776
沈光泽…………………………………… 2091
沈自绪…………………………………… 1525
沈英秋 ………………………………… 895
沈国民…………………………………… 2104
沈明维…………………………………… 2005
沈复曜…………………………………… 3152
沈保中 ………………………………… 986
沈涛 …………………………………… 736

沈骏……………………………………… 2104　　宋新廷………………………………… 4567

沈雅琴 …………………………… 2073、2091　　宋新庭………………………………… 4561

沈善民………………………………… 2004　　宋稼祥………………………………… 44

沈勤………………………………… 3957

沈新发………………………………… 1358　　〔七〕

沈嘉娴………………………………… 1826　　迟登敏 ………………………………… 709

宋三洪 ……………… 1014、1125、1247　　张力………………………………… 3320

宋山洪 …………………………… 992、1237　　张久香………………………………… 1291

宋义………………………………… 2104　　张广忠………………………………… 2639

宋子罡 ……………… 1917—1919、1922　　张之森………………………………… 1464

宋马烈………………………………… 2100　　张子臣………………………………… 1335

宋天泰………………………………… 1883　　张子秋 ………………………………… 105

宋日昌………… 1827、2012、2034、2090、　　张井泉………………………………… 1359

　　　　　　　 2150、2175、2212、2224、　　张开贵………………………………… 4690

　　　　　　　 2229、2246　　张开泰………………………………… 3838

宋仁穷 ………………………………… 737　　张云生………………………………… 1053

宋文利…………………………… 145、146　　张云芳 ………… 2210、2264、2273、2274

宋玉林 ………………………………… 445　　张云庭 ………………………………… 484

宋世俊………………………………… 2037　　张云樵………………………………… 2989

宋平顺 ………………………………… 106　　张友春 ………………………………… 227

宋立斋………………………………… 3468　　张中全………………………………… 4646

宋汉良………………………………… 2051　　张毛女………………………………… 3021

宋任穷………………………………… 1249　　张长江………………………………… 3344

宋志良………………………………… 68　　张长坤………………………………… 1928

宋依幸………………………………… 4651　　张仁………………………………… 2152

宋法孟………………………………… 1248　　张仁杰………………………………… 1052

宋春元 ………………………………… 386　　张丹 ………………………………… 875

宋荣华………………………………… 2107　　张凤仙………………………………… 1402

宋显友 ………………………………… 709　　张文功…………………………… 1015、1320

宋顺舟………………………………… 2855　　张文臣 ………………………… 2390、2396

宋致和 ……………… 1776—1779、1791　　张文华………………………………… 3344

宋积会 ………………………………… 710　　张文碧…………………………… 2671、2674

宋家仁………………………………… 2052　　张方琼………………………………… 4809

宋逸尘…………………………… 3294、3304　　张玉才………………………………… 1325

张玉成…………………………………… 4143
张玉华 ………………………… 1013、1347
张玉奇…………………………………… 2099
张玉珍…………………………………… 4295
张玉敏…………………………………… 1313
张巧兰 ………………………………… 720
张巧玲…………………………………… 3345
张正秋…………………………………… 1406
张世功 ………………… 1778、1779、1791
张平…………………………………………68
张平妥…………………………………… 2188
张生…………………………………… 1014
张立一…………………………………… 2848
张立勇…………………………………… 2229
张兰洲…………………………………… 2054
张礼勋…………………………………… 4613
张加宝…………………………………… 1244
张加珍…………………………………… 1357
张邦治 …………………………… 1206、1207
张吉财 ……………………………… 733、744
张西文…………………………………… 4651
张成友…………………………………… 1289
张光作…………………………………… 2091
张先枝…………………………………… 3584
张传海 ………………………………… 731
张仲翰…………………………………… 1249
张仲瀚…………………………………… 1934
张华…………………………………… 3320
张华荃…………………………………… 1407
张全良 ………………………………… 1146
张庆海…………………………………… 2104
张兴建…………………………………… 4652
张安兰…………………………………… 4652
张如成 ………………………………… 552

张寿祥 ………………………………… 362
张进 …………………………………… 895
张远征…………………………………… 1313
张韧…………………………………… 2940
张抗抗 ………………… 1268、1319、2283
张志龙 ………………………………… 995
张志生 ………………… 999、1239、1313
张志荣…………………………………… 3469
张志清…………………………………… 2028
张志新…………………………………… 2396
张志群…………………………………… 1739
张芳信…………………………………… 2221
张克难…………………………………… 3521
张丽娟…………………………………… 1251
张连庆…………………………………… 1517
张连枝…………………………………… 3389
张岚…………………………………… 3571
张秀华…………………………………… 2855
张秀耕…………………………… 152—155
张秀卿…………………………………… 1318
张秀敏 ………………… 130、148、158
张言诗…………………………………… 2390
张怀礼…………………………………… 1698
张怀俊…………………………………… 1557
张启 …………… 1019、2491、2496、2502
张启良…………………………………… 1291
张君舍…………………………………… 1402
张杰…………………………………… 1513
张贤堂…………………………………… 2608
张旺午…………………………………… 3517
张国大…………………………………… 4315
张国民…………………………………… 2044
张国良…………………………………… 1343
张国顺 ………………………………… 552

张国亮 …………………………… 4678、4695
张国通 …………………………………… 552
张国清 ………… 3608、3697、3699、3707
张国辉…………………………………… 3634
张明文…………………………………… 1251
张明均…………………………………… 4321
张明贵 …………………………… 1557、4117
张明善…………………………………… 1266
张迪青 …………………………… 4678、4695
张忠…………………………………… 1573
张质彬…………………………………… 3315
张金 …………………………………… 552
张金华…………………………………… 4651
张金来 …………………………………… 552
张泽民…………………………………… 4682
张学军 …………………………………… 705
张宝良 …………………………………… 218
张宝顺 …………………………… 1018、1019
张宝喜…………………………………… 1355
张宗仁…………………………………… 4144
张官民 ………………… 4117、4142、4157
张建之…………………………………… 3527
张建发 …………………………… 1350、1351
张建国…………………………………… 1851
张建保…………………………………… 1826
张建新 …………………………………… 319
张承志…………………………………… 38
张绍华 …………………………………… 710
张春生…………………………………… 1291
张春华 …………………………………… 723
张春桥…………………………………… 2229
张玲玲 …………………………… 1738、1739
张革…………………………………… 1451
张荣亮…………………………………… 1325
张荣森…………………………………… 4487
张树山…………………………………… 2088
张树林…………………………………… 2005
张昭…………………………………… 2056
张贵子…………………………………… 1325
张思国 …………………………………… 720
张思明 …………………………… 1776、1779
张品杰…………………………………… 2400
张钦弟 …………………………………… 552
张顺康…………………………………… 1557
张俊英…………………………………… 3344
张俊亭…………………………………… 1273
张炳山…………………………………… 2027
张洪道 …………………………… 4117、4142
张宪三…………………………………… 1871
张冠君…………………………………… 1943
张祖华…………………………………… 2191
张勇 …………… 83、110、111、114、115、
　　　　　　　　455、456、1194、1196、
　　　　　　　　1207、1213、1347、2191
张艳 …………………………… 1303、1406
张艳荣…………………………………… 1942
张艳梅…………………………………… 3487
张素珍…………………………………… 3260
张振山…………………………………… 1303
张振来 …………………………………… 552
张哲…………………………………… 3208
张莉 …………………………… 1635、2390
张桂 …………………………………… 690
张桂如…………………………………… 2801
张根生 …………………………… 3800、3802
张根妹…………………………………… 1962
张晓光 …………………………… 4561、4567
张晓芳 …………………………………… 459

张钰 ……………………………………… 498
张铁生 ………… 99、464、487、592、595、597—599、605、606、614、615、634、636、762、763、767、768、772—775、791、855、2422、2861、3475
张爱春……………………………………… 1313
张浩波 … 1953、1966、2007、2212、2229
张海萍 ……………………………… 2491、2496
张润身……………………………………… 1928
张悦华 …………………………… 1917、1920
张家才 …………………………………… 512
张家起……………………………………… 2004
张继勋……………………………………… 2103
张梅英……………………………………… 4690
张梅玲 ………………………………… 55、1279
张晨曦……………………………………… 2934
张银福 …………………………… 2302、2947
张敏 ………………………………… 705、730
张鸿江……………………………………… 4544
张隆……………………………………… 2052
张琳……………………………………… 4774
张喜山 ………………………………… 986
张惠芳……………………………………… 1933
张晰东 …………………………… 1656、1663
张温泉……………………………………… 4642
张富春 ………………………………… 552
张鹏翔……………………………………… 2612
张颖……………………………………… 3442
张新娣……………………………………… 1987
张福 …………………………… 993、1238
张福利 ………………………………… 201
张福珍 …………………………… 2639、2641
张群英……………………………………… 3832
张殿甲……………………………………… 1238
张殿跃……………………………………… 1106
张翠英……………………………………… 4690
张翠萍 ………………………… 932、2290
张慧英……………………………………… 2638
张慧珠……………………………………… 2638
张增禄……………………………………… 1421
张墨林 ………………………………… 218
张德林 ……………………………………… 889
张儒品……………………………………… 4144
张霞 ………………………… 2394、2395
陆小平……………………………………… 2520
陆飞……………………………………… 2608
陆文瑞……………………………………… 2643
陆为民……………………………………… 1013
陆华 …………… 2264、2273、2274、2290
陆金荣……………………………………… 2461
陆学阳……………………………………… 4652
陆美英 ………………………… 1967、1991
陆洪生……………………………………… 1826
陆康勤……………………………………… 1331
陆福贵……………………………………… 2099
陆懋曾……………………………………… 1909
阿木冬·尼牙孜……………………… 1779
阿布都卡地尔·赛迪……………… 1823
阿亚·加甫……………………………… 1890
陈一新……………………………………… 3517
陈力 …………………………………… 753
陈乃瑜……………………………………… 1695
陈天龙……………………………………… 45
陈元芊……………………………………… 1243
陈云财……………………………………… 2004
陈云秀……………………………………… 4301
陈云珍……………………………………… 4117

陈月梅…………………………………… 2636 　陈学仁…………………………………… 1402

陈风云 ………………………………… 892 　陈学吉…………………………………… 4652

陈文玉…………………………………… 3648 　陈定安 …………………………… 2042、2043

陈心懋…………………………………… 2317 　陈实 ……………… 1908、1926、1927、1990

陈玉平…………………………………… 3595 　陈建华…………………………………… 3716

陈玉玲 ………………………………… 551 　陈绍虞…………………………………… 2027

陈丙南…………………………………… 4321 　陈贵根…………………………………… 2213

陈丕显 ………………………… 2212、2229 　陈禹孙…………………………………… 4189

陈汉为…………………………………… 4790 　陈胜利 ………………………………… 387

陈永鑫…………………………………… 2099 　陈养山 …………………………… 1656、1663

陈吉昌…………………………………… 4646 　陈洪誉…………………………………… 3009

陈至立…………………………………… 1924 　陈勇 …………………………… 551、4486

陈伟达 ………………………… 103、105 　陈晋保…………………………………… 44

陈仲时…………………………………… 3699 　陈桂花…………………………………… 1402

陈仲调…………………………………… 2490 　陈晓南 …………………………… 2671、2674

陈兆坤…………………………………… 3521 　陈晓莉…………………………………… 3442

陈孝全…………………………………… 3646 　陈恩恒…………………………………… 1941

陈志华…………………………………… 2044 　陈浩然…………………………………… 3553

陈志国 ………………………………… 217 　陈海燕…………………………………… 2098

陈沂…………………………………… 2162 　陈家全…………………………………… 4498

陈怀贵…………………………………… 2958 　陈家楼 … 2210、2223、2224、2985、3020

陈林梅…………………………………… 2099 　陈家谟 …………………………… 2471、2638

陈杰…………………………………… 2140 　陈跃文…………………………………… 3686

陈国正 ………………………………… 838 　陈敏英 ………………………………… 551

陈国祥…………………………………… 2225 　陈逸飞…………………………………… 2283

陈昌奉…………………………………… 2966 　陈望汾…………………………………… 2099

陈忠…………………………………… 2005 　陈维民…………………………………… 1018

陈忠友…………………………………… 4695 　陈琳珊…………………………………… 2231

陈忠勇 ………………………………… 729 　陈越玖 ………………… 999、1271、1273、

陈凯…………………………………… 2491 　　　　　　　　　　　　 1277、1278、1280

陈凯歌…………………………………… 1414 　陈景和…………………………………… 2191

陈金奇…………………………………… 2108 　陈鲁黔…………………………………… 4652

陈朋山 ………………………………… 538 　陈富勇…………………………………… 1790

陈放鸣…………………………………… 4652 　陈雷…………………………………… 1001

陈锡联 ……………………………… 632、722

陈福明…………………………………… 4639

陈静亭…………………………………… 1146

陈瑾璋…………………………………… 2522

陈德元…………………………………… 2140

陈毅…………… 1753、1758、1907、1934、

2199、2212、2223、2229、3035

努尔提也夫……………………………… 1778

邵力 …………………………………… 475

邵武轩…………………………………… 1452

邵明路…………………………………… 1451

邵定家…………………………………… 1933

邵春云…………………………………… 1991

邵洲…………………………………… 4587

邵维尧 …………………………… 1990、2004

邵富 …………………………………… 819

邵毓华…………………………………… 3827

邵翠章…………………………………… 4544

八画

〔一〕

环斌…………………………………… 2608

武林华…………………………………… 2166

武健…………………………………… 4695

武清 …………………………………… 201

青春 …………………………………… 548

苗国治 …………………………… 2107、2108

苗磊…………………………………… 1274

英铁锌 …………………………………… 709

苟彬 ……………………………… 4645、4648

苟时文…………………………………… 4651

苑长华 ……………………………… 217、218

苑风海…………………………………… 1352

苑志义 …………………………………… 694

范永贵 …………………………………… 721

范丽 …………………………………… 535

范秉伟 …………………………………… 710

范学夫…………………………………… 1361

范学林…………………………………… 4610

范宗杰…………………………………… 2896

范俊贤…………………………………… 2878

范素兰 …… 992、1014、1124、1237、1247

范淑兰 …………………………………… 977

范朝礼…………………………………… 2643

范强 …………………………………… 317

茅大新…………………………………… 2148

茅亚兰…………………………………… 2639

茅逸梅…………………………………… 2170

茅善玉…………………………………… 2098

林一心 ………… 3137、3151、3267、3284

林卫阳 … 2210、2264、2273、2274、2290

林传芳…………………………………… 4649

林兆枢 ………………… 3140、3162、3203

林李明…………………………………… 3971

林忠…………………………………… 1776

林金官 …………………………… 3151、3181

林波…………………………………… 4652

林春波…………………………………… 1315

林柏青…………………………………… 1612

林信芳…………………………………… 1343

林素琴…………………………………… 2027

林振方 …………………………… 2491、2496

林莽…………………………………… 38

林晓薇 ………………… 2264、2273、2274

林海清…………………………………… 1926

林彪 ……………………………… 2851、4487

林淑芳…………… 993、1015、1146、1320

林赐福…………………………………… 2027

林瑞华…………………………………… 4610
林薇薇…………………………………… 2103
杭苇 …………………………… 2136、2229
欧阳云鹏…………………………………… 2099
欧阳武…………………………………… 2224
欧阳联…………………………………… 1782
欧阳惠林…………………………………… 2453

〔I〕

卓志诚…………………………………… 3699
卓秉哲…………………………………… 2137
卓晓红…………………………………… 4652
卓爱玲…………………………………… 2229
卓雄 …………………………… 3137、3151
尚士俊…………………………………… 43
尚庆玉 …………………………………… 710
尚逖 …………………………………… 681
畅孟记 …………………………………… 553
明子善…………………………………… 4477
易林芝…………………………………… 3707
易素芝…………………………………… 3748
典彩林 …………………………………… 539
罗天 …………………………… 3800、3802
罗中立…………………………………… 4149
罗玉川…………………………………… 44
罗正芬 …………………………… 4581、4590
罗立洲…………………………………… 3648
罗华成…………………………………… 3731
罗青青 ………………… 3678、3684、3686
罗秉揖…………………………………… 4617
罗定邦…………………………………… 4695
罗玲玲…………………………………… 2166
罗秋月…………………………………… 3650
罗保铭 …………………………………… 110

罗琼秀…………………………………… 4117
罗慎涛 …………………………… 4588、4595
罗毅…………………………………… 2671

〔J〕

和即中…………………………………… 4814
季国强 …………………………… 2140、2141
季振方 …………………………………… 838
岳琦…………………………………… 1265
金凤山…………………………………… 3521
金双全 …………………………………… 548
金丙甲…………………………………… 1361
金训华 … 995、1055、1097、1347、2203、
　　　　　2233、2280—2282、2311
金成山…………………………………… 1105
金仲华 ………………… 2224、2246、2965
金志强 ………… 2210、2264、2273、2274
金花娇…………………………………… 1990
金明奎 …………………………………… 892
金艳锋 …………………………………… 895
金浪白…………………………………… 1662
金鸿祥…………………………………… 4785
金隆贵 …………………………………… 843
金群…………………………………… 1920
周乃成…………………………………… 2599
周万申…………………………………… 3441
周元全…………………………………… 4646
周云飞…………………………………… 1920
周太彤…………………………………… 1919
周凤来 …………………………… 4559、4561
周文华 …………………………… 1018、4652
周文英 ………………… 2224、2985、3020
周巧英…………………………………… 2638
周本伦 …………………………… 4171、4192

周扬 ………………………………… 128、130

周有助………………………………… 3521

周光辉………………………………… 4649

周刚………………………………… 1111

周兴………………………………… 4680

周志茂………………………………… 1018

周作龙 …………………………… 111、115

周沪 ……………………………… 1401、1408

周怀成 ………………………………… 709

周启元………………………………… 2052

周茂铣………………………………… 2004

周昌文………………………………… 4646

周昌瑞 …………………………… 4218、4221

周明山 ………………………………… 804

周忠诚………………………………… 4649

周秉建 …………………………… 443、546

周金林………………………………… 4790

周金辉………………………………… 1945

周承立 ………………… 2225、2985、2986

周春山 ··· 111、1777、1780、1905、1906、

1908、1924、2100、2102—2107、2115

周荣鑫………………………………… 43

周顺利………………………………… 1110

周洪喜………………………………… 2005

周素贞 ………………………… 3652、3653

周恩来 ··· 43、110、131、132、135、230、

463、545、819、864、977、1011、

1016、1238、1378、1405、1449、

1753、1907、1925、2158、2199、

2211、2212、2223、2225、2228、

2229、2669、2673、2892、3573、

4485、4680、4681、4766

周铁牛………………………………… 2091

周玺………………………………… 2103

周海洋 ………………………… 1917、1919

周新国………………………………… 2641

周煊………………………………… 2639

周蕴丽 ………………………………… 717

周德章………………………………… 1053

鱼珊玲………………………………… 2007

〔、〕

庞先健………………………………… 2317

庞伸志 ………………… 1014、1124、1247

庞承忠 ………………………………… 690

庞淑英 …… 977、989、1014、1016、1237、

1245、1247—1249、1255

郑三生 ………………………………… 143

郑千………………………………… 2350

郑义荣………………………………… 2107

郑子林………………………………… 1018

郑天翔………………………………… 42

郑凤翔………………………………… 2490

郑守一………………………………… 2848

郑秀珍 ………………………………… 399

郑秉仁………………………………… 1253

郑定震………………………………… 3901

郑建平………………………………… 2020

郑树忠 ………………………… 1917、1919

郑树喜………………………………… 2104

郑胜中………………………………… 4117

郑晓东 ………………………………… 440

郑家元 …………………… 110、154、207

郑祥春………………………………… 2100

郑培志 ………………… 2299、2302、2815

郑锦妹………………………………… 3901

单志明………………………………… 2148

单启贤………………………………… 4492

单美英 ………… 458、518、941、949、950
房有彬 ……………………………… 1111

〔二〕

居元 ……………………………… 4774
屈文锦 ………………………… 3476
屈金福 ………………………… 895
孟士哲 ………………………… 192
孟吉昌 ………………………… 994
孟启民 …………………… 1694、1695
孟宪滔 ………………………… 3483
孟桂英 ………………………… 895
孟祥敏 …………………… 105、106
孟照鹤 ………………………… 3699
练启绅 ………………………… 4513
练顺敏 …………………… 2044、2045

九画

〔一〕

封竞 ……………………………… 2644
项继群 ………………………… 1343
项敏 ……………………………… 2095
赵凡 …………………… 44、45、4788
赵开祥 ………………………… 3552
赵日越 …………………… 1314、1315
赵日学 ………………………… 681
赵长根 ………………………… 1950
赵凤琴 …………………… 317、394
赵书芳 ………………………… 1013
赵玉琴 ………………………… 548
赵玉琢 …………………… 1015、1039
赵世荣 ………………………… 3343
赵东东 ………………………… 496
赵仲云 ………………………… 1291

赵庆泉 ………………………… 2642
赵汝龙 ………………………… 1146
赵兴模 ………………………… 2104
赵军翔 …………………… 894、903
赵红梅 ………………………… 1457
赵孝荣 ………………………… 4115
赵克 ……………………………… 130
赵克荣 ………………………… 710
赵丽娟 ………………………… 1356
赵雨亭 …………………… 315、317
赵国栋 ………………………… 152
赵国胜 ………………………… 1941
赵忠国 ………………………… 1881
赵秉珠 ………………………… 393
赵金桂 ………………………… 2188
赵泽修 ………………………… 4649
赵诚 ……………… 1779、1781、1799
赵春义 ………………………… 1402
赵帮友 …………………… 1015、1320
赵珍 ……………………………… 2103
赵荣义 ………………………… 1343
赵树君 …………………… 145、146
赵树理 ………………………… 308
赵钧 ……………………… 103、104
赵胜利 ………………………… 201
赵洪 ……………………………… 1779
赵洪巨 ………………………… 709
赵洪香 ………………………… 1181
赵耘 …… 108、120、123、144、149、151、158
赵耘芬 ………………………… 3724
赵振华 ………………………… 1039
赵桂云 ………………………… 895
赵根柱 ………………………… 553
赵特民 ………………………… 4321

赵海超 ……………………………… 690

赵堂………………………………… 2027

赵崇厚………………………………… 2027

赵鸿德………………………………… 4498

赵淑宇………………………………… 2044

赵淑君………………………………… 1343

赵淑琴………………………………… 1110

赵琴………………………………… 1110

赵惠琳………………………………… 2107

赵畦………………………………… 3344

赵雅新 ………………………………… 892

赵紫阳………… 1759、1911、1923、1927、3795、3800、3802

赵鼎新………………………………… 45

赵勤邦 ………………………………… 523

赵瑶………………………………… 1265

赵慧茹 ………………………………… 694

赵德英………………………………… 1724

贡正祥………………………………… 2609

郝广杰 ………………… 312、385、387

郝为国 ………………………………… 923

郝进寿………………………………… 1920

郝昌明………………………………… 2461

郝建宁………………………………… 1612

郝建秀………………………………… 1927

郝焕玲 ………………………………… 393

郝福鸿 …………………… 3293、3304

荆家良………………………………… 1225

胡大鹏………………………………… 4218

胡玉佳………………………………… 1014

胡正明………………………………… 4597

胡尔锦 ………………………………… 598

胡乔木 …………………… 2225、4348

胡传经 …………………… 1024、1025

胡孝义………………………………… 4117

胡志红 …………………… 154、3927

胡志坚 ………………………………… 440

胡步生………………………………… 1455

胡良才………………………………… 1778

胡启立 ………………… 104、1927、1934

胡国利 ………………………………… 553

胡金荣………………………………… 4742

胡建民………………………………… 2892

胡洛余………………………………… 3152

胡艳春 ………………………………… 887

胡振臣 ………………………………… 709

胡晓梅………………………………… 1920

胡家炎………………………………… 3535

胡惠基………………………………… 2099

胡瑞香………………………………… 3521

胡慧英………………………………… 2317

胡耀邦 ………… 62、607、800、977、992、994、1013、1017、1018、1039、1237、1238、1246—1249、1252、1905、1911、1934、2206、2211、2223—2225、2230、2281、2332、2668、2672—2674、2968、3019、3036、3040、4348

药天禄 ………………………………… 814

药苗苗 ………………………………… 475

查日斯 ………………………………… 551

柏玉兰 ………………………………… 162

柏永华 ……………… 458、941、949、950

柳玉芹 ………………………………… 875

柳秀华 ………………………………… 895

柳昌银 …………………… 819、821

要建华………………………………… 3442

〔l〕

战勇…………………………………… 1270

哈桑拜………………………………… 2072

〔J〕

钟世勤…………………………… 2491、2496

钟守芬………………………………… 4651

钟志民………………………………… 3137

钟志耘………………………………… 1322

钟贤卓………………………………… 2160

钟维汉………………………………… 2099

钟瀚雪………………………………… 3648

钟静珍………………………………… 2063

钟耀庭………………………………… 4604

段元星…………………………… 2966、3067

段永杰 ………………………………… 681

段君毅………………………………… 3306

段松奎………………………………… 1325

段新民………………………………… 3342

修莲芬………………………………… 1100

侯小贞………………………………… 2005

侯金生………………………………… 3336

侯隽 … 16、39、83、108—110、130—132、

134、135、149、152、153、155、158、

166、230、232、804、1532、1569

侯维杰…………………………………… 45

俞关兴………………………………… 1268

俞兴宝………………………………… 2549

俞晓泉………………………………… 2191

俞肇新 …………………………… 106、107

〔、〕

施玉丽………………………………… 1990

施明龙………………………………… 4652

施宝慧 ………………………… 997、1321

施筛章………………………………… 2848

施裕民………………………………… 4304

姜玉仁 ………………………………… 994

姜孝先………………………………… 4539

姜昆………………………………… 1269

姜忠杰 ………………………………… 476

姜树礼………………………………… 2390

姜洪喜………………………………… 2390

姜喜发 ………………………………… 894

姜献旗………………………………… 4652

洪波………………………………… 1343

洪维宝………………………………… 2148

洪毓安 ………………………………… 317

祝庆江………………………………… 2051

祝均—……………………………… 1919

〔一〕

费慈洁………………………………… 2104

胥财宝………………………………… 2091

姚天瑞………………………………… 1129

姚文放………………………………… 2642

姚应坤………………………………… 2490

姚其立………………………………… 2643

姚林昌………………………………… 4768

姚明德………………………………… 2280

姚建设………………………………… 3573

姚勇………………………………… 2991

贺玉棠………………………………… 2396

贺龙………………………………… 1963

贺幼平………………………………… 1739

贺次平………………………………… 1739

贺练平…………………………… 1738、1739

贺炳衡……………………………… 4479
贺继芳……………………………… 4652
贺梦先……………………………… 3154
贺雅平……………………………… 1739
骆德贵……………………………… 4604

十画
〔一〕

秦东伟……………………………… 3878
秦忠诚……………………………… 4636
秦景云……………………………… 3416
秦溯……………………………… 2103
班翠莲……………………………… 2166
敖敦 ……………………………… 553
袁任远……………………………… 1716
袁任翔……………………………… 3021
袁杰泉……………………………… 1243
袁尚忠……………………………… 3521
袁金根……………………………… 2048
袁泊 ……………………………… 538、545
袁绍亮……………………………… 1303
袁美莲 ……………………………… 315
袁培根……………………………… 2117
袁鸿富……………………………… 2230
袁蜀军……………………………… 2107
袁嘉儒……………………………… 4742
耿长锁 ……………………………… 166
耿秀兰……………………………… 2394
耿爱春……………………………… 1303
聂卫平 ………………………… 1086、1098
聂光明……………………………… 3521
聂建新 ……………………………… 553
莫联君……………………………… 2005
晋桐枫……………………………… 1967

根子……………………………………… 38
栗心河 ……………………………… 892
栗伟……………………………… 2147
栗建国……………………………… 1406
贾小山 ………………………… 4678、4695
贾开臣 ……………………………… 217
贾文珍……………………………… 1053
贾文祥……………………………… 2608
贾心斋……………………………… 3320
贾延云……………………………… 1323
贾那布尔 ………………………… 1776、2147
贾红菊……………………………… 3320
贾志彬 ………………………… 2491、2511
贾连荣 ………………… 1014、1124、1247
贾秀章……………………………… 2346
贾余庆 ……………………………… 462
贾青山……………………………… 4239
贾茂俊 ……………………………… 192
贾凯毅……………………………… 1435
贾泽义……………………………… 1967
贾星五……………………………… 43
贾振华……………………………… 2147
贾晋……………………………… 1093
贾淑兰 ……………………………… 887
贾锡峰……………………………… 2005
夏玉珍……………………………… 2191
夏冬梅……………………………… 1942
夏永阳……………………………… 2801
夏似萍……………………………… 1663
夏志刚 ……………………………… 317
夏黄妹……………………………… 2007
夏敬雄……………………………… 3994
原锁庆……………………………… 3487
顾为东……………………………… 2471

顾芬娣…………………………………… 3106
顾秀珍…………………………………… 4688
顾怀全…………………………………… 4610
顾其睿…………………………………… 1932
顾承斌…………………………………… 2643
顾玲玲…………………………………… 1987
顾洪章 …………………… 996、2635、3652
顾雪妹…………… 999、1012、1013、1239
顾敬…………………………………… 1798
顾惠芳…………………………………… 2151
顾瑞林…………………………………… 1303
顾鹤亭…………………………………… 45

〔I〕

柴春泽 ……………… 261、466、593、743
柴俊勇…………………………………… 1919
党生…………………………………… 3151
晓剑…………………………………… 4700

〔J〕

钱友琴…………………………………… 1146
钱国模…………………………………… 4785
钱伦鹏…………………………………… 2855
钱曼琴…………………………………… 2148
钱聚武 …………………………………… 709
铁木尔·达瓦买提 …… 1759、1776、1908
铁柱 …………………………………… 558
铁森…………………………………… 3342
倪守根…………………………………… 1917
倪希错 ………… 3140、3152、3162、3203
倪英娣…………………………………… 2048
倪根祥…………………………………… 2638
倪豪梅 ··· 1907、1913、1927、1967、2230
徐大健…………………………………… 4486

徐开林…………………………………… 2282
徐中华…………………………………… 1920
徐中溱…………………………………… 2103
徐仁华…………………………………… 2265
徐仁里…………………………………… 4471
徐玉英…………………………………… 2005
徐世华 ………………… 1016、1124、1254
徐丕模…………………………………… 4664
徐东明 …………………… 1324、1325
徐立汉…………………………………… 2230
徐发明 …………………………………… 523
徐有武…………………………………… 2317
徐有信…………………………………… 3366
徐成仁 …………………………………… 710
徐庆馨 …………………………… 689、690
徐军…………………………………… 4701
徐志信…………………………………… 4486
徐志祥…………………………………… 1525
徐克俭 …………………………………… 554
徐丽玲…………………………………… 2643
徐秀芝…………………………………… 1343
徐纯中…………………………………… 2283
徐国英…………………………………… 2637
徐国和 …………………………………… 709
徐国珍…………………………………… 1355
徐国栋…………………………………… 1291
徐明华…………………………………… 3039
徐忠凯…………………………………… 1146
徐和海…………………………………… 2104
徐秉荣 …………………………………… 104
徐学秋 …………………………………… 709
徐学斌…………………………………… 1772
徐宝华…………………………………… 3878
徐宝利 …………………………………… 782

徐建春 ………………… 892、1406、2223
徐春田………………………………… 1181
徐春棠………………………………… 2054
徐帮全………………………………… 3521
徐树国 ………………………… 3479、3492
徐粉弟………………………………… 1352
徐海金………………………………… 3008
徐继华………………………………… 1406
徐理华………………………………… 2017
徐彬 ………………………… 2491、2496
徐梅君………………………………… 3679
徐景贤 ……………… 1303、1305、2281
徐锡祖………………………………… 2471
殷延清 ………………………………… 709
殷国栋………………………………… 4595
殷碧莲………………………………… 4468

〔、〕

凌西平………………………………… 3342
凌赔勋………………………………… 1695
栾达威………………………………… 1289
高广悦………………………………… 4649
高云峰………………………………… 4785
高云程………………………………… 3022
高长辉………………………………… 43
高凤友………………………………… 1784
高玉琪………………………………… 1557
高尔钦………………………………… 1436
高亚平 ………………………… 1738、1739
高亚莉………………………………… 1739
高兆勋………………………………… 3695
高志新 ………………………………… 553
高秀兰………………………………… 3521
高伯川 ………………………… 2671、2674

高国茂………………………………… 4742
高金龙………………………………… 2317
高金莲………………………………… 3778
高金焕………………………………… 1281
高建民………………………………… 1942
高秋林………………………………… 1313
高胜滨………………………………… 1274
高冠英………………………………… 3304
高峰 ………………………………… 440
高海珍………………………………… 2191
高润元………………………………… 1855
高继唐 ………………………… 3652、3654
高爽 ………………………………… 545
高辅良 ………………………………… 709
高崇辉 ………………… 998、1347、1351
高康良 ………………………… 3034、3035
高淑清………………………………… 1110
高维岱 ………………………… 4580、4595
高晶 ………………………………… 894
高德琴 ………………………… 2119、2120
郭一庭………………………………… 3092
郭力………………………………… 1265
郭子龙 ………………………… 4681、4688
郭开东………………………………… 4651
郭玉杰………………………………… 1111
郭玉梅 ………………………………… 819
郭永泽………………………………… 1039
郭刚………………………………… 1908
郭先红………………………………… 2283
郭全德 ………………………………… 575
郭兆英 ………………………………… 440
郭兴昌………………………………… 4715
郭兴模………………………………… 77、78
郭安民………………………………… 3151

郭志 ………………………………… 166、895

郭志耘………………………………… 2630

郭志珠………………………………… 2630

郭苗文………………………………… 1772

郭治中 ………………………………… 538

郭实夫………………………………… 4150

郭秋云………………………………… 2166

郭庭华 ……………………… 3552、3553

郭洪武………………………………… 1270

郭洪超………………………………… 1039

郭艳萍………………………………… 1110

郭莲琴………………………………… 2029

郭桂英………………………………… 1291

郭海昌………………………………… 1018

郭海祥………………………………… 1248

郭家强………………………………… 4497

郭维坚 ………………………………… 721

郭棉柳………………………………… 3901

郭惠英………………………………… 1942

郭路生………………………………… 38

郭筱如………………………………… 3366

郭增喜 ………………………………… 553

席凤洲………………………………… 1663

席瑞华 …………………………… 151、153

唐立………………………………… 4151

唐亚志 ………………………………… 553

唐伟………………………………… 1053

唐克平………………………………… 4646

唐果………………………………… 1389

唐洪新………………………………… 1898

唐桂英………………………………… 1088

浦琦璋………………………………… 2098

浩亮 …………………………… 3353、3442

谈三宝………………………………… 2033

〔二〕

陶力 ………………………………… 464

陶丕显………………………………… 3483

陶汉一 …………………… 4561、4567

陶礼学………………………………… 2390

陶永江………………………………… 1105

陶华 …… 2200、2210、2264、2273、2274

陶志忠………………………………… 1018

陶崎岳 ……………… 1249、2073、2090

陶桓馥 ………………………………… 130

陶铸 …………………………… 3795、3799

姬少南………………………………… 2033

姬艳芹………………………………… 1303

桑云………………………………… 2609

桑海廷………………………………… 3342

十一画

〔一〕

黄一帆………………………………… 4790

黄土秀………………………………… 1613

黄久玉………………………………… 4526

黄卫星………………………………… 2307

黄天祥………………………………… 1017

黄友复………………………………… 3716

黄仁峰………………………………… 3700

黄方保………………………………… 3009

黄火青 ………………………………… 737

黄双妹………………………………… 2007

黄永根………………………………… 2095

黄伟超 ………………………… 1738、1739

黄观顺 ……………… 2234、2816、2957

黄孝英………………………………… 2986

黄均胜………………………………… 4025

黄志武…………………………………… 3975　　萧宗华…………………………………… 4117

黄芳 …………………………………… 240　　萧诺曼…………………………………… 4780

黄克…………………………………… 2221　　梅三毛…………………………………… 3545

黄听发…………………………………… 1273　　梅利希 …………………………… 1014、1248

黄秀玲 …………………………………… 539　　梅树生……………… 992、994、1015、1016、

黄秀梅…………………………………… 3904　　　　　　　　　　　　1039、1124、1247

黄良国…………………………………… 4651　　梅祥宗…………………………………… 4478

黄欧东 ………………………………… 609　　梅跃农 …………………………… 4117、4145

黄岩…………………………………… 2818　　曹小平…………………………………… 3671

黄知真…………………………………… 2966　　曹开根…………………………………… 2095

黄佩芳…………………………………… 2156　　曹戈 …………………………………… 3553

黄金鑫…………………………………… 4495　　曹永福…………………………………… 1111

黄宝玺…………………………………… 1064　　曹戎…………………………………… 2749

黄宗英…………………………………… 39　　曹廷山 ………………………………… 723

黄建务 …………………………… 4559、4575　　曹传振…………………………………… 1105

黄春生…………………………………… 2168　　曹军…………………………………… 2103

黄荣南…………………………………… 3970　　曹英焕…………………………………… 1291

黄砚田…………………………………… 1265　　曹杰 …………………………………… 545

黄庭顺…………………………………… 2166　　曹国成…………………………………… 1303

黄美妙 …………………………… 3262、3263　　曹国琴 ………… 1906、1927、1987、2147

黄桂芝…………………………………… 2491　　曹昌惠…………………………………… 4346

黄家驹…………………………………… 1458　　曹怡…………………………………… 2608

黄能慧…………………………………… 2099　　曹建华…………………………………… 1146

黄菊…………………………………… 1908　　曹建国 ………………………………… 201

黄铭…………………………………… 1783　　曹承芳…………………………………… 2938

黄喜祥 ………………………………… 892　　曹荣芝 ………………………………… 548

黄朝兰…………………………………… 2103　　曹思明 …………………………… 1777、1778

黄惠芳…………………………………… 2005　　曹美丽…………………………………… 1939

黄楠…………………………………… 2162　　曹美莉 …………………………… 1933、1935

黄魁元…………………………………… 1199　　曹恒…………………………………… 4117

黄新…………………………………… 1680　　曹荻秋…………………………………… 2206

黄翠玉…………………………………… 2503　　曹祥林…………………………………… 2549

黄德富…………………………………… 2137　　曹瑾…………………………………… 2224

萧克…………………………………… 1249　　戚淑清…………………………………… 1054

龚占岐 …………………………………… 553
龚兴化………………………………… 4652
龚连泉 …………………………………… 653
龚良材………………………………… 3679
龚国幼………………………………… 1273
龚银………………………………… 4652

【l】

常加功………………………………… 4539
常红………………………………… 2188
常连生………………………………… 1248
常德亮 …………………………………… 690
崔云峰 …………………………………… 895
崔六如………………………………… 4785
崔成志 …………………………………… 681
崔先锋 …………………………………… 709
崔良谋 …………………………………… 838
崔林 …………………………………… 818
崔泽东………………………………… 3304
崔保民………………………………… 1940
崔炳润 …………………………………… 892
崔爱荣………………………………… 1532

【J】

银宏 …………………………………… 317
符春三………………………………… 3152

【、】

康永和………………………………… 3684
康克清………………………………… 16
康学录………………………………… 1660
康建军 ………………………… 986、996
康晋益………………………………… 3036
康铁英 …………………………………… 154

鹿崇山………………………………… 2850
章秀颖………………………………… 1323
章国芳………………………………… 2170
章铁炎 …………………………………… 653
章培根………………………………… 2848
章德益………………………………… 1943
章曙………………………………… 2947
商庆典………………………………… 1784
阎达开 …………………………………… 295
阎继武 …………………………………… 399
阎散生………………………………… 1452
阎善岭 …………………………………… 103
阎献庭………………………………… 3553
盖玉兰………………………………… 1963
梁小浣 ………………………… 1738、1739
梁玉荣………………………………… 1013
梁正福………………………………… 4690
梁占山………………………………… 1274
梁光汉………………………………… 4144
梁向红………………………………… 2115
梁进路………………………………… 1273
梁丽华………………………………… 3975
梁钊………………………………… 2107
梁秀珍………………………………… 3971
梁春泽 …………………………………… 108
梁套敦巴雅尔 …………………………… 945
梁晓声………………………………… 38
梁积雄………………………………… 3975
梁培华………………………………… 2644
梁新发………………………………… 3976
梁翠英 ………………………… 2191、3975
寇立金………………………………… 3553

【一】

逮云青………………………………… 3344

屠文超…………………………………… 1990
隋玉红…………………………………… 1361
隋亚范 ………………………………… 897
隋桂芬…………………………………… 1054

十二画

〔一〕

琚道修…………………………………… 3525
彭加木 …………………………… 1941、2034
彭冲…………………………………… 2466
彭杰…………………………………… 1344
彭金龙…………………………………… 1941
彭科成…………………………………… 4597
彭洪秀…………………………………… 3584
彭真…………………………………… 42
葛声芳…………………………………… 3552
葛秀芳 ………………………………… 875
葛宝 ………………………………… 894
葛宗英…………………………………… 2099
葛晓原…………………………………… 2988
葛祥林…………………………………… 4652
葛塑 ………………………………… 690
葛福元…………………………………… 1013
董凤琴 ………………………………… 800
董乐辛…………………………………… 3022
董汉清…………………………………… 2107
董必武…………………………………… 2590
董加耕 ··· 1070、1401、2451—2453、2465、
2492、2503、2516、2536、2584、
2590、2602、2604、2611、2630
董志伟…………………………………… 3832
董志勋 ………………………………… 894
董良翮 …………………………… 145、146
董莉…………………………………… 1920

董梅枝…………………………………… 3441
董敬芳…………………………………… 3689
董湘仪…………………………………… 2104
董锡兰…………………………………… 2104
蒋子峰…………………………………… 3552
蒋凤池…………………………………… 4479
蒋文焕…………………………………… 2211
蒋以任…………………………………… 1924
蒋旦萍…………………………………… 2801
蒋光荣 ………………… 4581、4588、4595
蒋志学…………………………………… 1238
蒋青云…………………………………… 4213
蒋美玉…………………………………… 1990
蒋美华 ……………… 1086、1087、1100
蒋梅英 …………………………… 145、146
蒋崇亮…………………………………… 1289
蒋熏南…………………………………… 4116
韩大放…………………………………… 1306
韩子生…………………………………… 1110
韩凤英…………………………………… 2188
韩巧云 …………………… 2210、2223
韩丕先…………………………………… 2103
韩宁夫…………………………………… 3525
韩旭利…………………………………… 2274
韩庆林…………………………………… 1482
韩守保…………………………………… 4649
韩志刚 ·· 1401、1402、1407、1408、1474
韩英 ……………………… 315、316、3684
韩国锦…………………………………… 4477
韩明…………………………………… 4491
韩秉文 ……………………… 3975、3976
韩学良 ………………………………… 553
韩荣福…………………………………… 2099
韩奎…………………………………… 4151

韩秋声 …………………………………… 710

韩俊卿 …………………………… 1918、1922

韩桂珍……………………………………… 1265

韩德林……………………………………… 1219

韩曙光……………………………………… 3699

惠中权……………………………………… 47

惠世恭……………………………………… 1375

惠奇……………………………………… 1759

粟满玲……………………………………… 2191

[l]

景文广……………………………………… 2801

景伟德……………………………………… 1942

景芳括……………………………………… 43

景莉莉……………………………………… 1942

喻正友……………………………………… 1362

[J]

程凤琴……………………………………… 4768

程世忠……………………………………… 4790

程丛林……………………………………… 4149

程立标……………………………………… 2991

程有志 …………………………… 145、146

程光烈 ……………………………………… 857

程里…………………………… 3800—3803

程伯熙……………………………………… 1951

程庭财 …………………………… 2847、2855

程祖基……………………………………… 2103

程容明……………………………………… 3927

程博远 ……………………………………… 218

程瑞锋……………………………………… 2168

程鹏来 …………………………………… 705

傅应祥……………………………………… 4649

傅国资……………………………………… 2302

傅金铎……………………………………… 2004

傅德怀……………………………………… 3599

焦冬安……………………………………… 3320

焦林义 …………………………………… 3815

舒宝立 …………………………………… 553

鲁夫 ……………………………………… 986

鲁秀梅……………………………………… 2188

鲁惠荣 …………………………………… 895

[、]

普云贵……………………………………… 4725

普贵忠……………………………………… 4791

曾林……………………………………… 1920

曾杰……………………………………… 3022

曾昭林……………………………………… 2638

曾祖富……………………………………… 3975

曾煜成 …………………………………… 545

温奇……………………………………… 1291

温振铭……………………………………… 1275

温凌珠……………………………………… 4664

温家礼……………………………………… 4768

温富海 …………………………………… 445

富亚范……………………………………… 3760

谢长禄……………………………………… 3476

谢凤昌……………………………………… 1110

谢立苏……………………………………… 2140

谢红军……………………………………… 3927

谢丽娟 ··· 1813、1927、1928、2026、2044

谢旺生……………………………………… 2855

谢居芬……………………………………… 3975

谢奕亮……………………………………… 3901

谢桂林……………………………………… 1053

谢高忠 …………………………… 1755、2012

谢康莲 …………………………… 3946、3969

谢勤 ………………………………… 2671、2674

谢锦香………………………………… 3957

谢德官………………………………… 4539

〔一〕

强万起 ………………………………… 103

强万桐 ………………………………… 103

十三画

〔一〕

鄢国辉………………………………… 4651

鄢忠文………………………………… 4652

鄢崇山………………………………… 4186

靳惠玲………………………………… 2099

蓝亦农………………………………… 4487

蒲忠智………………………………… 1407

楚建山………………………………… 2988

楼裕庭 ………………………… 1314、1315

裘永强………………………………… 1269

赖玉琴 ………………………………… 549

赖可可 ………………………… 2671、2674

甄洪川 ………………………………… 721

雷云海 ………………………………… 227

雷汉统………………………………… 4150

雷争春………………………………… 4742

雷远高………………………………… 4677

雷锋 ………………… 819、2452、2516

雷臻铮………………………………… 2848

〔丨〕

虞竹梅………………………………… 2801

路庆丰 ………………………………… 923

路连山………………………………… 1314

路金栋………………………………… 2450

〔丿〕

腾久林………………………………… 3521

鲍国安………………………………… 2047

解国民………………………………… 2878

解振华 ………………………………… 110

〔丶〕

靖伟 ………………………………… 344

阚之俊………………………………… 1790

慈百兴………………………………… 2137

褚世龙………………………………… 2148

十四画

〔一〕

赫庆忠………………………………… 4639

蔡仁宗………………………………… 1402

蔡立坚 … 17、77、309、310、316、317、357

蔡进列………………………………… 4579

蔡孝族………………………………… 2052

蔡春爱………………………………… 1402

蔡玲龙………………………………… 2051

蔡恒志 ………………………………… 710

蔡维俭 ………………………………… 894

蔡谦………………………………… 1432

蔡碟球………………………………… 3989

蔡德福………………………………… 4695

辖守仁 ………………………………… 681

〔丨〕

裴茂连………………………………… 2491

裴政观………………………………… 1343

〔丿〕

管秀兰………………………………… 2639

管理…………………………………………… 2005

【丿】

【丶】

黎雁…………………………………………… 1248

廖井丹…………………………………………… 4134

黎锡福…………………………………………… 4677

廖志高 ………………………………… 3151、3155

【丶】

廖希仁…………………………………………… 4695

廖尚荣…………………………………………… 4604

颜丽…………………………………………… 4652

漆明德…………………………………………… 4376

毅强 …………………………………………… 549

赛来木·依明…………………………………… 1835

谭友山…………………………………………… 1015

赛福鼎·艾则孜 ……………………… 1777、1805

潘古 ………………………… 3975、3976、3994

谭友山…………………………………………… 1320

潘余庆…………………………………………… 2608

谭巨添…………………………………………… 3813

潘良才…………………………………………… 1917

谭冬幼 ………………………… 3021、3022、3030

潘启琦…………………………………………… 2933

谭松平 ………………………………………… 736

潘国荣…………………………………………… 2491

谭毓富…………………………………………… 2103

潘学春…………………………………………… 3521

谭震林 …………………………………… 309、1925

潘玲娣…………………………………………… 2018

潘涛 ………………………… 4583、4588、4595

【一】

潘盛荣…………………………………………… 4604

翟中华…………………………………………… 2103

潘富志 ………………………………………… 986

翟兆清…………………………………………… 2988

潘筱琴…………………………………………… 1835

翟英选 ………………………………………… 110

潘德洪…………………………………………… 4551

熊仲英…………………………………………… 3603

褚祖光…………………………………………… 3914

熊宇忠…………………………………………… 4144

十六画

熊宗义…………………………………………… 2107

【一】

熊朝键 ………………………… 4486、4528、4529

操素…………………………………………… 2934

熊鹰…………………………………………… 4651

燕政 ………………………………………… 101

十五画

燕亮 ………………………………………… 554

【一】

薛日亮 ………………………………………… 344

薛世杰…………………………………………… 2396

樊淑琴 ………………………………………… 554

薛平…………………………………………… 2609

【丨】

薛珊珊 ………………………………………… 715

薛喜梅 …………… 3306、3439、3441、3443

暴清海…………………………………………… 1106

薛惠芬 ………………………… 1929、1935、1939

薛韬…………………………………… 4682

霍士廉…………………………………… 1384

霍桐…………………………………… 3849

〔J〕

穆弘…………………………………… 2173

穆国良…………………………………… 1088

十七画及以上

〔一〕

戴久碧…………………………………… 4199

戴立克…………………………………… 3571

戴苏理…………………………………… 3306

戴丽华…………………………………… 1123

戴尚东…………………………………… 2801

戴国清…………………………………… 1017

戴根发 ………… 1928、1929、2007、2302

鞠颂东 ………………………………… 440

藏巴泽里…………………………………… 4468

檀文芳 …………………………… 997、1321

〔丨〕

瞿太安…………………………………… 3699

瞿光伍…………………………………… 1790

瞿泰安 …………………………… 3608、3609

〔丿〕

魏小容…………………………………… 4199

魏云兰…………………………………… 1054

魏中俊 ………………………………… 894

魏凤阁…………………………………… 3406

魏书生 …………………………………… 724

魏世群…………………………………… 1146

魏汉英…………………………………… 3304

魏志田…………………………………… 2608

魏若华…………………………………… 2148

魏忠俊 ………………………………… 902

魏金水…………………………………… 3151

魏学强…………………………………… 1920

魏振云…………………………………… 3510

魏萍芝…………………………………… 1402

魏清甫…………………………………… 3553

魏新民 ………………………………… 148

魏耀明…………………………………… 1289

籍步庭 …………………………………… 315

〔丶〕

濮惠华 …………………………… 2156、2157

上 海

仍在农场的城市下乡知识青年名录(长水河农场上海等知青) …………………………… 1344

1958年上海市、江苏省支边青年(六十五团) …………………………………… 2054—2055

上海知青 167 名(红旗岭农场) …………………………………………………………… 1294

上海市知识青年名单(岔林河农场) ……………………………………………………… 1369

上海支边知识青年教师名单(农一师) ………………………………………… 1930—1931

1992 年末在二团的上海支边青年名录 ………………………………………… 1935—1938

1963 年至 1965 年上海支边进疆青年名录(六团) ………………………………… 1946—1950

支边青年(七团上海支青) ……………………………………………………… 1951—1953

上海支边青年名单(八团) …………………………………………………… 1953—1962

上海支青名录(九团) …………………………………………………… 1964—1966

1963年至1964年分配到十团的上海支边青年名录 …………………………… 1967—1983

1964年在册上海支边青年 661 人名录(十一团) ………………………………… 1984—1986

上海知青名录(十二团) …………………………………………………… 1987—1990

上海支边青年名录(十四团) …………………………………………………… 1992—2004

1998年在岗上海支青名录(十四团) …………………………………………… 2005

十六团 1995 年底上海知识青年名单………………………………………… 2008—2010

上海支边青年名录(二十三团) …………………………………………………… 2014—2016

塔四场上海支边知识青年人名录(三十二团) …………………………………… 2029—2032

三十五团上海支边知识青年名录(1963—1965) …………………………………… 2037—2041

上海支边青年人名录(合计 291 人)(六十一团) …………………………………… 2049—2050

1964年 6 月上海支边知识青年(六十五团) …………………………………………… 2055

1961—1964年上海支边高中毕业生(六十五团) ………………………………………… 2055

1961年—1964年上海支边青年名录(六十七团)………………………………………… 2057

1965年上海调干支边知识青年名录(六十七团) ………………………………………… 2057

1995年在团上海支边青年(六十七团) …………………………………………………… 2057

上海市支边青年(六十八团) …………………………………………………… 2059

1964年上海支边青年名单(七十三团) …………………………………………………… 2065

上海支边青年(65 人 1964年 1965年)(七十四团)………………………………… 2067

1964年上海市支边青年人名录(七十五团) ………………………………………… 2068

1961—1965年上海支边青年名录(七十八团) ………………………………………… 2071

1961—1966年上海支边青年学生(农五师) ………………………………………… 2074—2080

上海支边青年(八十三团) …………………………………………………… 2084—2085

60年代上海支边青年人员(八十四团) …………………………………………………… 2087

1961—1965年上海支边青年(八十六团) …………………………………………………… 2088

上海知识青年名录(八十七团) …………………………………………………… 2089—2090

上海支边青年名录(八十九团) …………………………………………………… 2091—2093

1961年上海支边人员(3 人)(九十团) …………………………………………………… 2095

1963年上海支边人员(13 人)(九十团)…………………………………………………… 2096

1966年 6 月上海支边人员(246 人)(九十团) …………………………………………… 2097—2098

上海支边青年名录(一〇四团) …………………………………………………… 2108

1963年上海支青(一〇八团) …………………………………………………… 2113

1964年上海支青(实际应为 47 人)(一〇八团) ………………………………………… 2113

上海支边青年名录(一二七团) …………………………………………… 2142—2143

1964 年从上海市来团场支边青年名录(一三二团场) …………………………………… 2149

其他时间来团场的上海支边青年名录(一三二团场) …………………………… 2149—2150

1964 年 5 月 21 日上海支边青年(194 人)(一三三团场)…………………………… 2152—2153

1964—1970 年由兵团政干校、农七师干校等单位调入上海青年(45 人)(一三三团场)………………………………………………………………………………………… 2153

1966 年 7 月 7 日上海支边青年(202 人)(一三三团场) ………………………… 2154—2155

1963 年上海支边青年人员名录(7 人)(一六一团) ………………………………………… 2167

1964 年上海支边青年人员名录(6 人)(一六一团) ………………………………………… 2167

1963—1966 年上海支边青年(一六六团) ………………………………………………… 2169

1965—1966 年上海支边青年名单(一六八团) ………………………………………………… 2171

上海支边人员名录(37 人)(一六九团) ………………………………………………… 2171

1964 年上海支边青年人员名录(10 人)(一七〇团)……………………………………… 2172

上海支边青年名录(一八四团) ………………………………………………… 2176—2177

上海支边青年名录(一八五团) ………………………………………………………… 2178

上海支边知识青年名录(一八七团) ………………………………………………… 2180—2181

上海市支边青年名录(一八八团) ………………………………………………… 2184—2186

上海支边青年(一九〇团) ………………………………………………………………… 2189

1964 年上海支边技术干部(五一农场) ………………………………………………… 2193

广 东

1956 年广东支边学生(1 人)(一七〇团) ………………………………………………… 2172

天 津

天津知青 804 名(红旗岭农场) ………………………………………………………… 1294

1965 年天津支边青年学生(农五师) …………………………………………… 2080—2083

天津支边青年名录(八十三团) ………………………………………………… 2085—2086

天津知识青年名录(八十七团) ………………………………………………………… 2089

天津支边青年名录(八十九团) ………………………………………………… 2093—2094

1965 年 7 月天津支边人员(62 人)(九十团)…………………………………………… 2096

1965 年 9 月天津支边人员(104 人)(九十团) …………………………………… 2096—2097

天津支边青年名录(一〇四团) ………………………………………………………… 2108

天津市支边知识青年(奇台总场) ………………………………………………………… 2121

1966 年 10 月 26 日从天津来场支边青年名录(一三二团场) …………………………… 2150

天津支边青年名录(一八四团) …………………………………………………… 2177

天津支边青年名录(一八五团) …………………………………………………… 2178

天津支边知识青年名录(一八七团) ……………………………………… 2181—2183

天津市支边青年名录(一八八团) …………………………………………… 2186—2188

天津支边青年(一九〇团) …………………………………………………………… 2189

1964年天津支边青年(五一农场) ………………………………………………… 2193

乌鲁木齐

乌鲁木齐市1974年"上山下乡"知识青年名录(二二二团)………………… 2127—2128

乌鲁木齐市1975年"上山下乡"知识青年名录(二二二团)………………… 2128—2130

乌鲁木齐市1976年"上山下乡"知识青年名录(二二二团)………………… 2130—2132

乌鲁木齐市1977年"上山下乡"知识青年名录(二二二团)………………… 2132—2133

乌鲁木齐市工一师中学"上山下乡"知识青年名录(二二二团) ……………… 2126—2127

双鸭山

双鸭山知青 120 名(红旗岭农场) ……………………………………………………… 1302

北 京

1965年北京、天津支青(一〇八团) …………………………………………………… 2113

北京知青 660 名(红旗岭农场) ………………………………………………………… 1292

石河子

新疆石河子市原兵团汽车第二团 1969 年上山下乡青年人名录(七十五团)…………… 2069

宁 波

宁波知青 80 名(红旗岭农场)………………………………………………………… 1301

辽 宁

其他市地的知识青年名单(盆林河农场辽宁等知青) …………………………………… 1370

台 州

台州知青 542 名(红旗岭农场) ………………………………………………………… 1299

江 苏

1964年江苏支边技术人员(五一农场) ………………………………………………… 2193

武 汉

1966 年武汉支青来团工作人名录(合计 239 人)(六十一团) …………………… 2050—2051

1966 年分配到六十三团的武汉支边青年名录 ………………………………………… 2053

1964 年 11 月 21 日武汉支边知识青年(六十五团) ……………………………………… 2055

1965 年 9 月 24 日武汉支边知识青年(六十五团) ……………………………………… 2055

1964 年—1966 年武汉支边青年名录(六十七团)………………………………… 2057—2058

1995 年在团武汉支边青年(六十七团) …………………………………………………… 2058

武汉市支边青年(六十八团) …………………………………………………… 2059—2060

1964 年武汉支边青年名单(七十三团) ………………………………………… 2064—2065

1965 年武汉支边青年名单(七十三团) ………………………………………………… 2065

1966 年武汉支边青年名单(七十三团) ………………………………………… 2065—2066

武汉支边青年(4 人 1964 年)(七十四团) ……………………………………………… 2067

1965 年武汉支边青年人名录(七十五团) ……………………………………………… 2068

1964 年武汉支边青年名录(七十八团) ………………………………………………… 2071

武汉支边青年名录(一〇四团) ………………………………………………………… 2108

武汉支边知识青年名录(一二七团) …………………………………………………… 2143

1965 年 9 月 13 日武汉支边青年(131 人)(一三三团场)………………………… 2153—2154

1965 年武汉支边青年人员名录(92 人)(一六一团)………………………………… 2167

1965 年武汉市支边青年(39 人)(一六九团)……………………………………… 2171—2172

杭 州

杭州知青 499 名(红旗岭农场) ………………………………………………………… 1298

佳木斯

佳木斯知青 67 名(红旗岭农场)……………………………………………………… 1301

南 京

1955 年南京支边学生(农五师) ……………………………………………………… 2074

哈尔滨

哈尔滨知青 391 名(红旗岭农场) ……………………………………………………… 1297

哈尔滨市知识青年名单(岔林河农场) ………………………………………………… 1364

常 州

1966 年江苏常州支边青年(五一农场) …………………………………………… 2193—2194

崇 明

1965 年上海崇明支边青年人名录(七十五团) …………………………………… 2069

温 州

1965 年 11 月温州支边知识青年(六十五团) …………………………………… 2056

浙江温州支边青年(4 人 1964 年)(七十四团) …………………………………… 2067

1965 年浙江省温州支边青年人名录(七十五团) ………………………………… 2069

人名拼音索引

说明：本索引人名收录基本原则同《人名省份索引》。

本索引所收人名按汉语拼音编排，读音相同者以笔画数为序。集体名单放在最后，依其来源县、市或省份的拼音为序，名单来自两个及以上县、市或省份的放在其首见的县、市或省份位置的最前，同县、市或省份以页码为序。

A

[a]

阿布都卡地尔·赛迪…………………… 1823

阿木冬·尼牙孜…………………… 1779

阿亚·加甫…………………………… 1890

[ai]

艾传庚…………………………………… 1270

艾国勇…………………………………… 4651

[an]

安良城…………………………………… 1243

安平生…………………………………… 3979

[ao]

敖敦 …………………………………… 553

B

[ba]

巴达玛 …………………………………… 584

巴贷…………………………………… 1776

巴桑杰 …………………………………… 546

巴斯巴依·马提…………………… 1855

[bai]

白春荣…………………………………… 2188

白栋材…………………………………… 2966

白纪年 …………………………… 1406、1407

白美荣…………………………………… 2104

白启娴 ………………………… 153、261、265

白潜 …………………………………… 609

白如冰…………………………………… 2334

白润生…………………………………… 1453

白天寿…………………………………… 4517

白万禄…………………………………… 1018

柏永华 ……………… 458、941、949、950

柏玉兰 …………………………………… 162

[ban]

班翠莲…………………………………… 2166

[bao]

包德智…………………………………… 1265

包厚昌…………………………………… 2453

包立军…………………………………… 1054

包文通…………………………………… 1201

鲍国安…………………………………… 2047

暴清海………………………………… 1106

[ben]

贲正祥………………………………… 2609

[bi]

必青………………………………… 2118
毕际昌………………………………… 3156
毕淑文 ………………………………… 146
毕述凤………………………………… 2883

[bing]

冰拜………………………………… 1883

[bu]

卜慧珍………………………… 3715、3717

C

[cai]

蔡春爱………………………………… 1402
蔡德福………………………………… 4695
蔡碟球………………………………… 3989
蔡恒志 ………………………………… 710
蔡进列………………………………… 4579
蔡立坚 … 17、77、309、310、316、317、357
蔡玲龙………………………………… 2051
蔡谦………………………………… 1432
蔡仁宗………………………………… 1402
蔡维俭 ………………………………… 894
蔡孝族………………………………… 2052

[cao]

操素………………………………… 2934
曹昌惠………………………………… 4346

曹承芳………………………………… 2938
曹传振………………………………… 1105
曹荻秋………………………………… 2206
曹戈………………………………… 3553
曹国成………………………………… 1303
曹国琴 ………… 1906、1927、1987、2147
曹恒………………………………… 4117
曹建国 ………………………………… 201
曹建华………………………………… 1146
曹杰 ………………………………… 545
曹瑾………………………………… 2224
曹军………………………………… 2103
曹开根………………………………… 2095
曹美莉 ………………………… 1933、1935
曹美丽………………………………… 1939
曹戎………………………………… 2749
曹荣芝 ………………………………… 548
曹思明 ………………………… 1777、1778
曹廷山 ………………………………… 723
曹祥林………………………………… 2549
曹小平………………………………… 3671
曹怡………………………………… 2608
曹英焕………………………………… 1291
曹永福………………………………… 1111

[chai]

柴春泽 ……………… 261、466、593、743
柴俊勇………………………………… 1919

[chang]

常德亮 ………………………………… 690
常红………………………………… 2188
常加功………………………………… 4539
常连生………………………………… 1248

畅孟记 ……………………………………… 553

[che]

车强……………………………………… 1920

车文渝……………………………………… 2089

[chen]

陈丙南……………………………………… 4321

陈昌奉……………………………………… 2966

陈德元……………………………………… 2140

陈定安 ………………………… 2042、2043

陈恩恒……………………………………… 1941

陈放鸣……………………………………… 4652

陈风云 ……………………………………… 892

陈福明……………………………………… 4639

陈富勇……………………………………… 1790

陈贵根……………………………………… 2213

陈桂花……………………………………… 1402

陈国祥……………………………………… 2225

陈国正 ……………………………………… 838

陈海燕……………………………………… 2098

陈汉为……………………………………… 4790

陈浩然……………………………………… 3553

陈洪誉……………………………………… 3009

陈怀贵……………………………………… 2958

陈吉昌……………………………………… 4646

陈家楼 ··· 2210、2223、2224、2985、3020

陈家全……………………………………… 4498

陈家谢 ………………………… 2471、2638

陈建华……………………………………… 3716

陈杰……………………………………… 2140

陈金奇……………………………………… 2108

陈瑾璋……………………………………… 2522

陈晋保……………………………………… 44

陈景和……………………………………… 2191

陈静亭……………………………………… 1146

陈凯……………………………………… 2491

陈凯歌……………………………………… 1414

陈雷……………………………………… 1001

陈力 ……………………………………… 753

陈林梅……………………………………… 2099

陈琳珊……………………………………… 2231

陈鲁黔……………………………………… 4652

陈敏英 ……………………………………… 551

陈乃瑜……………………………………… 1695

陈朋山 ……………………………………… 538

陈丕显 ………………………… 2212、2229

陈绍虞……………………………………… 2027

陈胜利 ……………………………………… 387

陈实 …………… 1908、1926、1927、1990

陈天龙……………………………………… 45

陈望汾……………………………………… 2099

陈维民……………………………………… 1018

陈伟达 ………………………… 103、105

陈文玉……………………………………… 3648

陈锡联 ………………………… 632、722

陈晓莉……………………………………… 3442

陈晓南 ………………………… 2671、2674

陈孝全……………………………………… 3646

陈心懋……………………………………… 2317

陈学吉……………………………………… 4652

陈学仁……………………………………… 1402

陈养山 ………………………… 1656、1663

陈一新……………………………………… 3517

陈沂……………………………………… 2162

陈逸飞……………………………………… 2283

陈毅 …… 1753、1758、1907、1934、2199、2212、2223、2229、3035

陈永鑫……………………………… 2099
陈勇 …………………………… 551、4486
陈禹孙……………………………… 4189
陈玉玲 ……………………………… 551
陈玉平……………………………… 3595
陈元芊……………………………… 1243
陈月梅……………………………… 2636
陈跃文……………………………… 3686
陈越玖 ……………… 999、1271、1273、1277、1278、1280
陈云财……………………………… 2004
陈云秀……………………………… 4301
陈云珍……………………………… 4117
陈兆坤……………………………… 3521
陈至立……………………………… 1924
陈志国 ………………………………… 217
陈志华……………………………… 2044
陈忠……………………………… 2005
陈忠勇 ……………………………… 729
陈忠友……………………………… 4695
陈仲时……………………………… 3699
陈仲调……………………………… 2490

[cheng]

成克……………………………… 4492
程伯熙……………………………… 1951
程博远 ……………………………… 218
程丛林……………………………… 4149
程风琴……………………………… 4768
程光烈 ……………………………… 857
程里…………………………… 3800—3803
程立标……………………………… 2991
程鹏来 ……………………………… 705
程容明……………………………… 3927

程瑞锋……………………………… 2168
程世忠……………………………… 4790
程庭财 ………………………… 2847、2855
程有志 …………………………… 145、146
程祖基……………………………… 2103

[chi]

迟登敏 ……………………………… 709

[chu]

楚建山……………………………… 2988
褚世龙……………………………… 2148

[ci]

慈百兴……………………………… 2137

[cui]

崔爱荣……………………………… 1532
崔保民……………………………… 1940
崔炳润 ……………………………… 892
崔成志 ……………………………… 681
崔良谋 ……………………………… 838
崔林 ……………………………… 818
崔六如……………………………… 4785
崔先锋 ……………………………… 709
崔云峰 ……………………………… 895
崔泽东……………………………… 3304

D

[dai]

代景华 ……………………………… 892
代良芬……………………………… 2104
戴根发 ………… 1928、1929、2007、2302
戴国清……………………………… 1017

戴久碧…………………………………… 4199

戴立克…………………………………… 3571

戴丽华…………………………………… 1123

戴尚东…………………………………… 2801

戴苏理…………………………………… 3306

[dang]

党生…………………………………… 3151

[deng]

邓安鹏…………………………………… 1826

邓步云…………………………………… 4117

邓鼎先…………………………………… 3022

邓反根…………………………………… 3009

邓凤桐 …………………………………… 101

邓国栋 …………………………………… 709

邓金生…………………………………… 4495

邓兰芳…………………………………… 2609

邓乐享 …………………………… 3697、3707

邓力群…………………………………… 4348

邓世禄…………………………………… 2103

邓小平 … 2457、3342、4348、4681、4781

邓业章…………………………………… 3971

邓泽民…………………………………… 2801

邓子恢 …………………………………… 148

[di]

狄广树…………………………………… 2107

[dian]

典彩林 …………………………………… 539

[diao]

刁洪森…………………………………… 1199

[ding]

丁爱笛…………………………………… 1456

丁保素…………………………………… 3035

丁国君…………………………………… 2712

丁国柱 …………………………………… 715

丁宏佑…………………………………… 4707

丁洪佑…………………………………… 4346

丁惠民 ………………… 4681、4682、4781

丁继红……………………………… 538、554

丁江 …………………………………… 709

丁榕芳…………………………………… 3151

丁绍仁…………………………………… 2307

丁书惠 …………………………………… 108

丁训明…………………………………… 2302

丁英…………………………………… 4491

丁元善…………………………………… 1315

[dong]

董必武…………………………………… 2590

董凤琴 …………………………………… 800

董汉清…………………………………… 2107

董加耕 … 1070、1401、2451—2453、2465、

2492、2503、2516、2536、2584、

2590、2602、2604、2611、2630

董敬芳…………………………………… 3689

董乐辛…………………………………… 3022

董莉…………………………………… 1920

董良翮 ……………………………… 145、146

董梅枝…………………………………… 3441

董锡兰…………………………………… 2104

董湘仪…………………………………… 2104

董志伟…………………………………… 3832

董志勋 …………………………………… 894

[du]

杜斌鹏……………………………… 1919

杜常金 ………………………………… 971

杜传一……………………………… 4498

杜恒昌 ………………………………… 551

杜俊起 ………………… 992、994、1014、1016、1237、1247

杜雷进……………………………… 2642

杜李 ………………………………… 736

杜松……………………………… 4217

杜天善 ………………………………… 509

杜万平……………………………… 1819

杜西芳……………………………… 2177

杜兴国……………………………… 4636

杜秀桐 ………………………………… 362

杜银嫦 ………………………… 3441、3442

杜志坚 ………………………… 1962、1963

杜仲文……………………………… 4492

杜竹……………………………… 4492

[duan]

段君毅……………………………… 3306

段松奎……………………………… 1325

段新民……………………………… 3342

段永杰 ………………………………… 681

段元星 ………………………… 2966、3067

[duo]

多多……………………………… 38

F

[fan]

樊淑琴 ………………………………… 554

范秉伟 ………………………………… 710

范朝礼……………………………… 2643

范俊贤……………………………… 2878

范丽 ………………………………… 535

范强 ………………………………… 317

范淑兰 ………………………………… 977

范素兰 …… 992、1014、1124、1237、1247

范学夫……………………………… 1361

范学林……………………………… 4610

范永贵 ………………………………… 721

范宗杰……………………………… 2896

[fang]

方福根……………………………… 2004

方含……………………………………… 38

方继业 …………………………… 2849、2855

方介……………………………………… 38

方明高……………………………… 4025

方衍华 …………………………… 2465、2493

方瑜 …………………… 1271、1274、1282

方玉 …………………………… 2465、2503

芳桂云……………………………… 1343

房有彬……………………………… 1111

[fei]

费慈洁……………………………… 2104

[feng]

丰凤媛……………………………… 2191

丰贵琼……………………………… 4346

封竟……………………………… 2644

冯百兴 ………… 1020、1347、1349、1350

冯刚 ………………………………… 729

冯国宝……………………………… 2554

冯汉 ………………………………………… 218
冯继芳 ………………… 996、998、1321、
1322、1346、1347
冯建平………………………………………… 3610
冯莲芝………………………………………… 2103
冯念康………………………………………… 2317
冯善鹏………………………………………… 2107
冯世渭 ………………………………………… 101
冯寿天………………………………………… 3994
冯雪松 ………………………………………… 895
冯勇 ………………………………………… 312
冯珍………………………………………… 2148
冯振帮………………………………………… 2017

[fu]

符春三………………………………………… 3152
付光辉………………………………………… 1291
付淑琴………………………………………… 1019
付晓东 ………………………………………… 538
付宗仁………………………………………… 1327
傅德怀………………………………………… 3599
傅国资………………………………………… 2302
傅金铎………………………………………… 2004
傅应祥………………………………………… 4649
富亚范………………………………………… 3760

G

[gan]

干星星………………………………………… 1939
甘春雷………………………………………… 1662
甘金凤 …………………………… 2005、2006
甘铁生………………………………………… 38

[gao]

高伯川 …………………………… 2671、2674

高长辉………………………………………… 43
高崇辉 ………………… 998、1347、1351
高德琴 …………………………… 2119、2120
高尔钦………………………………………… 1436
高峰 ………………………………………… 440
高凤友………………………………………… 1784
高辅良 ………………………………………… 709
高冠英………………………………………… 3304
高广悦………………………………………… 4649
高国茂………………………………………… 4742
高海珍………………………………………… 2191
高继唐 ………………………… 3652、3654
高建民………………………………………… 1942
高金焕………………………………………… 1281
高金莲………………………………………… 3778
高金龙………………………………………… 2317
高晶 ………………………………………… 894
高康良 …………………………… 3034、3035
高秋林………………………………………… 1313
高润元………………………………………… 1855
高胜滨………………………………………… 1274
高淑清………………………………………… 1110
高爽 ………………………………………… 545
高维岱 …………………………… 4580、4595
高秀兰………………………………………… 3521
高亚莉………………………………………… 1739
高亚平 …………………………… 1738、1739
高玉琪………………………………………… 1557
高云程………………………………………… 3022
高云峰………………………………………… 4785
高兆勋………………………………………… 3695
高志新 ………………………………………… 553

[ge]

盖玉兰………………………………………… 1963

葛宝 ………………………………………… 894
葛福元……………………………………… 1013
葛堃 ………………………………………… 690
葛声芳……………………………………… 3552
葛祥林……………………………………… 4652
葛晓原……………………………………… 2988
葛秀芳 ………………………………… 875
葛宗英……………………………………… 2099

[gen]

根子………………………………………… 38

[geng]

耿爱春……………………………………… 1303
耿长锁 ………………………………… 166
耿秀兰……………………………………… 2394

[gong]

龚国幼……………………………………… 1273
龚连泉 ………………………………… 653
龚良材……………………………………… 3679
龚兴化……………………………………… 4652
龚银………………………………………… 4652
龚占岐 ………………………………… 553

[gou]

苟彬 ………………………………… 4645、4648

[gu]

谷风林 ………………………………… 992
谷风林……………………………………… 1238
谷平………………………………………… 4649
谷奇峰 ………………………………… 166
顾承斌……………………………………… 2643

顾芬娣……………………………………… 3106
顾鹤亭……………………………………… 45
顾洪章 ………………… 996、2635、3652
顾怀全……………………………………… 4610
顾惠芳……………………………………… 2151
顾敬………………………………………… 1798
顾玲玲……………………………………… 1987
顾其睿……………………………………… 1932
顾瑞林……………………………………… 1303
顾为东……………………………………… 2471
顾秀珍……………………………………… 4688
顾雪妹…………… 999、1012、1013、1239

[guan]

关俊清……………………………………… 1244
关晓梅……………………………………… 1013
管理………………………………………… 2005
管秀兰……………………………………… 2639

[guo]

郭安民……………………………………… 3151
郭刚………………………………………… 1908
郭桂英……………………………………… 1291
郭海昌……………………………………… 1018
郭海祥……………………………………… 1248
郭洪超……………………………………… 1039
郭洪武……………………………………… 1270
郭惠英……………………………………… 1942
郭家强……………………………………… 4497
郭开东……………………………………… 4651
郭力………………………………………… 1265
郭莲琴……………………………………… 2029
郭路生……………………………………… 38
郭棉柳……………………………………… 3901

郭苗文…………………………………… 1772
郭秋云…………………………………… 2166
郭全德 …………………………………… 575
郭实夫…………………………………… 4150
郭庭华…………………………… 3552、3553
郭维坚 …………………………………… 721
郭先红…………………………………… 2283
郭筱如…………………………………… 3366
郭兴昌…………………………………… 4715
郭兴模…………………………………… 77、78
郭艳萍…………………………………… 1110
郭一庭…………………………………… 3092
郭永泽…………………………………… 1039
郭玉杰…………………………………… 1111
郭玉梅 …………………………………… 819
郭增喜 …………………………………… 553
郭兆英 …………………………………… 440
郭志……………………………… 166、895
郭志耘…………………………………… 2630
郭志珠…………………………………… 2630
郭治中 …………………………………… 538
郭子龙…………………………… 4681、4688

H

[ha]

哈桑拜…………………………………… 2072

[han]

韩秉文…………………………… 3975、3976
韩大放…………………………………… 1306
韩德林…………………………………… 1219
韩凤英…………………………………… 2188
韩桂珍…………………………………… 1265
韩国锦…………………………………… 4477

韩俊卿…………………………… 1918、1922
韩奎…………………………………… 4151
韩明…………………………………… 4491
韩宁夫…………………………………… 3525
韩丕先…………………………………… 2103
韩巧云…………………………… 2210、2223
韩庆林…………………………………… 1482
韩秋声 …………………………………… 710
韩荣福…………………………………… 2099
韩守保…………………………………… 4649
韩曙光…………………………………… 3699
韩旭利…………………………………… 2274
韩学良 …………………………………… 553
韩英 ………………………… 315、316、3684
韩志刚 … 1401、1402、1407、1408、1474
韩子生…………………………………… 1110

[hang]

杭苇…………………………… 2136、2229

[hao]

郝昌明…………………………………… 2461
郝福鸿…………………………… 3293、3304
郝广杰 ………………………… 312、385、387
郝焕玲 …………………………………… 393
郝建宁…………………………………… 1612
郝建秀…………………………………… 1927
郝进寿…………………………………… 1920
郝为国 …………………………………… 923
浩亮…………………………… 3353、3442

[he]

何宝林 …………………………………… 895
何成义…………………………… 2165、2166

何多苓…………………………………… 4149

何富庆…………………………………… 2739

何光福…………………………………… 4395

何光明…………………………………… 1452

何光荣 ………………………… 4525、4534

何广德…………………………………… 3700

何立春…………………………………… 3699

何丽华 ………………………………… 551

何明华…………………………………… 2643

何奇…………………………………… 1019

何琼华…………………………………… 4221

何荣久…………………………………… 1823

何儒林 …………………………………… 201

何瑞星…………………………………… 2567

何淑英…………………………………… 1111

何树英…………………………………… 4690

何心安…………………………………… 2027

何亚雄…………………………………… 2103

何以福…………………………………… 2148

何莹 …………………………………… 66、68

何真理…………………………………… 2801

何志忠…………………………………… 3366

和即中…………………………………… 4814

贺炳衡…………………………………… 4479

贺次平…………………………………… 1739

贺继芳…………………………………… 4652

贺练平 ………………………… 1738、1739

贺龙…………………………………… 1963

贺梦先…………………………………… 3154

贺雅平…………………………………… 1739

贺幼平…………………………………… 1739

贺玉棠…………………………………… 2396

赫庆忠…………………………………… 4639

[hong]

洪波…………………………………… 1343

洪维宝…………………………………… 2148

洪毓安 …………………………………… 317

[hou]

侯金生…………………………………… 3336

侯隽 ··· 16、39、83、108—110、130—132、

134、135、149、152、153、155、158、

166、230、232、804、1532、1569

侯维杰…………………………………… 45

侯小贞…………………………………… 2005

[hu]

胡步生…………………………………… 1455

胡传经 …………………………… 1024、1025

胡大鹏…………………………………… 4218

胡尔锦 …………………………………… 598

胡国利 …………………………………… 553

胡惠基…………………………………… 2099

胡慧英…………………………………… 2317

胡家炎…………………………………… 3535

胡建民…………………………………… 2892

胡金荣…………………………………… 4742

胡良才…………………………………… 1778

胡洛余…………………………………… 3152

胡启立 ………………… 104、1927、1934

胡乔木 …………………………… 2225、4348

胡瑞香…………………………………… 3521

胡晓梅…………………………………… 1920

胡孝义…………………………………… 4117

胡艳春 …………………………………… 887

胡耀邦 ………… 62、607、800、977、992、994、1013、1017、1018、1039、1237、1238、1246—1249、1252、1905、1911、1934、2206、2211、2223—2225、2230、2281、2332、2668、2672—2674、2968、3019、3036、3040、4348

胡玉佳………………………………… 1014

胡振臣 …………………………………… 709

胡正明………………………………… 4597

胡志红 …………………………… 154、3927

胡志坚 ………………………………… 440

[hua]

华国锋 …………… 132、464、475、1451、1759、2221、4680

华国梁………………………………… 2641

华士飞………………………………… 1913

华亚霖………………………………… 2103

华煜卿………………………………… 3528

[huan]

环斌………………………………… 2608

[huang]

黄宝玺………………………………… 1064

黄朝兰………………………………… 2103

黄春生………………………………… 2168

黄翠玉………………………………… 2503

黄德富………………………………… 2137

黄方保………………………………… 3009

黄芳 ………………………………… 240

黄观顺 ………………… 2234、2816、2957

黄桂芝………………………………… 2491

黄惠芳………………………………… 2005

黄火青 ………………………………… 737

黄家驹………………………………… 1458

黄建务 …………………………… 4559、4575

黄金鑫………………………………… 4495

黄久玉………………………………… 4526

黄菊………………………………… 1908

黄均胜………………………………… 4025

黄克………………………………… 2221

黄魁元………………………………… 1199

黄良国………………………………… 4651

黄美妙 …………………………… 3262、3263

黄铭………………………………… 1783

黄楠………………………………… 2162

黄能慧………………………………… 2099

黄欧东 ………………………………… 609

黄佩芳………………………………… 2156

黄仁峰………………………………… 3700

黄荣南………………………………… 3970

黄双妹………………………………… 2007

黄天祥………………………………… 1017

黄听发………………………………… 1273

黄庭顺………………………………… 2166

黄土秀………………………………… 1613

黄伟超 …………………………… 1738、1739

黄卫星………………………………… 2307

黄喜祥 ………………………………… 892

黄孝英………………………………… 2986

黄新………………………………… 1680

黄秀玲 ………………………………… 539

黄秀梅………………………………… 3904

黄岩………………………………… 2818

黄砚田………………………………… 1265

黄一帆………………………………… 4790

黄永根…………………………………… 2095

黄友复…………………………………… 3716

黄知真…………………………………… 2966

黄志武…………………………………… 3975

黄宗英…………………………………… 39

[hui]

惠奋…………………………………… 1759

惠世恭…………………………………… 1375

惠中权…………………………………… 47

[huo]

霍士廉…………………………………… 1384

霍桐…………………………………… 3849

J

[ji]

姬少南…………………………………… 2033

姬艳芹…………………………………… 1303

吉日嘎拉 ………………………………… 538

吉日格拉 ………………………………… 545

籍步庭 ………………………………… 315

纪登奎 ……………… 1759、3355、4680

纪钢…………………………………… 2104

纪根建…………………………………… 1249

纪明琦…………………………………… 2958

纪云山…………………………………… 2390

季国强 …………………………… 2140、2141

季振方 ………………………………… 838

[jia]

贾红菊…………………………………… 3320

贾晋…………………………………… 1093

贾开臣 ………………………………… 217

贾凯毅…………………………………… 1435

贾连荣 ………………… 1014、1124、1247

贾茂俊 ………………………………… 192

贾那布尔 ……………………… 1776、2147

贾青山…………………………………… 4239

贾淑兰 ………………………………… 887

贾文祥…………………………………… 2608

贾文珍…………………………………… 1053

贾锡峰…………………………………… 2005

贾小山 …………………………… 4678、4695

贾心斋…………………………………… 3320

贾星五…………………………………… 43

贾秀章…………………………………… 2346

贾延云…………………………………… 1323

贾余庆 ………………………………… 462

贾泽义…………………………………… 1967

贾振华…………………………………… 2147

贾志彬 …………………………… 2491、2511

[jiang]

江承坚…………………………………… 1303

江家华…………………………………… 1327

江青 …… 132、598、599、605、614、615、634、758、773、1064、2685、3289、3290、3292、3353、3442、3444

江世民…………………………………… 4781

江伟雄…………………………………… 3878

江泽民…………………………………… 1908

江祝芝…………………………………… 3716

姜洪喜…………………………………… 2390

姜昆…………………………………… 1269

姜树礼…………………………………… 2390

姜喜发 ………………………………… 894

姜献旗…………………………………… 4652

姜孝先…………………………………… 4539

姜玉仁 ………………………………… 994

姜忠杰 …………………………………… 476

蒋崇亮…………………………………… 1289

蒋旦萍…………………………………… 2801

蒋凤池…………………………………… 4479

蒋光荣 ………………… 4581、4588、4595

蒋梅英 …………………………… 145、146

蒋美华 ………………… 1086、1087、1100

蒋美玉…………………………………… 1990

蒋青云…………………………………… 4213

蒋文焕…………………………………… 2211

蒋薰南…………………………………… 4116

蒋以任…………………………………… 1924

蒋志学…………………………………… 1238

蒋子峰…………………………………… 3552

[jiao]

焦冬安…………………………………… 3320

焦林义…………………………………… 3815

[jin]

金丙甲…………………………………… 1361

金成山…………………………………… 1105

金凤山…………………………………… 3521

金鸿祥…………………………………… 4785

金花娇…………………………………… 1990

金浪白…………………………………… 1662

金隆贵 …………………………………… 843

金明奎 …………………………………… 892

金群…………………………………… 1920

金双全 …………………………………… 548

金训华 … 995、1055、1097、1347、2203、2233、2280—2282、2311

金艳锋 …………………………………… 895

金志强 ………… 2210、2264、2273、2274

金仲华 ………………… 2224、2246、2965

近腾康男 ……………………………… 133

晋桐枫…………………………………… 1967

靳惠玲…………………………………… 2099

[jing]

荆家良…………………………………… 1225

景芳括…………………………………… 43

景莉莉…………………………………… 1942

景伟德…………………………………… 1942

景文广…………………………………… 2801

靖伟 …………………………………… 344

[ju]

居元…………………………………… 4774

瞿道修…………………………………… 3525

鞠颂东 …………………………………… 440

K

[ka]

卡斯木·肉孜…………………………… 1823

[kang]

康建军 …………………………… 986、996

康晋益…………………………………… 3036

康克清…………………………………… 16

康铁英 …………………………………… 154

康学录…………………………………… 1660

康永和…………………………………… 3684

[kong]

孔济仁…………………………………… 2801

孔俊…………………………………… 4651

孔万成…………………………………… 2210

孔祥麟…………………………………… 2609

[kou]

寇立金……………………………… 3553

[kuang]

匡伯成……………………………… 1314
匡为民……………………………… 1273

L

[lai]

赖可可 ………………………… 2671、2674
赖玉琴 ……………………………… 549

[lan]

兰国侯……………………………… 3521
兰玉田……………………………… 1018
蓝亦农……………………………… 4487

[le]

乐宝珍……………………………… 2107

[lei]

雷锋 ………………… 819、2452、2516
雷汉统……………………………… 4150
雷远高……………………………… 4677
雷云海 ……………………………… 227
雷臻铮……………………………… 2848
雷争春……………………………… 4742

[leng]

冷海华……………………………… 1110

[li]

黎锡福……………………………… 4677
黎雁……………………………… 1248
李宝山 …………………………… 166
李葆华 ………………………… 2818、4492
李北淮 …………………………… 857
李秉衡……………………………… 1014
李才……………………………… 3022
李昌石……………………………… 1124
李长经 …………………………… 895
李长梅……………………………… 2188
李长枝……………………………… 1352
李晨 …………………………… 838
李崇德……………………………… 4690
李崇华 …………………………… 961
李传珍 …………………………… 895
李春侠 …………………………… 550
李赐恭……………………………… 3527
李从富……………………………… 4477
李德宽 …………………………… 851
李德龙……………………………… 3553
李德生……………………………… 2612
李德新……………………………… 3320
李德英……………………………… 3320
李恩涛 …………………………… 710
李凡一……………………………… 1452
李方玉……………………………… 2145
李仿尧 ………………………… 4561、4567
李放邮……………………………… 3838
李风山……………………………… 2522
李福顺……………………………… 1148
李福余 …………………………… 709
李富才 …………………………… 551
李富春……………………………… 4680
李富权 …………………………… 598
李贵 …………………………… 577

李贵卿…………………………………… 3342
李桂芳 ………………………………… 576
李桂芬 ………………………… 997、1321
李国超 ………………………… 4218、4221
李国华 ………… 1054、1055、1097、1101
李国民…………………………………… 43
李国兴…………………………………… 2991
李国忠…………………………………… 3022
李海满…………………………………… 1455
李海荣…………………………………… 2736
李海娃…………………………………… 3901
李寒青…………………………………… 3304
李恒久…………………………………… 3342
李红 …………………………………… 154
李洪芳…………………………………… 2400
李华…………………………………… 2400
李华林 …………………………………… 297
李伙化…………………………………… 4695
李吉乐 ………………………… 1314、1317
李甲…………………………………… 3151
李建梅…………………………………… 1920
李健…………………………………… 3344
李杰 …………………………………… 217
李金凤…………………………………… 1323
李劲 ………………………… 3608—3610、3724
李娟…………………………………… 2638
李君…………………………………… 4492
李俊谭…………………………………… 1201
李俊义…………………………………… 1432
李恺华…………………………………… 2022
李克忠…………………………………… 4681
李朗秋…………………………………… 3670
李力…………………………………… 1657
李力安…………………………………… 1017
李力权 …………………………… 705、709
李莉…………………………………… 4117
李莉三…………………………………… 43
李连成…………………………………… 1014
李连修…………………………………… 4492
李连元…………………………………… 1451
李林 …………………………… 2117、2191
李林广 …………………………………… 321
李龙翔…………………………………… 2188
李禄…………………………………… 1018
李路 ……………………………… 3652、3653
李茂昌…………………………………… 1146
李梅英…………………………………… 1939
李美珍…………………………………… 1054
李孟杰…………………………………… 2400
李孟强…………………………………… 1273
李敏其…………………………………… 4116
李明…………………………………… 1180
李明东…………………………………… 2148
李明珠 …………………………………… 894
李讷…………………………………… 3081
李培德…………………………………… 2461
李配兰…………………………………… 2589
李鹏宇 …………………………………… 923
李琪…………………………………… 45
李琦涛 ……………… 2206、2211、2231
李强英…………………………………… 3707
李清国 ………………………………… 709
李庆霖…… 155、193、255、262、464、592、
828、887、1141、2466、2495、
2610、2634、2723、2849、2984、
2990、3002、3017、3136、3137、
3150、3155、3200、3208、3209、
3211、3212、3667、3825、4144、
4215、4480、4487、4649、4707

李群娣……………………………… 2107
李仁山……………………………… 4589
李荣阁……………………………… 2107
李荣海 ……………………………… 445
李荣华…………………………… 145、146
李荣槐 …………………………… 315、316
李瑞峰……………………………… 1342
李瑞琴 ……………………………… 551
李瑞山……………………………… 1375
李尚敏……………………………… 43
李绍定……………………………… 3716
李生花……………………………… 2136
李世功……………………………… 2196
李世杰 ……………………………… 333
李世亭……………………………… 1987
李守成……………………………… 2280
李守诚……………………………… 2107
李淑芬……………………………… 1238
李曙光……………………………… 2056
李树林……………………………… 3901
李树森……………………………… 4725
李思孝……………………………… 3487
李天伶……………………………… 1039
李铁梅 ……………………………… 527
李铁民……………………………… 1273
李万发……………………………… 1325
李维城 …………………………… 2052、2054
李文杰……………………………… 43
李文进……………………………… 4695
李文明……………………………… 4814
李文学 ……………………………… 166
李文洲……………………………… 2103
李喜兰……………………………… 2194
李仙桃…………………………… 3697、3707

李先念 …………… 131、273、577、1405、1458、2869、4680
李晓华……………………………… 1739
李晓军……………………………… 1279
李晓明 …………………………… 1738、1739
李晓群……………………………… 1739
李笑牛 ………… 2209、2264、2273、2274
李效华 ……………………………… 192
李秀华…………………………… 106、107
李秀梅……………………………… 1314
李秀清 …………………………… 3521、3603
李秀荣……………………………… 1344
李秀英 …………………………… 393、2991
李秀贞……………………………… 2099
李学…………………………… 894、903
李学术……………………………… 1343
李学智……………………………… 1657
李雪芬……………………………… 2712
李雪峰 ……………………………… 309
李亚东……………………………… 1054
李娅 ………………………………… 894
李延录……………………………… 1249
李言 ………………………………… 681
李岩………………………………… 73
李艳……………………………… 1320
李燕玲……………………………… 3013
李耀东……………………………… 1243
李益明……………………………… 3320
李银戈 ……………………………… 154
李瑛……………………………… 1313
李永福 …………………………… 4171、4192
李勇汉……………………………… 2005
李友和 …………………………… 4588、4595
李有德……………………………… 4777

李有光 ………………………………… 709

李有衡………………………………… 1783

李玉番 ………………………………… 550

李玉芳………………………………… 4814

李玉良………………………………… 4234

李玉亮 …………………………… 386、387

李玉芹 ………………………………… 895

李玉荣………………………………… 1013

李元庆 ………………………… 2491、2496

李源潮………………………………… 1017

李月兰………………………………… 1809

李月莲………………………………… 2706

李月英 …………………………… 1015、1017

李跃臣………………………………… 2148

李跃东………………………………… 1265

李云峰 ………………………… 4645、4648

李云轩………………………………… 1342

李再含………………………………… 4487

李增欣………………………………… 2188

李贞………………………………………… 16

李正义………………………………… 4590

李志军 ………………………… 3063、3064

李志全 …………………………… 1015、1320

李智林………………………………… 4513

李中垣 ………………………………… 104

李仲生 …………………………… 706、709

李子刚………………………………… 4117

李子润………………………………… 3553

李紫燕………………………………… 3320

李自强………………………………… 1349

李自正 ………………………… 1990、2004

李宗胜………………………………… 4774

李宗月………………………………… 2374

李遵正………………………………… 4492

力丁 …………………………… 539、549

栗建国………………………………… 1406

栗伟………………………………… 2147

栗心河 ………………………………… 892

[lian]

练启绅………………………………… 4513

练顺敏 …………………………… 2044、2045

[liang]

梁春泽 ………………………………… 108

梁翠英 ………………………… 2191、3975

梁光汉………………………………… 4144

梁积雄………………………………… 3975

梁进路………………………………… 1273

梁丽华………………………………… 3975

梁培华………………………………… 2644

梁套敦巴雅尔 …………………………… 945

梁向红………………………………… 2115

梁小浣 …………………………… 1738、1739

梁晓声………………………………… 38

梁新发………………………………… 3976

梁秀珍………………………………… 3971

梁玉荣………………………………… 1013

梁占山………………………………… 1274

梁钊………………………………… 2107

梁正福………………………………… 4690

[liao]

廖井丹………………………………… 4134

廖尚荣………………………………… 4604

廖希仁………………………………… 4695

廖志高 …………………………… 3151、3155

[lin]

林柏青…………………………………… 1612
林彪 …………………………… 2851、4487
林波 ……………………………………… 4652
林传芳………………………………… 4649
林春波 …………………………………… 1315
林赐福…………………………………… 2027
林海清…………………………………… 1926
林金官 …………………………… 3151、3181
林李明…………………………………… 3971
林莽 ……………………………………… 38
林瑞华…………………………………… 4610
林淑芳……………… 993、1015、1146、1320
林素琴………………………………… 2027
林薇薇………………………………… 2103
林卫阳 … 2210、2264、2273、2274、2290
林晓薇 ……………… 2264、2273、2274
林信芳…………………………………… 1343
林一心 ………… 3137、3151、3267、3284
林兆枢 ………………… 3140、3162、3203
林振方 …………………………… 2491、2496
林忠…………………………………… 1776

[ling]

凌西平…………………………………… 3342
凌贻勋………………………………… 1695

[liu]

刘宝昌 ………………………………… 721
刘宝庆………………………………… 1015
刘宝顺………………………………… 1361
刘炳堂 ………………………………… 709
刘炳元………………………………… 1291

刘苍岩…………………………………… 4502
刘昌喜………………………………… 4286
刘长发………………………………… 1323
刘长海 ………………………………… 548
刘长友 …………………………… 961、970
刘成栋………………………………… 1940
刘承林………………………………… 1344
刘春合………………………………… 1464
刘春润………………………………… 2023
刘达通…………………………………… 4218
刘德夫………………………………… 2118
刘定洲………………………………… 1375
刘度南 ……………… 2210、2264、2274
刘恩弟 ………………………………… 994
刘逢贵 ………………………………… 710
刘凤廷………………………………… 1248
刘根宝………………………………… 2188
刘光…………………………………… 1452
刘桂才………………………………… 1018
刘桂荣………………………………… 1344
刘桂香………………………………… 1798
刘桂芝………………………………… 1017
刘国杰………………………………… 1402
刘国君………………………………… 1013
刘海波………………………………… 3652
刘汉周………………………………… 4695
刘鹤安………………………………… 4725
刘红鹰………………………………… 4688
刘华钧………………………………… 3646
刘华香 ………………………………… 436
刘焕兰………………………………… 1054
刘慧 ………………………………… 548
刘济川 …………………………… 2491、2496
刘济民 …………………………… 1991、2006

刘继芳…………………………………… 2156
刘建国 …………………………………… 550
刘建五 …………………………………… 550
刘剑锋…………………………………… 1855
刘金生…………………………………… 3716
刘菊珍…………………………………… 2232
刘君娣 ………………………… 2022、2024
刘俊秀…………………………………… 2970
刘开基 ……………… 309、315、316、321
刘凯…………………………………… 1313
刘克冰…………………………………… 1225
刘崑林…………………………………… 3609
刘力 …………………………………… 709
刘丽莎 ………………………… 1738、1739
刘连阳…………………………………… 1311
刘明义…………………………………… 43
刘明元…………………………………… 2637
刘乃尧…………………………………… 2639
刘啸…………………………………… 2104
刘沛杰…………………………………… 4649
刘佩龙…………………………………… 3987
刘品 …………………………………… 345
刘平…………………………………… 2453
刘萍丽…………………………………… 2641
刘乾宝 ………………………………… 201
刘清玉…………………………………… 1238
刘庆武…………………………………… 2107
刘庆章…………………………………… 4617
刘全甫…………………………………… 4652
刘仁…………………………………… 42
刘少奇 ……… 131、135、230、624、819、
　　　　　　2349、2818、3319、3624
刘生发…………………………………… 3975
刘士凯…………………………………… 2848
刘淑香 …………………………………… 154
刘淑英 …………………………………… 527
刘述周…………………………………… 2229
刘双全 ………………………… 1908、2023
刘顺美…………………………………… 4651
刘顺元…………………………………… 2450
刘铁芳 ………………………… 605、773
刘维哲 …………………………………… 690
刘文…………………………………… 1325
刘文彬…………………………………… 4492
刘文华…………………………………… 1111
刘文新 …………………………………… 690
刘武庆…………………………………… 46
刘希奎…………………………………… 4321
刘显超…………………………………… 4651
刘湘娥 ………………………… 3697、3707
刘小三…………………………………… 4690
刘孝 …………………………………… 550
刘兴志 …………………………………… 890
刘星 ……………………………… 1776—1778
刘秀兰…………………………………… 2191
刘岩 …………………………………… 875
刘阳春…………………………………… 3670
刘义民…………………………………… 2099
刘奕明…………………………………… 4513
刘吟庆 …………………………………… 411
刘英杰…………………………………… 2171
刘永吉…………………………………… 2598
刘永杰 ………………………… 1206、1207
刘永军…………………………………… 1315
刘玉功 …………………………………… 550
刘玉陆…………………………………… 2188
刘玉清…………………………………… 1015
刘玉珍…………………………………… 2033

刘裕国…………………………………… 1270
刘毓芳………………………………… 1323
刘源 …………………………………… 341
刘月琴………………………………… 2037
刘云清 ………………… 992、1238
刘蕴章………………………………… 4652
刘泽先………………………………… 4314
刘占彪………………………………… 3527
刘招祥………………………………… 4544
刘振夫………………………………… 1455
刘振和………………………………… 3521
刘振玉………………………………… 4649
刘震 ………………… 1759、1778、1791
刘争玲………………………………… 1920
刘志宏………………………………… 2104
刘中陆………………………………… 39
刘重桂………………………………… 3987
刘子厚 ………………… 143、148、295
刘子芹 ………………………………… 151
刘子廷………………………………… 3487
刘子云………………………………… 3732
刘自然 ………………………………… 818
柳昌银 …………………………… 819、821
柳秀华 ………………………………… 895
柳玉芹 ………………………………… 875

[long]

龙恩泽………………………………… 1017

[lou]

楼裕庭 …………………………… 1314、1315

[lu]

卢传声………………………………… 2490

卢林金………………………………… 2988
卢洋水 …………………………… 4559、4561
卢贤扬 …………………………… 3343、3344
卢香凝………………………………… 4651
卢育生………………………………… 2673
卢展工 ………………………………… 995
卢忠阳 …………………………… 3440、3441
芦回春 …………………………… 3695、3698
芦新弟………………………………… 1303
鲁夫 ………………………………… 986
鲁惠荣 ………………………………… 895
鲁秀梅………………………………… 2188
陆飞………………………………… 2608
陆福贵………………………………… 2099
陆洪生………………………………… 1826
陆华 …………… 2264、2273、2274、2290
陆金荣………………………………… 2461
陆康勤………………………………… 1331
陆懋曾………………………………… 1909
陆美英 …………………………… 1967、1991
陆为民………………………………… 1013
陆文瑞………………………………… 2643
陆小平………………………………… 2520
陆学阳………………………………… 4652
鹿崇山………………………………… 2850
逯云青………………………………… 3344
路金栋………………………………… 2450
路连山………………………………… 1314
路庆丰 ………………………………… 923

[luan]

栾达威………………………………… 1289

[luo]

罗保铭 ………………………………… 110

罗秉掫……………………………… 4617

罗定邦……………………………… 4695

罗华成……………………………… 3731

罗立洲……………………………… 3648

罗玲玲……………………………… 2166

罗青青 ………………… 3678、3684、3686

罗琼秀……………………………… 4117

罗秋月……………………………… 3650

罗慎涛……………………… 4588、4595

罗天……………………………… 3800、3802

罗毅……………………………… 2671

罗玉川……………………………… 44

罗正芬 ………………………… 4581、4590

罗中立……………………………… 4149

骆德贵……………………………… 4604

[lü]

吕根泽 …………………………… 820、892

吕桂新 ……………………………… 653

吕惠珍 ………… 2465、2583、2493、2583

吕慧珍……………………………… 2493

吕建华……………………………… 2514

吕经令……………………………… 2140

吕钧陶……………………………… 2135

吕美英 …………………………… 2221、2243

吕淑艳……………………………… 1251

吕锡龄 …………………………… 2210、2223

吕锡田……………………………… 3344

吕向阳 ……………………………… 892

吕欣 ………………………………… 6

吕兴……………………………… 2639

吕秀云 ……………………………… 895

吕燕……………………………… 1291

吕永海……………………………… 2165

吕玉兰 …………………………… 143、166

M

[ma]

马宝山 ……………………………… 892

马成英……………………………… 1990

马德录……………………………… 3343

马福洪 ……………………………… 549

马国祥 ……………………………… 709

马怀乾……………………………… 1100

马辉 ……………………………… 143

马辉清……………………………… 2103

马继生……………………………… 1352

马杰 ……………………………… 143

马力 ……………………… 130、162、166

马良骥……………………………… 1407

马良全……………………………… 3637

马玲娟……………………………… 2014

马龙生……………………………… 2126

马佩珠……………………………… 1334

马庆祝……………………………… 1306

马秋里……………………………… 1950

马然珍 ……………………………… 217

马荣……………………………… 1919

马瑞华 …………………………… 1857、2120

马世英 …………………………… 2191、2192

马唯真……………………………… 1313

马文铎 ……………………………… 709

马文田 ……………………………… 709

马文星 ……………………………… 192

马香兰 ……………………………… 875

马新才……………………………… 2147

马永链……………………………… 4115

马永明……………………………… 1326

马永烁…………………………………… 4117
马予真…………………………………… 1663
马志明 …………………………………… 549

[mang]

芒克…………………………………… 38

[mao]

毛阿福 …………………………… 2019、2020
毛鸿远…………………………………… 3476
毛继才 …………………………… 145、146
毛小平…………………………………… 2148
毛啸岳…………………………………… 2893
毛秀娃…………………………………… 3934
毛玉华…………………………………… 1362
毛远新 …………… 592、595、597—599、
614、615、636、768

茅大新…………………………………… 2148
茅善玉…………………………………… 2098
茅亚兰…………………………………… 2639
茅逸梅…………………………………… 2170
亩时文…………………………………… 4651

[mei]

梅利希 …………………………… 1014、1248
梅三毛…………………………………… 3545
梅树生…………… 992、994、1015、1016、
1039、1124、1247
梅祥宗…………………………………… 4478
梅跃农 …………………………… 4117、4145

[meng]

孟桂英 …………………………………… 895
孟吉昌 …………………………………… 994

孟启民 …………………………… 1694、1695
孟士哲 …………………………………… 192
孟宪滔…………………………………… 3483
孟祥敏 …………………………… 105、106
孟照鹤…………………………………… 3699

[miao]

苗国治 …………………………… 2107、2108
苗磊…………………………………… 1274

[min]

闵铁成…………………………………… 1873
闵兴运 …………………………… 3525、3526

[ming]

明子善…………………………………… 4477

[mo]

莫联君…………………………………… 2005

[mou]

牟海滨…………………………………… 3936
牟雷欧…………………………………… 1291

[mu]

母维平…………………………………… 1321
穆国良…………………………………… 1088
穆弘…………………………………… 2173

N

[na]

那延吉…………………………………… 1325

[ni]

倪根祥…………………………………… 2638

倪豪梅 … 1907、1913、1927、1967、2230

倪守根………………………………… 1917

倪希锗 ………… 3140、3152、3162、3203

倪英娣………………………………… 2048

[nie]

聂光明………………………………… 3521

聂建新 ………………………………… 553

聂卫平 ………………………… 1086、1098

[ning]

宁华 ………………………………… 440

宁佩玲………………………………… 1019

宁田田 ………………………………… 549

宁锡来 ………………………………… 107

宁友冬………………………………… 1146

[niu]

牛贵彬………………………………… 1325

牛家良………………………………… 2848

牛金凤………………………………… 2095

牛静波 ………………………………… 217

牛士和 ………………………………… 710

牛文焕………………………………… 1135

牛英杰 …………………………… 1303、1305

[nu]

努尔提也夫…………………………… 1778

O

[ou]

欧阳惠林………………………… 2453

欧阳联………………………………… 1782

欧阳武………………………………… 2224

欧阳云鹏………………………… 2099

P

[pan]

潘德洪………………………………… 4551

潘富志 ………………………………… 986

潘古 ………………… 3975、3976、3994

潘国荣………………………………… 2491

潘良才………………………………… 1917

潘玲娣………………………………… 2018

潘启琦………………………………… 2933

潘盛荣………………………………… 4604

潘涛 ………………… 4583、4588、4595

潘筱琴………………………………… 1835

潘学春………………………………… 3521

潘余庆………………………………… 2608

[pang]

庞承忠 ………………………………… 690

庞伸志 ……………… 1014、1124、1247

庞淑英 …… 977、989、1014、1016、1237、

1245、1247—1249、1255

庞先健………………………………… 2317

[pei]

裴茂连………………………………… 2491

裴政观………………………………… 1343

[peng]

彭冲………………………………… 2466

彭洪秀………………………………… 3584

彭加木 ………………………… 1941、2034

彭杰……………………………………… 1344
彭金龙………………………………… 1941
彭科成………………………………… 4597
彭真………………………………………… 42

[pi]

皮定钧………………………………… 3154

[ping]

平润师 ………………………………… 509

[pu]

蒲忠智………………………………… 1407
濮惠华 ………………………… 2156、2157
浦琦璋………………………………… 2098
普贵忠………………………………… 4791
普云贵………………………………… 4725

Q

[qi]

戚淑清………………………………… 1054
漆明德………………………………… 4376
齐建国………………………………… 1265
齐立昌………………………………… 1315
齐若华………………………………… 3320
齐笑冬 ……………………………… 971
齐玉林 ……………………………… 205
齐远平 ……………………………… 548
祁果 …………………………… 1776、1927

[qian]

钱国模………………………………… 4785
钱俭鹏………………………………… 2855

钱聚武 …………………………………… 709
钱曼琴………………………………… 2148
钱友琴………………………………… 1146

[qiang]

强万起 ………………………………… 103
强万桐 ………………………………… 103

[qiao]

乔根娣………………………………… 1945
乔晋湘 …………………………………… 317
乔晓光………………………………… 3994
乔玉明………………………………… 2117
乔治功………………………………… 1742

[qin]

秦东伟………………………………… 3878
秦景云………………………………… 3416
秦溯………………………………… 2103
秦忠诚………………………………… 4636

[qing]

青春 …………………………………… 548

[qiu]

邱志平………………………………… 4790
邱舟 …………………………… 2212、2229
裘永强………………………………… 1269

[qu]

曲日忠………………………………… 1314
曲维平 ……………………………… 705
曲显岐………………………………… 2563

曲雅娟 ………………………… 1346、1347

曲折 ……………………………… 440、441

屈金福 ………………………………… 895

屈文锦………………………………… 3476

瞿光伍………………………………… 1790

瞿太安………………………………… 3699

瞿泰安 ………………………… 3608、3609

[que]

阙之俊………………………………… 1790

R

[ren]

任德英………………………………… 4652

任凤彩 ………………………………… 550

任广芬………………………………… 2175

任广禄 …………………………… 843、848

任红………………………………… 1088

任化民………………………………… 1105

任晋恒………………………………… 1941

任雷远 ………………………… 3293、3304

任蕾………………………………… 2191

任青远 ………………………………… 857

任树人………………………………… 3994

任铁英………………………………… 1088

任维杰………………………………… 1312

任仰山………………………………… 2023

任毅 …………………………… 457、2458

任映仓 ………………………………… 315

任有 ………………………………… 892

任志妹………………………………… 3106

[ruan]

阮跃华………………………………… 1826

阮兆江………………………………… 3994

阮正………………………………… 3476

S

[sai]

赛福鼎·艾则孜 ……………… 1777、1805

赛来木·依明………………………… 1835

[sang]

桑海廷………………………………… 3342

桑云………………………………… 2609

[sha]

沙风 ………………………………… 230

沙叶新 ………………… 2203、2280、2282

沙忠飞 ……………………… 1917、1919

[shan]

山秋林 ………………………………… 995

单美英 ………… 458、518、941、949、950

单启贤………………………………… 4492

单志明………………………………… 2148

[shang]

商庆典………………………………… 1784

尚庆玉 ………………………………… 710

尚士俊………………………………… 43

尚逊 ………………………………… 681

[shao]

邵春云………………………………… 1991

邵翠章………………………………… 4544

邵定家………………………………… 1933

邵富 ………………………………… 819

邵力 …………………………………… 475
邵明路………………………………… 1451
邵维尧 ………………………… 1990、2004
邵武轩…………………………………… 1452
邵毓华………………………………… 3827
邵洲………………………………… 4587

[she]

佘川秀…………………………………… 4117
余菊英………………………………… 3572

[shen]

申吉利………………………………… 1790
申建文………………………………… 2137
申水离………………………………… 2017
申显云 ………………………………… 315
申湘才………………………………… 4133
申欣………………………………… 3443
申玉光………………………………… 1950
沈保中 ………………………………… 986
沈复曜………………………………… 3152
沈光泽………………………………… 2091
沈国民………………………………… 2104
沈嘉娴………………………………… 1826
沈骏………………………………… 2104
沈开福………………………………… 1525
沈明维………………………………… 2005
沈勤………………………………… 3957
沈善民………………………………… 2004
沈少星………………………………… 1776
沈涛 ………………………………… 736
沈小岑………………………………… 2098
沈小萍………………………………… 3096
沈新发………………………………… 1358

沈雅琴 ………………………… 2073、2091
沈英秋 ………………………………… 895
沈自绪………………………………… 1525

[shi]

师锐………………………………… 1452
师玉明………………………………… 2639
施宝慧 ………………………… 997、1321
施明龙………………………………… 4652
施筛章………………………………… 2848
施玉丽………………………………… 1990
施裕民………………………………… 4304
石宝贤 ………………………………… 709
石曾海 ………………………… 4171、4192
石成林 ………………………… 2210、2223
石坚 ………………………………… 106
石青………………………………… 1024
石僧杰 ………………………………… 445
石双琪………………………………… 4561
石西民 ………………………… 2212、2229
石晓宁………………………………… 1357
石钟琴………………………………… 2098
时玉存………………………………… 1406
史芳芳 ………………………………… 442
史连绪………………………………… 2017
史素珍 ………………………………… 390
史铁生 ………………………… 38、1459
史贤树………………………………… 4331
史意香 ………………………… 2116、2117
史瑋………………………………… 43
史之汉………………………………… 3036

[shu]

舒宝立 ………………………………… 553

[shuai]

帅昌祥 ……………………………………… 4651

帅毓新 ……………………………………… 4651

[si]

司马义·艾买提 ……………… 1778、1927

司马义·买合苏提 ……………………… 1776

[song]

宋春元 ………………………………… 386

宋法孟 ……………………………………… 1248

宋汉良 ……………………………………… 2051

宋积会 ……………………………………… 710

宋家仁 ……………………………………… 2052

宋稼祥 ……………………………………… 44

宋立斋 ……………………………………… 3468

宋马烈 ……………………………………… 2100

宋平顺 ……………………………………… 106

宋仁穷 ……………………………………… 737

宋任穷 ……………………………………… 1249

宋日昌 ··· 1827、2012、2034、2090、2150、2175、2212、2224、2229、2246

宋荣华 ……………………………………… 2107

宋三洪 ………………… 1014、1125、1247

宋山洪 …………………………… 992、1237

宋世俊 ……………………………………… 2037

宋顺舟 ……………………………………… 2855

宋天泰 ……………………………………… 1883

宋文利 …………………………… 145、146

宋显友 ……………………………………… 709

宋新廷 ……………………………………… 4567

宋新庭 ……………………………………… 4561

宋依幸 ……………………………………… 4651

宋义 ……………………………………… 2104

宋逸尘 …………………………… 3294、3304

宋玉林 ……………………………………… 445

宋志良 ……………………………………… 68

宋致和 ………………… 1776—1779、1791

宋子罡 ………………… 1917—1919、1922

[su]

苏彩女 ……………………………………… 1349

苏琴 ……………………………………… 3152

苏荣久 ……………………………………… 710

苏晓存 ……………………………………… 551

苏晓琦 ……………………………………… 1790

苏醒 ……………………………………… 1017

苏秀娟 ……………………………………… 1333

粟满玲 ……………………………………… 2191

[sui]

隋桂芬 ……………………………………… 1054

隋亚范 ……………………………………… 897

隋玉红 ……………………………………… 1361

[sun]

孙秉江 ……………………………………… 1053

孙彩红 ……………………………………… 2471

孙成明 ……………………………………… 4117

孙传琪 ··· 4117、4142、4145、4390—4392

孙翠花 ……………………………………… 1452

孙德胜 ……………………………………… 986

孙凤森 ……………………………………… 1014

孙根娣 ………………… 4754、4755、4757

孙家秀 ……………………………………… 4218

孙健 ……………………………………… 1102

孙金根 ……………………………………… 4517

孙景伟…………………………………… 43

孙琨 …………………………………… 710

孙立哲……………… 39、1406、1409、1457、

1458、1460、1461、1463

孙连华……………………………… 124、127

孙连胜 ………………………………… 709

孙妙芬 ………………… 2665、2711、2712

孙其明…………………………………… 1146

孙强烈…………………………………… 1933

孙士兰…………………………………… 2107

孙淑英 ………………………………… 154

孙树青 ………………………………… 387

孙双喜 ………………………………… 383

孙挺 …………………………………… 723

孙维影…………………………………… 1054

孙伟毅…………………………………… 2855

孙文友…………………………………… 87

孙祥 …………………………………… 192

孙小欣…………………………………… 4117

孙秀生 ………………………………… 217

孙艳…………………………………… 1323

孙毅 ………………………………… 895

孙永贵 ……………………… 1015、1039

孙永华…………………………………… 2136

孙永山 …… 993、1015、1146、1238、1320

孙玉芳…………………………………… 1110

孙玉忠…………………………………… 2170

孙玉舟…………………………………… 1741

孙云云…………………………………… 1331

孙振环…………………………………… 1335

孙振杰…………………………………… 1243

孙振梅…………………………………… 2148

孙志强…………………………………… 4652

孙自成 ………………………………… 115

T

[tan]

谈三宝…………………………………… 2033

谭冬幼 ………………… 3021、3022、3030

谭巨添…………………………………… 3813

谭松平 …………………………………… 736

谭友山…………………………………… 1320

谭毓富…………………………………… 2103

谭震林 …………………………… 309、1925

潭友山…………………………………… 1015

檀文芳 …………………………… 997、1321

[tang]

汤成功…………………………………… 4217

汤国斌 ………………… 4753、4754、4757

汤华辉…………………………………… 1917

唐桂英…………………………………… 1088

唐果…………………………………… 1389

唐洪新…………………………………… 1898

唐克平…………………………………… 4646

唐立…………………………………… 4151

唐伟…………………………………… 1053

唐亚志 ………………………………… 553

[tao]

陶汉一 …………………………… 4561、4567

陶华 …… 2200、2210、2264、2273、2274

陶桓馥 ………………………………… 130

陶礼学…………………………………… 2390

陶力 …………………………………… 464

陶丕显…………………………………… 3483

陶永江…………………………………… 1105

陶志忠…………………………………… 1018

陶峙岳 …………………… 1249、2073、2090

陶铸 ……………………………… 3795、3799

[teng]

腾久林…………………………………… 3521

[tian]

田而 …………………………………… 723

田凤岐………………………………… 1693

田冠英 ……………………… 1014、1248

田建惠………………………………… 1942

田军 …………………………………… 894

田克 ……………………… 3983、3994

田礼太 …………………………………… 315

田普雨………………………………… 4649

田庆云………………………………… 4604

田琼………………………………… 4652

田绍先……………………………………… 43

田淑青………………………………… 1129

田文悦 ………………………… 1303、1306

田永年………………………………… 4664

田玉家 …………………………………… 717

田志刚 …………………………………… 179

[tie]

铁木尔·达瓦买提 …… 1759、1776、1908

铁森………………………………………… 3342

铁柱 …………………………………… 558

[tong]

彤剑 …………………………………… 736

[tu]

屠文超……………………………… 1990

吐逊·尼牙孜……………………………… 1819

W

[wan]

万锦云 …………………………………… 435

万里 ……………………………………… 42、43

万学春………………………………… 1054

[wang]

汪东兴…………………………………… 4680

汪锋 …………………… 1759、1778、1791

汪贵珠 …………………………… 997、1321

汪菊渊………………………………………… 44

汪兰昌……………………………………… 2490

汪龙伦…………………………………… 4151

汪恬 …………………… 457、543、544

汪通祺 …………………………………… 399

汪伟民…………………………………… 1317

汪曦…………………………………… 2107

汪秀梅…………………………………… 2188

王爱民 …………………………………… 550

王爱英 …………………………………… 110

王安珍………………………………… 3238

王百中…………………………………… 1014

王保林 …………………………………… 539

王碧坦…………………………………… 4290

王斌…………………………………… 2865

王秉祥…………………………………… 1331

王伯兴…………………………………… 3344

王朝海 …………………………………… 108

王崇久…………………………………… 1913

王川…………………………………… 4149

王春芳…………………………………… 4117

王春普…………………………………… 1248

王春苔……………………………… 2100 王国一…………………………………… 3344

王纯………………………………………… 44 王国璋…………………………………… 1100

王翠…………………………………… 2395 王海民…………………………………… 4391

王大任 ………………………………… 320 王亥…………………………………… 4149

王大万…………………………………… 3521 王禾胜 ………………………………… 888

王道金 ………………………………… 4503 王鹤 …………………………………… 681

王德安 …………………………… 4580、4595 王宏立…………………………………… 2966

王德昌…………………………………… 2023 王洪扣…………………………………… 4789

王德发…………………………………… 2099 王洪梅 ………………………………… 709

王德林 ………………………………… 857 王洪文…………………………………… 4680

王殿俊…………………………………… 1779 王洪源 ………………………………… 550

王殿奎…………………………………… 2168 王洪章…………………………………… 2191

王冬梅 ……………… 474、744、791、799 王华萍…………………………………… 1917

王敦洋…………………………………… 2061 王化龙 ………………………………… 192

王娥 …………………………………… 154 王怀文…………………………………… 4218

王恩茂 ………………… 1908、1927、2051 王辉………………………………… 100、971

王恩祥 ………………………………… 709 王吉冬…………………………………… 3032

王发生…………………………………… 2168 王极冬…………………………………… 3030

王芳…………………………………… 1303 王纪光 ………………………………… 549

王风英 ………………………………… 549 王季平 ………………………………… 857

王风雨…………………………………… 2028 王继尧…………………………………… 4646

王凤麟…………………………………… 1319 王家廖…………………………………… 44

王富忠…………………………………… 4452 王坚冰…………………………………… 3190

王干…………………………………… 4218 王建安…………………………………… 2108

王耕之 ………………………………… 705 王建军…………………………………… 4652

王公春…………………………………… 1244 王建业…………………………………… 1135

王冠英…………………………………… 2100 王建元…………………………………… 1512

王光炳…………………………………… 2099 王荐贤 ………………………… 3695、3698

王光美 ………………………………… 341 王金华…………………………………… 2095

王广立…………………………………… 4587 王金木…………………………………… 2005

王广义…………………………………… 3684 王金宁…………………………………… 2041

王桂香…………………………………… 4486 王金山 ………………………………… 162

王国翠…………………………………… 2107 王锦 …………………………………… 550

王国福…………………………………… 1920 王进喜 ………………………… 1056、1335

王国兴…………………………………… 1944 王景山…………………………………… 3527

王静植 ……………………………………… 440
王俊保 …………………………… 4650、4652
王俊勇……………………………………… 3036
王开春……………………………………… 2135
王克 …………………………… 2212、2229
王克勤……………………………………… 2640
王昆仑……………………………………… 1272
王昆伦……………………………………… 1249
王老虎……………………………………… 3306
王李 ……………………………………… 549
王立群……………………………………… 4651
王连铮……………………………………… 1018
王连珠……………………………………… 4151
王凌文 ………………… 1303、1306、1307
王茂青……………………………………… 2400
王美季……………………………………… 3951
王敏华……………………………………… 1313
王能孝……………………………………… 1069
王牛犊……………………………………… 1399
王培珍 … 108、148、149、152、158、892
王齐家……………………………………… 3610
王其人……………………………………… 1791
王歧岳……………………………………… 1772
王启智……………………………………… 43
王谦 ……………………………………… 333
王琴……………………………………… 2640
王清秀……………………………………… 3731
王庆 ……………………………………… 838
王庆伟 ……………… 2210、2264、2273、
2274、2290、2302
王全华……………………………………… 2104
王群 ……………………………………… 681
王群生 …………………………… 3695、3698
王任重 …………………………… 317、1779
王荣芳……………………………………… 1110
王瑞才……………………………………… 1772
王润民 …………………………… 3699、3700
王森……………………………………… 3342
王善成 ……………………………………… 192
王绍明……………………………………… 3527
王绍南……………………………………… 4285
王绍武 ……………………………………… 550
王伸达……………………………………… 1966
王诗益……………………………………… 4785
王世英……………………………………… 1663
王式恩……………………………………… 3106
王守模……………………………………… 4117
王守松……………………………………… 2400
王书安……………………………………… 2107
王淑芬……………………………………… 1100
王淑英 ……………………………………… 108
王淑云……………………………………… 1303
王树华 ……………………………………… 166
王树生……………………………………… 1281
王树章 ……………………………………… 721
王水……………………………………… 4649
王素英 ……………………………………… 723
王庭栋 ……………………………………… 315
王婉敏……………………………………… 2471
王婉珍……………………………………… 3571
王万崇……………………………………… 4115
王万福……………………………………… 3092
王维 …………………… 1917、1919、1920
王维群……………………………………… 3293
王伟……………………………………… 3641
王卫民 …………………………… 3573、3574
王文湖……………………………………… 1342
王文斋……………………………………… 4587

王文章…………………………………… 3695
王西林…………………………………… 3748
王香冠…………………………………… 2048
王祥……………………………………… 1248
王孝忠 ………………………………… 549
王新华 ………………………………… 737
王兴华…………………………………… 1991
王兴建…………………………………… 4651
王星南…………………………………… 3603
王修德…………………………………… 4544
王秀兰 …………………………… 535、1111
王秀珍…………………………………… 2281
王旭晶…………………………………… 2140
王学江…………………………………… 2103
王学军…………………………………… 1265
王学尧 ………………………………… 548
王学英 ……………… 1272、1277、1281
王学源…………………………………… 2609
王亚民…………………………………… 2107
王延方…………………………………… 1362
王彦彬…………………………………… 4690
王扬 …………………………… 2112、2113
王一平 ………… 2221、2229、3151、3152
王毅 …………………………………… 838
王银娥 ……………………………… 315、316
王银刚 ………………………………… 799
王银钢 ………………………………… 474
王银顺…………………………………… 4646
王瑛君 …………………………… 1015、1039
王永才 ………………………………… 986
王永坤 …………………………… 1015、1039
王永妹…………………………………… 1940
王幼娥…………………………………… 4768
王玉芬 ………………………………… 108

王玉国…………………………………… 1013
王玉荣 …………………………… 1015、1146
王玉珍 ………………………………… 312
王玉柱…………………………………… 2099
王毓敏…………………………………… 2098
王云龙…………………………………… 2135
王云生 ………………………………… 895
王运生…………………………………… 3560
王再天 …………………… 411、418、436
王在风…………………………………… 2148
王占成 …………………………… 705、709
王占亲 ………………………………… 725
王占先…………………………………… 1358
王占祥 ………………………………… 548
王振生…………………………………… 1326
王振元…………………………………… 2107
王震 …… 993、1017、1238、1249、1458、
1908、1922、1925、1926、1929、
1941、1944、1990、2021、2024、
2212、2228、2230、2232、4682
王正元 ………………………………… 509
王志勤 ………………………………… 753
王忠…………………………………… 1245
王重华 …………………………… 3293、3304
王资鑫…………………………………… 2642
王紫萍 ………………………………… 440
王宗楣…………………………………… 2673
王佐清 ………………………………… 445

[wei]

韦国清 …………………………… 3978、3987
韦茂文 …………………………… 4617、4618
韦茵秀 ………………………………… 577
魏凤阁…………………………………… 3406

魏汉英…………………………………… 3304
魏金水…………………………………… 3151
魏萍芝…………………………………… 1402
魏清甫…………………………………… 3553
魏若华…………………………………… 2148
魏世群…………………………………… 1146
魏书生 ………………………………… 724
魏小容…………………………………… 4199
魏新民 ………………………………… 148
魏学强…………………………………… 1920
魏耀明…………………………………… 1289
魏云兰…………………………………… 1054
魏振云…………………………………… 3510
魏志田…………………………………… 2608
魏中俊 ………………………………… 894
魏忠俊 ………………………………… 902

[wen]

温富海 ………………………………… 445
温家礼…………………………………… 4768
温凌珠…………………………………… 4664
温奇…………………………………… 1291
温振铭…………………………………… 1275
文道宏…………………………………… 2966
文海全…………………………………… 4117

[wu]

乌达巴拉 ………………………………… 558
乌恩其…………………………………… 1194
乌兰夫 …………………………… 418、484
乌鲁玛…………………………………… 1813
邬爱丹 …………………………… 2234、2957
邬烈源…………………………………… 2170
巫方安 ……………… 4117、4142、4145、4390、4392、4402

吴爱珍 …………………………… 2210、2223
吴宝兰 …………………………… 2145、2855
吴炳义 ………………………………… 552
吴道光…………………………………… 2107
吴德章…………………………………… 1934
吴迪 …………………………… 1990、2004
吴顶华…………………………………… 2638
吴冬青…………………………………… 3552
吴逢奇 ………………………………… 101
吴富贵 ………………………………… 552
吴公卿…………………………………… 3525
吴功祥…………………………………… 2608
吴桂仙…………………………………… 4768
吴国芳 ………………………………… 912
吴国新…………………………………… 2004
吴惠娥…………………………………… 3970
吴惠君…………………………………… 1963
吴建国 …………………………… 1274、2233
吴建华 …………………………… 2641、2644
吴江声…………………………………… 1407
吴锦贵…………………………………… 2141
吴菊妹 … 2210、2264、2273、2274、2290
吴克芬…………………………………… 1945
吴魁刚…………………………………… 1325
吴李喜…………………………………… 4453
吴丽屏…………………………………… 4769
吴丽萍 …………………………… 4766、4780
吴良友…………………………………… 4768
吴亮璞…………………………………… 1017
吴铭仕…………………………………… 1270
吴其良…………………………………… 2461
吴启秀 ………………………………… 166
吴荣泉…………………………………… 2652
吴儒珩 …………………………… 4218、4221

吴瑞谦…………………………………… 1432
席凤洲…………………………………… 1663

吴石牛…………………………………… 3645
席瑞华…………………………… 151、153

吴世超…………………………………… 4151

吴寿根…………………………………… 1826

吴寿通 ………………… 4583、4588、4595

吴淑琴 …………………………………… 552

吴肃…………………………………… 4477

吴涛 …………………………………… 412

吴天保…………………………………… 4649

吴相玲…………………………………… 1826

吴小明 …………………………………… 442

吴秀芳…………………………………… 2169

吴学林 ………………………………… 709

吴亚莉…………………………………… 2145

吴延义…………………………………… 4597

吴永娣…………………………… 145、146

吴毓秀…………………………………… 2099

吴月英…………………………………… 1943

吴占魁……………………… 3652—3654

吴肇础…………………………………… 2107

吴祖贤…………………………………… 4551

伍光远…………………………………… 4127

伍海涛 ………………………………… 895

伍晋南 ………………………… 3978、3979

伍友林…………………………………… 4544

武健…………………………………… 4695

武林华…………………………………… 2166

武清 …………………………………… 201

X

[xi]

习近平 ……………………… 1456、1464

习仲勋…………………………………… 3796

[xia]

夏冬梅…………………………………… 1942

夏黄妹…………………………………… 2007

夏敬雄…………………………………… 3994

夏似萍…………………………………… 1663

夏永阳…………………………………… 2801

夏玉珍…………………………………… 2191

夏志刚 ………………………………… 317

[xiang]

向克臣…………………………………… 4652

项继群…………………………………… 1343

项敏…………………………………… 2095

[xiao]

肖克有…………………………………… 1640

肖诺曼 ………………………… 4766、4769

肖廷忠 ………………………… 993、1238

肖一舟…………………………… 3975、3976

肖子云…………………………………… 3699

萧克…………………………………… 1249

萧诺曼…………………………………… 4780

萧宗华…………………………………… 4117

晓剑…………………………………… 4700

[xie]

谢长禄…………………………………… 3476

谢德官…………………………………… 4539

谢凤昌…………………………………… 1110

谢高忠 ………………………… 1755、2012

谢桂林…………………………………… 1053

谢红军……………………………………… 3927

谢锦香……………………………………… 3957

谢居芳……………………………………… 3975

谢康莲 …………………………… 3946、3969

谢立苏……………………………………… 2140

谢丽娟 … 1813、1927、1928、2026、2044

谢勤 …………………………… 2671、2674

谢旺生……………………………………… 2855

谢奕亮……………………………………… 3901

解国民……………………………………… 2878

解振华 ………………………………………… 110

[xin]

辛建西……………………………………… 2119

辛玉玲……………………………………… 2166

[xing]

邢崇智……………………………………… 3978

邢福宝……………………………………… 2188

邢连兴……………………………………… 3653

邢秀英 ……………………………………… 148

邢燕子…… 39、83、108—110、130—135、

148、152、153、158、166、227、

230、232、237、297、804、892、

1070、1401、1612、4646

[xiong]

熊朝健 ………………… 4486、4528、4529

熊鹰……………………………………… 4651

熊宇忠……………………………………… 4144

熊仲英……………………………………… 3603

熊宗义……………………………………… 2107

[xiu]

修莲芬……………………………………… 1100

[xu]

胥财宝……………………………………… 2091

徐帮全……………………………………… 3521

徐宝华……………………………………… 3878

徐宝利 ……………………………………… 782

徐彬 ………………………… 2491、2496

徐秉荣 ……………………………………… 104

徐成仁 ……………………………………… 710

徐春棠……………………………………… 2054

徐春田……………………………………… 1181

徐纯中……………………………………… 2283

徐大健……………………………………… 4486

徐东明 …………………………… 1324、1325

徐发明 ……………………………………… 523

徐粉弟……………………………………… 1352

徐国栋……………………………………… 1291

徐国和 ……………………………………… 709

徐国英……………………………………… 2637

徐国珍……………………………………… 1355

徐海金……………………………………… 3008

徐和海……………………………………… 2104

徐继华……………………………………… 1406

徐建春 ……………………… 892、1406、2223

徐景贤 ……………………… 1303、1305、2281

徐军……………………………………… 4701

徐开林……………………………………… 2282

徐克俭 ……………………………………… 554

徐理华……………………………………… 2017

徐立汉……………………………………… 2230

徐丽玲……………………………………… 2643

徐梅君……………………………………… 3679

徐明华……………………………………… 3039

徐丕模……………………………………… 4664

徐庆馨 ………………………… 689、690
徐仁华………………………………… 2265
徐仁里………………………………… 4471
徐世华 ………………… 1016、1124、1254
徐树国 ………………………… 3479、3492
徐锡祖………………………………… 2471
徐秀芝………………………………… 1343
徐学斌………………………………… 1772
徐学秋 ………………………………… 709
徐有武………………………………… 2317
徐有信………………………………… 3366
徐玉英………………………………… 2005
徐志祥………………………………… 1525
徐志信………………………………… 4486
徐中华………………………………… 1920
徐中漆………………………………… 2103
徐忠凯………………………………… 1146
许冰…………………………………… 3442
许彩英………………………………… 2855
许春来………………………………… 3263
许春兰………………………………… 2148
许道奎………………………………… 2609
许洪兰 ………… 2210、2264、2273、2274
许焕初………………………………… 2099
许惠英………………………………… 4652
许吉甫………………………………… 2609
许家屯………………………………… 2450
许进…………………………………… 1335
许茂…………………………………… 3684
许明 ………………………………… 166
许世明………………………………… 4117
许淑香………………………………… 1323
许淑媛………………………………… 2188
许卫平………………………………… 2640

许效民………………………………… 1452
许瑛青 ……………………… 3151、3267

[xuan]

禤祖光………………………………… 3914

[xue]

薛惠芬 ………………… 1929、1935、1939
薛平………………………………… 2609
薛日亮 ………………………………… 344
薛珊珊 ………………………………… 715
薛世杰………………………………… 2396
薛韬………………………………… 4682
薛喜梅 ………… 3306、3439、3441、3443

Y

[yan]

鄢国辉………………………………… 4651
鄢嵩山………………………………… 4186
鄢忠文………………………………… 4652
闫友民………………………………… 1917
严彩英………………………………… 4690
严家修………………………………… 2104
严洁…………………………………… 2188
严树菁 ………………………………… 147
严亭亭………………………………… 4700
严增品………………………………… 4115
阎达开 ………………………………… 295
阎继武 ………………………………… 399
阎散生………………………………… 1452
阎善岭 ………………………………… 103
阎献庭………………………………… 3553
颜丽…………………………………… 4652
燕亮 ………………………………… 554

燕政 …………………………………… 101

[yang]

杨白冰…………………………………… 1908
杨柏勤…………………………………… 2103
杨保民…………………………………… 2180
杨本荣…………………………………… 4503
杨长俊 ………………………… 2119、2120
杨成秀…………………………………… 4610
杨翠丽…………………………………… 2317
杨堤…………………………………… 1908
杨冬云…………………………………… 3573
杨憧…………………………………… 3955
杨凤英 ………………………………… 102
杨福田…………………………………… 2041
杨富珍…………………………………… 1274
杨光荣…………………………………… 1303
杨贵录…………………………………… 4768
杨桂英…………………………………… 3748
杨海军…………………………………… 2051
杨红原 ………………………………… 551
杨华 …… 62、977、989、992、994、1014、
1016、1017、1019、1039、1124、
1237、1245、1247—1249、1254
杨慧锦 ………………………………… 393
杨家兴 ………………………………… 710
杨金琼…………………………………… 4651
杨俊达…………………………………… 2754
杨朗樵…………………………………… 3304
杨立群 ………………………… 3724、3733
杨立业…………………………………… 1778
杨丽华 ………………………………… 551
杨连仲 ………… 1322、1336、1338、1339
杨美佳…………………………………… 2104

杨木易…………………………………… 4239
杨慕兰…………………………………… 3521
杨勤宝 ………………………………… 523
杨瑞玺…………………………………… 1826
杨森…………………………………… 2512
杨尚昆…………………………………… 3796
杨士杰…………………………………… 3022
杨淑云 …………………………… 997、1321
杨舒洁…………………………………… 3022
杨树山…………………………………… 1048
杨松发…………………………………… 2103
杨文芬…………………………………… 4666
杨文森…………………………………… 3454
杨西光 ……………………… 2211、2212、2229
杨效椿 ……………………… 2868、2933
杨兴裕…………………………………… 4649
杨修…………………………………… 3342
杨秀斌 …………………………… 4583、4588
杨秀兰 ……………………………… 42、44
杨学昌 …………………………… 375、388
杨冶光…………………………………… 2990
杨一平 …………………………… 999、1271
杨一堂…………………………………… 4679
杨义静…………………………………… 4652
杨易辰 …………………………… 1000、1064
杨益民…………………………………… 44
杨意玲…………………………………… 2188
杨永才…………………………………… 4636
杨永青 ……………………… 1779、2229、2230
杨勇…………………………………… 1777
杨余斌…………………………………… 3553
杨元安…………………………………… 4142
杨月琴…………………………………… 1987
杨振道…………………………………… 4218

杨振海…………………………………… 1724
杨振和 …………………………… 1015、1238
杨振河 …………………………………… 992
杨振泉…………………………………… 3033
杨正山…………………………………… 2471
杨正瑶…………………………………… 3703
杨志春…………………………………… 1432
杨子廉…………………………………… 1407
杨祖嫠…………………………………… 2639

[yao]

姚建设…………………………………… 3573
姚林昌…………………………………… 4768
姚明德…………………………………… 2280
姚其立…………………………………… 2643
姚天瑞…………………………………… 1129
姚文放…………………………………… 2642
姚应坤…………………………………… 2490
姚勇…………………………………… 2991
要建华…………………………………… 3442
药苗苗 …………………………………… 475
药天禄 …………………………………… 814

[ye]

叶毕华…………………………………… 2104
叶尔聪…………………………………… 4785
叶国强…………………………………… 3878
叶惠贤…………………………………… 2047
叶剑英 …………………………… 333、4695
叶石…………………………………… 4141
叶欣…………………………………… 1840
叶韦芳…………………………………… 3169

[yi]

义国良…………………………………… 3734

易林芝…………………………………… 3707
易素芝…………………………………… 3748
毅强 …………………………………… 549

[yin]

殷碧莲…………………………………… 4468
殷国栋…………………………………… 4595
殷延清 …………………………………… 709
银宏 …………………………………… 317
尹保安…………………………………… 4376
尹长升…………………………………… 1244
尹凤山…………………………………… 1238
尹凤山…………………………………… 1320
尹国茹 …………………………………… 549
尹丽荣 …………………………………… 895
尹树全…………………………………… 1186
尹喜才 …………………………………… 913
尹新顺…………………………………… 1813

[ying]

应彩花…………………………………… 1291
应培仪…………………………………… 1335
应诗明…………………………………… 1117
应志毅…………………………………… 2229
英铁铮 …………………………………… 709

[you]

尤太忠 …………………………………… 412
由希令 …………………………… 720、728

[yu]

于昌仁…………………………………… 1067
于赤…………………………………… 2609
于德满 …………………………………… 875

于冬苓 …………………………………… 1146

于恩江 …………………………………… 1062

于飞 …………………………………… 2099

于海岐 …………………………… 1206、1207

于会泳 …………………………………… 2281

于济舟 …………………………………… 4235

于杰 ……………… 992、1012、1013、1017

于克 …………………………………… 811

于立江 …………………………………… 1310

于晓忠 …………………………………… 1320

于永实 …………………………………… 2229

于云超 …………………………………… 1238

于振启 …………………………………… 2848

于忠玉 ………………………………… 103

余和沛 …………………………………… 2599

余家乐 …………………………………… 2317

余坤利 …………………………… 4171、4192

余昆 ………………………………… 440

余秋里 …………………………………… 1405

余世彦 …………………………………… 1408

余仕观 …………………………………… 2986

余嗣鸣 …………………………………… 2188

余细林 …………………………………… 3034

余益蕃 …………………………………… 3517

余银书 …………………………………… 1951

余勇 …………………………………… 4649

鱼珊玲 …………………………………… 2007

俞关兴 …………………………………… 1268

俞晓泉 …………………………………… 2191

俞兴宝 …………………………………… 2549

俞肇新 …………………………… 106、107

虞竹梅 …………………………………… 2801

喻正友 …………………………………… 1362

[yuan]

袁泊 …………………………………… 538、545

袁鸿富 …………………………………… 2230

袁嘉儒 …………………………………… 4742

袁杰泉 …………………………………… 1243

袁金根 …………………………………… 2048

袁美莲 ………………………………… 315

袁培根 …………………………………… 2117

袁任翔 …………………………………… 3021

袁任远 …………………………………… 1716

袁尚忠 …………………………………… 3521

袁绍亮 …………………………………… 1303

袁蜀军 …………………………………… 2107

原锁庆 …………………………………… 3487

辕守仁 ………………………………… 681

远千里 ………………………………… 130

苑长华 ……………………………… 217、218

苑凤海 …………………………………… 1352

苑志义 ………………………………… 694

[yue]

岳琦 …………………………………… 1265

[yun]

云金平 ………………………………… 549

Z

[zai]

再冬兰木·沙衣木 ……………………… 1835

[zang]

藏巴泽里 ………………………………… 4468

[zeng]

曾杰 …………………………………… 3022
曾林 …………………………………… 1920
曾煜成 ………………………………… 545
曾昭林 ………………………………… 2638
曾祖富 ………………………………… 3975

[zha]

查日斯 ………………………………… 551

[zhai]

翟英选 ………………………………… 110
翟兆清 ………………………………… 2988
翟中华 ………………………………… 2103

[zhan]

战勇 …………………………………… 1270

[zhang]

张爱春 ………………………………… 1313
张安兰 ………………………………… 4652
张邦治 ………………………… 1206、1207
张宝良 ………………………………… 218
张宝顺 …………………………1018、1019
张宝喜 ………………………………… 1355
张炳山 ………………………………… 2027
张长江 ………………………………… 3344
张长坤 ………………………………… 1928
张晨曦 ………………………………… 2934
张成友 ………………………………… 1289
张承志 ………………………………… 38
张传海 ………………………………… 731
张春华 ………………………………… 723
张春桥 ………………………………… 2229
张春生 ………………………………… 1291
张翠萍 …………………………932、2290
张翠英 ………………………………… 4690
张丹 …………………………………… 875
张德林 ………………………………… 889
张迪青 …………………………4678、4695
张殿甲 ………………………………… 1238
张殿跃 ………………………………… 1106
张方琼 ………………………………… 4809
张芳信 ………………………………… 2221
张凤仙 ………………………………… 1402
张福 ……………………………993、1238
张福利 ………………………………… 201
张福珍 …………………………2639、2641
张富春 ………………………………… 552
张革 …………………………………… 1451
张根妹 ………………………………… 1962
张根生 …………………………3800、3802
张官民 …………………4117、4142、4157
张冠君 ………………………………… 1943
张光作 ………………………………… 2091
张广忠 ………………………………… 2639
张贵子 ………………………………… 1325
张桂 …………………………………… 690
张桂如 ………………………………… 2801
张国大 ………………………………… 4315
张国辉 ………………………………… 3634
张国良 ………………………………… 1343
张国亮 …………………………4678、4695
张国民 ………………………………… 2044
张国清 …………3608、3697、3699、3707
张国顺 ………………………………… 552
张国通 ………………………………… 552

张海萍 ……………………………… 2491、2496
张浩波 … 1953、1966、2007、2212、2229
张洪道 …………………………… 4117、4142
张鸿江 …………………………………… 4544
张华………………………………………… 3320
张华莘………………………………………1407
张怀俊………………………………………1557
张怀礼………………………………………1698
张惠芳………………………………………1933
张慧英………………………………………2638
张慧珠………………………………………2638
张吉财 …………………………… 733、744
张继勋………………………………………2103
张加宝………………………………………1244
张加珍………………………………………1357
张家才 …………………………………… 512
张家起………………………………………2004
张建保………………………………………1826
张建发 ………………………… 1350、1351
张建国………………………………………1851
张建新 …………………………………… 319
张建之………………………………………3527
张杰…………………………………………1513
张金 ……………………………………… 552
张金华………………………………………4651
张金来 …………………………………… 552
张进 ……………………………………… 895
张井泉………………………………………1359
张久香………………………………………1291
张君舍………………………………………1402
张俊亭………………………………………1273
张俊英………………………………………3344
张开贵………………………………………4690
张开泰………………………………………3838
张抗抗 ………………… 1268、1319、2283

张克难………………………………………3521
张兰洲………………………………………2054
张岚…………………………………………3571
张礼勋………………………………………4613
张力…………………………………………3320
张立一………………………………………2848
张立勇………………………………………2229
张丽娟………………………………………1251
张莉 ……………………………… 1635、2390
张连庆………………………………………1517
张连枝………………………………………3389
张琳…………………………………………4774
张玲玲 ………………………… 1738、1739
张隆…………………………………………2052
张毛女………………………………………3021
张梅玲 ……………………………… 55、1279
张梅英………………………………………4690
张敏 ………………………………… 705、730
张明贵 ………………………… 1557、4117
张明均………………………………………4321
张明善………………………………………1266
张明文………………………………………1251
张墨林 …………………………………… 218
张鹏翔………………………………………2612
张品杰………………………………………2400
张平……………………………………………68
张平妥………………………………………2188
张启 …………… 1019、2491、2496、2502
张启良………………………………………1291
张巧兰 …………………………………… 720
张巧玲………………………………………3345
张钦弟 …………………………………… 552
张庆海………………………………………2104
张全良………………………………………1146
张群英………………………………………3832

张仁…………………………………… 2152
张仁杰…………………………………… 1052
张韧…………………………………… 2940
张荣亮 …………………………………… 1325
张荣森 …………………………………… 4487
张如成 …………………………………… 552
张儒品…………………………………… 4144
张润身…………………………………… 1928
张绍华 …………………………………… 710
张生…………………………………… 1014
张世功 ………………… 1778、1779、1791
张寿祥 …………………………………… 362
张树林…………………………………… 2005
张树山…………………………………… 2088
张顺康…………………………………… 1557
张思国 …………………………………… 720
张思明 …………………………… 1776、1779
张素珍…………………………………… 3260
张铁生 ………… 99、464、487、592、595、
597—599、605、606、614、
615、634、636、762、763、
767、768、772—775、791、
855、2422、2861、3475
张旺午…………………………………… 3517
张温泉 …………………………………… 4642
张文碧 …………………………… 2671、2674
张文臣 …………………………… 2390、2396
张文功 …………………………… 1015、1320
张文华…………………………………… 3344
张西文…………………………………… 4651
张晰东 …………………………… 1656、1663
张喜山 …………………………………… 986
张霞 …………………………… 2394、2395
张先枝…………………………………… 3584
张贤堂…………………………………… 2608
张宪三…………………………………… 1871
张晓芳 …………………………………… 459
张晓光 …………………………… 4561、4567
张新娣…………………………………… 1987
张兴建…………………………………… 4652
张秀耕…………………………… 152—155
张秀华…………………………………… 2855
张秀敏 ………………………… 130、148、158
张秀卿…………………………………… 1318
张学军 …………………………………… 705
张言诗…………………………………… 2390
张艳 …………………………… 1303、1406
张艳梅…………………………………… 3487
张艳荣…………………………………… 1942
张银福 …………………………… 2302、2947
张颖…………………………………… 3442
张勇 …… 83、110、111、114、115、455、
456、1194、1196、1207、1213、
1347、2191
张友春 …………………………………… 227
张玉才…………………………………… 1325
张玉成…………………………………… 4143
张玉华 …………………………… 1013、1347
张玉敏…………………………………… 1313
张玉奇…………………………………… 2099
张玉珍…………………………………… 4295
张钰 …………………………………… 498
张远征…………………………………… 1313
张悦华 …………………………… 1917、1920
张云芳 ………… 2210、2264、2273、2274
张云樵…………………………………… 2989
张云生…………………………………… 1053
张云庭 …………………………………… 484
张泽民…………………………………… 4682
张增禄…………………………………… 1421

张昭………………………………………… 2056
张哲………………………………………… 3208
张振来 ………………………………… 552
张振山………………………………… 1303
张正秋………………………………… 1406
张之森………………………………… 1464
张志龙 ………………………………… 995
张志清………………………………… 2028
张志群………………………………… 1739
张志荣………………………………… 3469
张志生 ………………… 999、1239、1313
张志新………………………………… 2396
张质彬………………………………… 3315
张中全………………………………… 4646
张忠………………………………… 1573
张仲翰………………………………… 1249
张仲瀚………………………………… 1934
张子臣………………………………… 1335
张子秋 ………………………………… 105
张宗仁………………………………… 4144
张祖华………………………………… 2191
章德益………………………………… 1943
章国芳………………………………… 2170
章培根………………………………… 2848
章曙………………………………… 2947
章铁炎 ………………………………… 653
章秀颖………………………………… 1323

[zhao]

赵帮友 ………………………… 1015、1320
赵秉珠 ………………………………… 393
赵长根………………………………… 1950
赵诚 …………………… 1779、1781、1799
赵崇厚………………………………… 2027

赵春义………………………………… 1402
赵德英………………………………… 1724
赵鼎新………………………………… 45
赵东东 ………………………………… 496
赵凡 …………………………… 44、45、4788
赵凤琴 …………………………… 317、394
赵根柱 ………………………………… 553
赵桂云 ………………………………… 895
赵国栋 ………………………………… 152
赵国胜………………………………… 1941
赵海超 ………………………………… 690
赵红梅………………………………… 1457
赵洪………………………………… 1779
赵洪巨 ………………………………… 709
赵洪香………………………………… 1181
赵鸿德………………………………… 4498
赵惠琳………………………………… 2107
赵慧茹 ………………………………… 694
赵金桂………………………………… 2188
赵军翔 …………………………… 894、903
赵钧 ……………………………… 103、104
赵开祥………………………………… 3552
赵克 ………………………………… 130
赵克荣 ………………………………… 710
赵丽娟………………………………… 1356
赵琴………………………………… 1110
赵勤邦 ………………………………… 523
赵庆泉………………………………… 2642
赵日越 …………………………… 1314、1315
赵荣义………………………………… 1343
赵汝龙………………………………… 1146
赵胜利 ………………………………… 201
赵世荣………………………………… 3343
赵书芳………………………………… 1013

赵淑君………………………………… 1343
赵淑琴………………………………… 1110
赵淑宇………………………………… 2044
赵树君………………………………… 145、146
赵树理 ………………………………… 308
赵甦………………………………… 3344
赵堂………………………………… 2027
赵特民………………………………… 4321
赵孝荣………………………………… 4115
赵兴模………………………………… 2104
赵雅新 ………………………………… 892
赵瑶………………………………… 1265
赵雨亭 ………………………………… 315、317
赵玉琴 ………………………………… 548
赵玉琛………………………………… 1015、1039
赵日学 ………………………………… 681
赵耘………………… 108、120、123、144、149、151、158
赵耘芬………………………………… 3724
赵泽修………………………………… 4649
赵珍………………………………… 2103
赵振华………………………………… 1039
赵忠国………………………………… 1881
赵仲云………………………………… 1291
赵紫阳………… 1759、1911、1923、1927、3795、3800、3802

[zhen]

甄洪川 ………………………………… 721

[zheng]

郑秉仁………………………………… 1253
郑定震………………………………… 3901
郑凤翔………………………………… 2490
郑干………………………………… 2350
郑家元 …………………… 110、154、207
郑建平………………………………… 2020
郑锦妹………………………………… 3901
郑培志 ……………… 2299、2302、2815
郑三生 ………………………………… 143
郑胜中………………………………… 4117
郑守一………………………………… 2848
郑树喜………………………………… 2104
郑树忠 ………………………… 1917、1919
郑天翔………………………………… 42
郑祥春………………………………… 2100
郑晓东 ………………………………… 440
郑秀珍 ………………………………… 399
郑义荣………………………………… 2107
郑子林………………………………… 1018

[zhong]

钟漪雪………………………………… 3648
钟静珍………………………………… 2063
钟世勤 ………………………… 2491、2496
钟守芬………………………………… 4651
钟维汉 ………………………………… 2099
钟贤卓………………………………… 2160
钟耀庭………………………………… 4604
钟志民………………………………… 3137
钟志耘………………………………… 1322

[zhou]

周本伦 ………………………… 4171、4192
周秉建 ………………………… 443、546
周昌瑞 ………………………… 4218、4221
周昌文………………………………… 4646
周承立 ……………… 2225、2985、2986

周春山 … 111、1777、1780、1905、1906、1908、1924、2100、2102—2107、2115

周德章 ………………………………… 1053

周恩来 … 43、110、131、132、135、230、463、545、819、864、977、1011、1016、1238、1378、1405、1449、1753、1907、1925、2158、2199、2211、2212、2223、2225、2228、2229、2669、2673、2892、3573、4485、4680、4681、4766

周凤来 …………………………… 4559、4561

周刚 ……………………………………… 1111

周光辉 ……………………………………… 4649

周海洋 …………………………… 1917、1919

周洪喜 ……………………………………… 2005

周沪 …………………………… 1401、1408

周怀成 ………………………………………… 709

周金辉 ……………………………………… 1945

周金林 ……………………………………… 4790

周茂铳 ……………………………………… 2004

周明山 ………………………………………… 804

周乃成 ……………………………………… 2599

周启元 ……………………………………… 2052

周巧英 ……………………………………… 2638

周荣鑫 ……………………………………… 43

周顺利 ……………………………………… 1110

周素贞 …………………………… 3652、3653

周太彤 ……………………………………… 1919

周铁牛 ……………………………………… 2091

周万申 ……………………………………… 3441

周文华 …………………………… 1018、4652

周文英 ……………………… 2224、2985、3020

周玺 ……………………………………… 2103

周新国 ……………………………………… 2641

周兴 ……………………………………… 4680

周煊 ……………………………………… 2639

周扬 …………………………………… 128、130

周有助 ……………………………………… 3521

周元全 ……………………………………… 4646

周云飞 ……………………………………… 1920

周蕴丽 ……………………………………… 717

周志茂 ……………………………………… 1018

周忠诚 ……………………………………… 4649

周作龙 …………………………… 111、115

[zhu]

朱安 ……………………………………… 2104

朱波 …………………………… 999、1281

朱德 ………………… 131、135、230、2707

朱鼎川 ……………………………………… 2490

朱福良 ……………………………………… 2177

朱广河 ……………………………………… 2848

朱桂达 ……………………………………… 1940

朱果利 …………………………… 1459、1460

朱浣 ……………………………………… 2491

朱辉 ……………………………………… 1018

朱慧娟 …………………………… 997、1321

朱慧丽 …………………………… 997、1321

朱家华 ……………………………………… 4790

朱金毅 …………………………… 383、387

朱锦林 ……………………………………… 2749

朱菊英 ……………………………………… 2232

朱克家 …………… 593、4677、4785、4788

朱乐平 ……………………………………… 2148

朱丽仙 ………………… 4753、4754、4757

朱轮 …………………………… 3293、3304

朱明信 ……………………………………… 1266

朱黔生 ……………………………………… 4651

朱庆喜……………………………… 4652

朱荣峰…………………………………… 2562

朱胜龙…………………………………… 1942

朱伟刚…………………………………… 2157

朱喜权 …………………………………… 892

朱贤亮…………………………………… 2005

朱小松…………………………………… 2638

朱晓亮…………………………………… 1312

朱新珍…………………………………… 1987

朱杏芳…………………………………… 2087

朱宣武…………………………………… 3731

朱延良 ………………………………… 730

朱迎剑 ………………………………… 545

祝均一…………………………………… 1919

祝庆江…………………………………… 2051

庄永兴 …………………………………… 108

庄志禄…………………………………… 2801

[zhuo]

卓爱玲…………………………………… 2229

卓秉哲…………………………………… 2137

卓晓红…………………………………… 4652

卓雄 ………………………………… 3137、3151

卓志诚…………………………………… 3699

[zou]

邹德君…………………………………… 1251

邹绍荣…………………………………… 4321

邹文娟…………………………………… 1945

邹一之…………………………………… 4642

[zhuang]

庄惠珍…………………………………… 2174

[zuo]

左凤岗…………………………………… 3022

Beijing

1965 年北京、天津支青（一〇八团） ………………………………………………… 2113

北京知青 660 名（红旗岭农场） ………………………………………………… 1292

Changzhou

1966 年江苏常州支边青年（五一农场） ………………………………………… 2193—2194

Chongming

1965 年上海崇明支边青年人名录（七十五团） ………………………………………… 2069

Guangdong

1956 年广东支边学生（1 人）（一七〇团） ………………………………………… 2172

Haerbin

哈尔滨知青 391 名（红旗岭农场） ……………………………………………… 1297

哈尔滨市知识青年名单（盆林河农场） ……………………………………………… 1364

Hangzhou

杭州知青 499 名(红旗岭农场) …………………………………………………… 1298

Jiamusi

佳木斯知青 67 名(红旗岭农场)…………………………………………………… 1301

Jiangsu

1964 年江苏支边技术人员(五一农场) ………………………………………………… 2193

Liaoning

其他市地的知识青年名单(盆林河农场辽宁等知青) …………………………………… 1370

Nanjing

1955 年南京支边学生(农五师) ………………………………………………………… 2074

Ningbo

宁波知青 80 名(红旗岭农场)……………………………………………………… 1301

Shanghai

仍在农场的城市下乡知识青年名录(长水河农场上海等知青) ………………………… 1344

1958 年上海市、江苏省支边青年(六十五团) …………………………………………… 2054—2055

上海知青 167 名(红旗岭农场) ………………………………………………………… 1294

上海市知识青年名单(盆林河农场) …………………………………………………… 1369

上海支边知识青年教师名单(农一师) ………………………………………………… 1930—1931

1992 年末在二团的上海支边青年名录 ………………………………………………… 1935—1938

1963 年至 1965 年上海支边进疆青年名录(六团) ………………………………… 1946—1950

支边青年(七团上海支青) ………………………………………………………… 1951—1953

上海支边青年名单(八团) ………………………………………………………… 1953—1962

上海支青名录(九团) ………………………………………………………………… 1964—1966

1963 年至 1964 年分配到十团的上海支边青年名录 ……………………………… 1967—1983

1964 年在册上海支边青年 661 人名录(十一团) ………………………………… 1984—1986

上海知青名录(十二团) ………………………………………………………………… 1987—1990

上海支边青年名录(十四团) ………………………………………………………… 1992—2004

1998 年在岗上海支青名录(十四团) …………………………………………………… 2005

十六团1995年底上海知识青年名单…………………………………………… 2008—2010

上海支边青年名录（二十三团） …………………………………………… 2014—2016

塔四场上海支边知识青年人名录（三十二团） …………………………… 2029—2032

三十五团上海支边知识青年名录（1963—1965） ………………………… 2037—2041

上海支边青年人名录（合计291人）（六十一团） ………………………… 2049—2050

1964年6月上海支边知识青年（六十五团） ……………………………… 2055

1961—1964年上海支边高中毕业生（六十五团） ………………………… 2055

1961年—1964年上海支边青年名录（六十七团）………………………… 2057

1965年上海调干支边知识青年名录（六十七团） ………………………… 2057

1995年在团上海支边青年（六十七团） …………………………………… 2057

上海市支边青年（六十八团） ……………………………………………… 2059

1964年上海支边青年名单（七十三团） …………………………………… 2065

上海支边青年（65人 1964年 1965年）（七十四团）……………………… 2067

1964年上海市支边青年人名录（七十五团） ……………………………… 2068

1961—1965年上海支边青年名录（七十八团） …………………………… 2071

1961—1966年上海支边青年学生（农五师） ……………………………… 2074—2080

上海支边青年（八十三团） ………………………………………………… 2084—2085

60年代上海支边青年人员（八十四团） …………………………………… 2087

1961—1965年上海支边青年（八十六团） ………………………………… 2088

上海知识青年名录（八十七团） …………………………………………… 2089—2090

上海支边青年（八十九团） ………………………………………………… 2091—2093

1961年上海支边人员（3人）（九十团） …………………………………… 2095

1963年上海支边人员（13人）（九十团）…………………………………… 2096

1966年6月上海支边人员（246人）（九十团） …………………………… 2097—2098

上海支边青年名录（一〇四团） …………………………………………… 2108

1963年上海支青（一〇八团） ……………………………………………… 2113

1964年上海支青（实际应为47人）（一〇八团） ………………………… 2113

上海支边青年名录（一二七团） …………………………………………… 2142—2143

1964年从上海市来团场支边青年名录（一三二团场） …………………… 2149

其他时间来团场的上海支边青年名录（一三二团场） …………………… 2149—2150

1964年5月21日上海支边青年（194人）（一三三团场）………………… 2152—2153

1964—1970年由兵团政干校、农七师干校等单位调入上海青年（45人）（一三三

团场）………………………………………………………………………… 2153

1966年7月7日上海支边青年（202人）（一三三团场） ………………… 2154—2155

1963年上海支边青年人员名录（7人）（一六一团） ……………………… 2167

1964 年上海支边青年人员名录(6 人)(一六一团) …………………………………… 2167

1963—1966 年上海支边青年(一六六团) ……………………………………………… 2169

1965—1966 年上海支边青年名单(一六八团) ……………………………………… 2171

上海支边人员名录(37 人)(一六九团) ……………………………………………… 2171

1964 年上海支边青年人员名录(10 人)(一七〇团)………………………………… 2172

上海支边青年名录(一八四团) ……………………………………………… 2176—2177

上海支边青年名录(一八五团) ……………………………………………………… 2178

上海支边知识青年名录(一八七团) …………………………………………… 2180—2181

上海市支边青年名录(一八八团) …………………………………………… 2184—2186

上海支边青年(一九〇团) …………………………………………………………… 2189

1964 年上海支边技术干部(五一农场) ……………………………………………… 2193

Shihezi

新疆石河子市原兵团汽车第二团 1969 年上山下乡青年人名录(七十五团)…………… 2069

Shuangyashan

双鸭山知青 120 名(红旗岭农场) …………………………………………………… 1302

Taizhou

台州知青 542 名(红旗岭农场) ……………………………………………………… 1299

Tianjin

天津知青 804 名(红旗岭农场) ……………………………………………………… 1294

1965 年天津支边青年学生(农五师) …………………………………………… 2080—2083

天津支边青年名录(八十三团) ………………………………………………… 2085—2086

天津知识青年名录(八十七团) ……………………………………………………… 2089

天津支边青年名录(八十九团) ………………………………………………… 2093—2094

1965 年 7 月天津支边人员(62 人)(九十团)……………………………………… 2096

1965 年 9 月天津支边人员(104 人)(九十团) ………………………………… 2096—2097

天津支边青年名录(一〇四团) ……………………………………………………… 2108

天津市支边知识青年(奇台总场) …………………………………………………… 2121

1966 年 10 月 26 日从天津来场支边青年名录(一三二团场) …………………… 2150

天津支边青年名录(一八四团) ……………………………………………………… 2177

天津支边青年名录(一八五团) ……………………………………………………… 2178

天津支边知识青年名录(一八七团) …………………………………………… 2181—2183

天津市支边青年名录（一八八团） …………………………………………… 2186—2188

天津支边青年（一九〇团） ……………………………………………………… 2189

1964 年天津支青年（五一农场） ……………………………………………… 2193

Wenzhou

1965 年 11 月温州支边知识青年（六十五团） ………………………………………… 2056

浙江温州支边青年（4 人 1964 年）（七十四团） …………………………………………… 2067

1965 年浙江省温州支边青年人名录（七十五团） ………………………………………… 2069

Wulumuqi

乌鲁木齐市工一师中学"上山下乡"知识青年名录（二二二团） ………………… 2126—2127

乌鲁木齐市 1974 年"上山下乡"知识青年名录（二二二团）…………………… 2127—2128

乌鲁木齐市 1975 年"上山下乡"知识青年名录（二二二团）…………………… 2128—2130

乌鲁木齐市 1976 年"上山下乡"知识青年名录（二二二团）…………………… 2130—2132

乌鲁木齐市 1977 年"上山下乡"知识青年名录（二二二团）…………………… 2132—2133

Wuhan

1966 年武汉支青来团工作人名录（合计 239 人）（六十一团） …………………… 2050—2051

1966 年分配到六十三团的武汉支边青年名录 …………………………………………… 2053

1964 年 11 月 21 日武汉支边知识青年（六十五团） ………………………………………… 2055

1965 年 9 月 24 日武汉支边知识青年（六十五团） ………………………………………… 2055

1964 年—1966 年武汉支边青年名录（六十七团）…………………………………… 2057—2058

1995 年在团武汉支边青年（六十七团） …………………………………………………… 2058

武汉市支边青年（六十八团） …………………………………………………………… 2059—2060

1964 年武汉支边青年名单（七十三团） ………………………………………………… 2064—2065

1965 年武汉支边青年名单（七十三团） …………………………………………………… 2065

1966 年武汉支边青年名单（七十三团） ……………………………………………… 2065—2066

武汉支边青年（4 人 1964 年）（七十四团） ………………………………………………… 2067

1965 年武汉支边青年人名录（七十五团） ………………………………………………… 2068

1964 年武汉支边青年名录（七十八团） …………………………………………………… 2071

武汉支边青年名录（一〇四团） ……………………………………………………………… 2108

武汉支边知识青年名录（一二七团） ………………………………………………………… 2143

1965 年 9 月 13 日武汉支边青年（131 人）（一三三团场）…………………………… 2153—2154

1965 年武汉支边青年人员名录（92 人）（一六一团）…………………………………… 2167

1965 年武汉市支边青年（39 人）（一六九团）…………………………………… 2171—2172